# t r a n s
# p o s i t i o n e n

# François Jullien

# Schattenseiten

*Vom Bösen oder Negativen*

Aus dem Französischen von
Dirk Weissmann

diaphanes

*Ouvrage publié avec le concours du Ministère français de la culture –
Centre national du livre.*

Dieses Werk wurde veröffentlicht mit freundlicher Unterstützung
des französischen Kulturministeriums – Centre national du livre.

Titel der französischen Originalausgabe:
*L'Ombre au tableau. Du mal ou du négatif*
© Éditions du Seuil, Paris 2004


1. Auflage; ISBN 3-935300-75-1
© diaphanes, Zürich-Berlin 2005
www.diaphanes.net

Satz und Layout: 2edit, Zürich
Druck: Elbe Druckerei, Wittenberg

# Inhalt

*»Das Gegeneinanderstrebende geht zusammen«*

Heraklit,
Fragment 8.

Der vorliegende Essay geht auf einen Vortrag zurück, der im November 2002 auf dem ersten Kolloquium des neu gegründeten Instituts für zeitgenössisches Denken (*Institut de la pensée contemporaine*, Universität Paris 7 – Denis Diderot) zum Thema »Was fangen wir mit dem Negativen an?« gehalten wurde.

Er nimmt zudem den Faden eines vorangegangenen Essays mit dem Titel *Dialog über die Moral: Menzius und die Philosophie der Aufklärung* (Berlin 2003) wieder auf, dessen Ergebnisse neu überdacht werden mußten.

Der Text enthält keine Fußnoten (keine Krücken). Lediglich die Zitate und Verweise werden am Ende des Buches angegeben. Meine Absicht war es, einen kurzen und schlanken Essay zu liefern, der mit der durch einen übertriebenen Rechtfertigungszwang verursachten rhetorischen Schwerfälligkeit bricht, in der die Philosophie im Zuge ihrer Akademisierung zu erlahmen droht.

# Vorwort

Spricht man von »Schattenseiten«, unter Verwendung eines zum Klischee verkommenen Ausdrucks (wir wollen ruhig von dem uns Vertrautesten ausgehen, anstatt darüber hinwegzugehen), so zeigt man an, daß etwas nicht ins Bild paßt, etwas, das man nicht gerne sieht. Diese Schattenseiten im Leben können Tod, Leiden, Krankheit, Krieg, Unrecht usw. sein. Man klagt darüber, diesen Dingen ins Auge sehen zu müssen. Nun ist es aber auch eines der ältesten, ja eines der abgedroschensten Motive des Denkens, nachzuweisen, daß die Schattenseiten im Leben notwendig seien, um dessen Farbigkeit hervorzuheben und um sich an dieser erfreuen zu können; ohne Leiden, Krankheit, Krieg, Tod usw. wüßten wir überhaupt nicht, was das Gute, die Gesundheit, der Frieden, ja das Leben sei. »Des Rechtes Namen würde sie nicht kennen, wenn es dieses nicht gäbe«, sagt Heraklit und meint dabei alle möglichen Formen von Unrecht, an denen sich die Menschen Tag für Tag stoßen. Stellen wir uns »Gott« einmal als Künstler vor: Er mußte doch all diesen Schattenspielen einen Platz einräumen, um sein Gemälde der Schöpfung besser zur Geltung zu bringen.

Wir können uns nicht von dieser Denkschablone trennen, die über so viele Jahrhunderte hinweg im Rüstzeug der Philosophie verblieben ist, nur weil man darin heute kaum noch ein Mittel zur Stimulierung des Geistes sieht. Denn dieses Uninteressante lenkt auch den Blick auf das Wesentliche: Woher kommt denn unser »Einstimmen« in das Leben – oder mit welchem anderen Begriff sollte man das Phänomen zunächst benennen? Das ist zumindest nicht falsch, und gerade eben, weil es nicht der Falschheit bezichtigt werden kann, folgern wir, daß es von geringem Interesse sei. Denn die Philosophie begeistert sich nur für Dinge, durch die sie stutzig wird, welche von ihr in Zweifel gezogen, in eine Ordnung gebracht oder mit Argumenten belegt werden können, kurzum, woraus sie eine Theorie machen kann. Die Schattenseiten aber machen es notwendig, so etwas wie das Licht einer grundsätzlichen, der Philosophie vorausgehenden *Verständigungsbasis* wiederzufinden. Und wir dürfen uns nicht damit abfinden, dieses Infraphilosophische, nur weil es nicht in Zweifel gezogen werden kann, seiner zwangsweisen Einverleibung in das Religionsdogma (die göttliche Vorsehung) zu überlassen – oder aber einzig der Erhellung durch einen diffusen, indirekten Lichtschein, wie es in allen Romanen der Weltliteratur der Fall ist.

Denn dieses Zweideutige des Schicksals, das man unvermutet an der *Schattenseite* entdeckt, umfaßt den alltäglichen Konflikt zwischen zwei Begriffen, die leicht miteinander verwechselt werden können. Wegen ihrer Dunkelheit ist die Schattenseite das »Böse«. Doch mit diesem Ausdruck, so ist sofort einzuräumen, weiß man heute kaum mehr etwas anzufangen, ohne daß man wüßte, wie man auf ihn verzichten soll. Man weiß weder, unter welchem Blickwinkel er noch betrachtet werden darf, noch in welches Theoriegebäude er eingegliedert werden kann. Parallel dazu wird diese Schattenseite im Hellen, wenn sich herausstellt, daß sie am Gesamtbild teilhat, zum *Negativen*. Dieses gehört zum Kreislauf eines Ganzen und dient dazu, es zur Geltung zu bringen. »Aus dem Auseinandergehenden die schönste Fügung«: deshalb, so Heraklits Zusammenfassung, ist »das Gegeneinanderstrebende« dasjenige, was etwas »mit sich trägt« *(sympheron)*, es »geht zusammen«. So verhält es sich in der Gemeinschaft, so verhält es sich mit den Holzsägern: »der eine zieht, der andere drückt«; der andere macht das Gegenteil von dem, was ich mache, und dieses Gegenteil ist nützlich. Man muß also zunächst mit dem Ausdruck »das Negative« diese Logik der Spaltung und des Gegensatzes bezeichnen, die in jeder noch so kleinen Tätigkeit wirkt. Sie erweist sich im Leben, in der Geschichte wie auch im Bewußtsein am Werk.

Balzac sagt: »Ich gehöre zu dem Widerspruch, der sich Leben nennt.« Die Gegensätzlichkeit schafft Spannung, setzt das Leben in Bewegung und bringt es zur Geltung (und diese Formulierung verdient es, als Motto über sein Gesamtwerk gestellt zu werden). Aus diesem bedrohlich-anstachelnden und deshalb einen Beitrag leistenden Gegensatz, den wir das Negative nennen wollen – leider ist es heute in Verruf geraten, denn es wurde vom Niedergang des Marxismus mitgerissen –, muß wieder ein starker Begriff werden. Oder zumindest ein Begriff, mit dem man erneut Aufspaltungen, und folglich Alternativen, erzeugen kann, die sich im Vorfeld der Philosophie ansiedeln. Anstatt mich allein auf Begrifflichkeiten zu verlassen, welche erst am Ende stehen können, oder mich offen an der bestehenden und in gewisser Weise festgefahrenen Debatte zu beteiligen, habe ich mich dazu entschlossen, auf diesem wie auch auf anderen Gebieten (doch dieses hier ist besonders risikoreich) über feine, den Zugang verändernde Verschiebungen zu verfahren. Um wieder einen Zugriff auf das Infraphilosophische zu finden, ist die einzige Strategie zunächst die eines schrägen Ansatzes: Allein vom Verschiebungseffekt und seinen Auswirkungen erwarte ich mir eine Neubelebung des Denkens – vor allem auf das *Banale* bezogen.

Denn ausgehend vom Zusammenstoß zwischen dem Bösen und dem Negativen, die, vom Boden aufgelesen wie zwei alte Feuersteine, zum Funkensprühen gegeneinander geschlagen werden und so als erstes Werkzeug dienen, werden vor uns bald andere Zusammenstöße und Konflikte von Begriffspaaren entstehen und dahinter sichtbar werden. Der Schauplatz war und ist derselbe – gibt es andere? –, aber man wird in seinem Licht allmählich eine vollständige Tonveränderung und Neuausrichtung innerhalb vermeintlicher Synonyme wahrnehmen. Es soll namentlich eins vom andern gelöst werden: Der gellenden Frage nach dem *Sinn* (die heute aber vielleicht verstummt ist, jene Frage, die durch das Problem des Bösen aufgeworfen wird: Warum der Tod? Warum das Leid? usw.) steht die geduldige und zurückhaltende Erhellung der *Ko-härenz* gegenüber. Sie gibt zu erkennen, wie die Dinge miteinander »zusammenhängen« *(cohaerens)*, indem sie darin die Mitwirkung dessen fördert, dem nun nicht mehr der Stellenwert des Bösen, sondern des Negativen zukommt. Ausgehend von dieser Trennung zwischen dem Bösen und dem Negativen wird man ebenso sehen, wie eine Spannung zwischen zwei Begriffen entsteht, von denen zuvor angenommen wurde, sie könnten einander problemlos überlappen: Die die Sinnfrage und ihr schmerzquälerisches Warum ausrufende »Existenz« setzt einen Bruch und einen »Ausgang« *(ex-)* aus der stillschweigenden Naturhaftigkeit und dem inneren Einklang mit dem Leben voraus; wogegen das »Leben« sich implizit gemäß der Logik eines inneren Vorgangs versteht, wo das Gegenteil von selbst – stillschweigend, ohne weitere Dramatik – an der Quelle der Lebenskraft sitzt.

Es ist fortan fragwürdig, vom »Menschen« zu handeln, indem man ihn in die Funktion des Subjekts hievt, weil man darin stets die Projektion von Grundprinzipien oder zumindest den versteckten Rückgriff auf Wesensbestimmungen vermuten wird. Der »Tod« des Menschen folgte auf den »Tod« Gottes, wie man zur Genüge weiß; eine Entzauberung folgte auf die nächste. Doch ist die Ankündigung immer noch genauso tragisch und ernst: Sie gestattet bloß noch, durch das Prisma der Wissenschaft hindurch, eine Diagnose des »Menschlichen« zu erstellen. Doch wenn man heute Angst hat, in die bequemen Plattheiten des Humanismus zu verfallen, der sich nicht vom Gut-und-Böse-Denken verabschieden will, ist dann nicht dasselbe Mißtrauen angebracht angesichts der gegnerischen Positionen, allein schon weil sie sich in »Position« bringen und stolz ihren Antihumanismus zur Schau tragen? Selbst wenn ihnen ihre Theorieapparatur unbestreitbar ein starkes Profil verleiht – wer könnte das be-

12

zweifeln? – und sie vor Banalitäten schützt. Denn ist es nicht trotz allem dieses »Banale«, das durchdacht werden muß (noch vor allen möglichen *Positionierungen*)? Sobald man sich mit der Moral befaßt, ist es im Grunde schwierig, nicht in das eine oder das andere zu verfallen: entweder in das Predigen oder in das Spekulieren.

Oder wie sollte man denn nicht zuerst, selbst in bezug auf dasjenige, was sich bescheiden – als Minimallösung – in die bloße Beschreibungsmodalität eines Adjektivs zurückgezogen hat (»menschlich«), ein Postulat aufstellen? Wenn ich also während meines Gedankengangs – oder Gedankenirrgangs – dazu veranlaßt werde, die (europäische) Philosophie hinter mir zu lassen, um meinen Weg zwischen den Massiven der europäischen und der chinesischen Philosophie, die so lange nichts voneinander wußten, zu suchen, geschieht dies nicht mit dem Ziel, meine Untersuchung auszuweiten oder es mir durch den Nimbus und das Vergnügen des Vergleichens einfach zu machen. Ich möchte mit einem entschiedenen Wechsel der Herangehensweise einen solchen Apparat aus sich selbst heraus wirken lassen – anstatt sofort zu meinen eigenen Thesen vorzudringen –, in der Erwartung, daß sich folgende Wirkung einstellt: eine durch die gegenseitige intensive Betrachtung dieser beiden weit auseinanderliegenden Denksysteme hervorgebrachte *Selbstreflexion* des Menschlichen. Das Menschliche spiegelt und reflektiert sich darin, in sich selbst, *durch sich selbst*, aufgrund seiner Wechselhaftigkeit. Es wird nicht mehr von vornherein festgelegt, sondern unter der Wirkung dieser Montage werden geduldig die verschiedenen Verständlichkeiten erkundet und andere Möglichkeiten erfaßt.

Als verwiese er damit auf seine *ultima ratio*, bringt der zeit-
genössische Diskurs – oder genauer: der globalisierte offizi-
elle Diskurs – ununterbrochen sein legitimes Verlangen nach
einem *rundum Positiven* zu Gehör: »Frieden« (unermüdlich
wird es wie ein Universalsinn in allen Sprachen wiederholt),
Kooperation, Kommunikation usw. Als wäre die Ausmer-
zung des Negativen endlich in greifbare Nähe gerückt, als
müßte man nur noch das letzte Hindernis überwinden, um
es für immer aus der Geschichte zu verbannen, oder zumindest als wäre dort, wo ein Wille ist, auch schon ein Weg,
reiht der herrschende Diskurs tapfer entschlossen seine
Wunschvorstellungen aneinander: kein Krieg mehr, kein
Zwist mehr, keine Grenzen mehr usw. Aber vielleicht ist der
Weg auch noch weit, seufzt besorgt der Realist. Über sein
Ende jedenfalls läßt sich nicht streiten, denn die Diskurse der
Politik und der Religion (der Papst und der Dalai Lama: die
große Ökumene) sind sich nunmehr einig. Doch während,
zumindest auf diskursiver Ebene, diese sterile Eintracht
herrscht, erschienen vor unseren Augen auf erstaunlich
plumpe Weise neue Inszenierungen des Teuflischen als etwas, das man nur endlich austreiben müßte, damit die Geschichte in ihrem vollen Glanz erstrahlt: »Nennen Sie es […]
wie ich die Achse des Bösen, nennen Sie es wie Sie wollen,
aber sagen wir die Wahrheit!« (George W. Bush, Rede vor
dem Bundestag, 23.5.2002). Denn uns hält unvermutet eine
letzte »Verschwörung« auf (genauso wie einst die kommuni-
stischen Regimes immer von einer letzten Verschwörung
sprachen, die angeblich das Erreichen der »strahlenden Zukunft« auf teuflische Weise verhinderte). Das »Böse«, so wie-
derholte ich damals; aber es gibt viele andere Bezeichnungen, das läuft auf dasselbe hinaus. Damit wird man immer
wieder einen Widerstand oder einen Stein des Anstoßes bezeichnen, der groß genug ist, um in keinen kohärenten Entwurf hineinzupassen – und der deswegen vom Willen vernichtet werden soll. Ja man könnte meinen, es handle sich

Die Illusion des rundum Positiven

dabei für den Willen um einen neuen (den letzten?) *dagegen* zu führenden Schlag, damit er sich endlich nicht mehr damit abgeben muß.

Es scheint mir in der Tat, daß dasjenige, was man heute allgemein unter dem Namen »Globalisierung« verhandelt, die Möglichkeitsbedingungen des Negativen radikal verändert hat. Denn bis jetzt konnte das Negative leicht als das *Andere* bezeichnet werden, und die Welt ließ sich in zwei Lager spalten; es gab immer ein Außen, von dem man sich abgrenzen konnte: Das Negative war der andere Block (die USA für die UdSSR, und umgekehrt); oder aber das Negative war die andere Klasse (die Bourgeoisie für das Proletariat usw.). In den Zeiten des Kalten Krieges wie des Klassenkampfes ließ sich dieses Negative klar ausmachen. Doch die Globalisierung hat diese Äußerlichkeit, durch die Negatives (mit dem auch die Geschichte gearbeitet hat) sich entladen konnte, aufgelöst. Sobald es außen nicht mehr das andere Lager gibt, wo das Negative angesiedelt werden kann, führt dies *logischerweise* zu seiner Verinnerlichung, denn das Negative verschwindet ja dadurch nicht, es wird »verdrängt« und agiert also nicht mehr offen, sondern im geheimen: aus ihm entsteht der »Terrorismus«. Es kommt nun folglich darauf an, sich die Frage nach der von mir gerade erwähnten »Logik« zu stellen. Denn ist der 11. September (2001) wirklich ein Ereignis, wie man behauptet hat, wenn nicht gar das (urplötzliche) Ereignis schlechthin? Wenn dieses Datum durch seinen Überraschungseffekt und durch das, was es ausgelöst hat (unter anderem an Traumata), tatsächlich die Funktion eines Ereignisses besitzt, möchte ich darin eher, was seinen Ursprung betrifft, das plötzliche, aber resultative Zutagetreten eines solchen »stillen Wandels« sehen (ich entnehme diesen Begriff dem chinesischen Denken: *mo hua* 默化).

Eine andere »stille« Revolution: Ich gehöre zur ersten Generation in Frankreich, zur ersten seit dem Bestehen Frankreichs überhaupt, die keinen Krieg auf französischem Boden

Es gibt heute kein Außen mehr, wo das Negative zum Ausdruck kommen könnte

Stiller Wandel (hinter den Ereignissen)

16

erlebt hat und die einen solchen Krieg zudem nicht nur für höchst unwahrscheinlich, sondern überhaupt für unmöglich hält. Nun glaube ich nicht, daß die aktuelle Gewalt in den Großstädten unabhängig von diesem Sachverhalt erklärt werden kann; sie gehört zu seinen gegenläufigen Erscheinungsformen, als weitere Verinnerlichung und Zerstreuung eines Negativen, das keinen anderen Raum mehr zu seiner Entfaltung besitzt, und das man also auch nicht mehr klar ausmachen kann (als Bush gegen den Irak in den Krieg zog, tat er so, als könne er es wieder nach außen kehren und klar ausmachen). Die alten Strategien sind von nun an nicht mehr zu gebrauchen, denn Terrorismus und Gewalt können weder ausschließlich als moralische Begriffe interpretiert werden (selbst wenn die Moral mitunter darüber urteilen muß), noch lassen sie sich in rein soziologische Kausalzusammenhänge einbinden (Elend als Folge der gewaltsamen Verwestlichung; Elend in den französischen Vorstädten) oder auf ihre ideologische Dimension verkürzen (der Fundamentalismus der Religion: denn dieser Fundamentalismus ist ja bekanntlich stark reaktiv). Noch weniger können sie für Neben- oder Übergangsphänomene gehalten werden, oder für solche, die vom Willen hinreichend in den Griff zu bekommen sind. Sondern sie verlangen, daß man sich die Frage stellt, welchen Ausweg (und nicht nur welches Ventil) man für das Negative bereithält, da die nunmehr veralteten Normalfiguren der Konfrontation, mit denen die Geschichte bis jetzt gearbeitet hat, nicht mehr gelten.

Das Ende der klaren Konfrontationen?

Staatsformen mit starker Negativität oder solche, die auf eine starke Negativität reagieren, gewinnen aufgrund dieser Tatsache an Dynamik (siehe das Konsulat nach der Französischen Revolution oder China nach der Kulturrevolution); dem stehen Systeme mit *schwacher Negativität* gegenüber, wie das aktuelle Frankreich (die sozialen Protestbewegungen, nach Berufskategorien getrennt, mit dem alleinigen Ziel der Wahrung des »Besitzstandes«, geben davon heute ein

Bild). Ja die zeitgenössischen Politikformen leiden selbst auch, ohne es zu wissen, an einer Verbergung des Negativen. Wenn heute allem Anschein nach in den westlichen Demokratien etwas »aus der Bahn« gerät und zum Rückzug der Bürger ins Private führt, worüber man anschließend vergeblich jammert, dann liegt das zweifellos zunächst daran, daß das Spiel der Gegensätze hier nicht mehr funktioniert oder aber reine Makulatur ist, ohne daß wirklich etwas auf dem »Spiel« steht (oder es geht nur noch um Machtkämpfe, wobei die Parteiprogramme kaum mehr Unterschiede aufweisen, wie man bei den vergangenen Wahlen in Frankreich bemerken konnte). Die Demokratie gemäß ihres griechischen Prinzips beruht hingegen auf der Möglichkeit einer diskursiven Konfrontation, Rede *gegen* Rede, *logos* gegen *logos* (die »Antilogien«), sei es vor Gericht, bei Beratungen oder Versammlungen (und auch im Theater: der *agon*). Denn nach einer mit Protagoras' Namen verbundenen Regel gilt, daß eine Idee zwar von einem einzigen Redner vertreten werden kann, daß es jedoch zur Überprüfung ihres Wahrheitsgehalts immer zweier entgegengesetzter Reden – These-Antithese – bedarf, wobei das Publikum (Zuschauer, Zuhörer und Bürger) die Rolle eines unabhängigen Richters einnimmt und, den vorgebrachten Argumenten und Gegenargumenten folgend, sich selbst ein Urteil bildet.

Genauso wünscht man sich heutzutage aus Bequemlichkeit sehnlichst ein Europa herbei, das prinzipiell all seine inneren Schranken öffnen und sich so weit wie möglich ausdehnen soll, während man sich gleichzeitig darüber beschwert, daß Europa für die Bürger nach wie vor ein »Abstraktum« ist. Als verstünde man nicht, daß gerade aus der durch Gegensatz bestimmenden und dann nach dessen Überwindung verlangenden Individualisierung Lebendigkeit und Engagement des Geistes erwachsen. Aber zeigt sich uns das nicht bereits, wenn wir – aus nächster Nähe – erfahren, was einen »Stil« ausmacht? Stil ist nämlich nur dann möglich, wenn er von

Die aktuelle Verbergung des Negativen

Nur durch Rede und *Gegenrede* wird die Wahrheit deutlich

seiner Negativität Gebrauch macht und sich durch Differenzierung und Gegensätzlichkeit von der etablierten und bekannten Ordnung noch im kleinsten Satz und der kleinsten Form abhebt. Bestätigt uns das nicht die europäische Geschichte aufgrund des Abstands, der zwischen den verschiedenen Zentren des Austauschs herrscht? Auch die Herausbildung von Begrifflichkeiten hängt von einem individualisierten, also besonderen intellektuellen »Milieu« ab, sie ist ökologisch im Sinne Nietzsches.[1] Von der Autobahn aus, die die Landschaft durchschneidet, gibt es nichts zu sehen… Die italienische Renaissance (mit ihren doch so eng beieinanderliegenden Entstehungsorten: Siena, Pisa, Florenz…) wie auch die deutsche Romantik (die Romantik des jungen Hegel: zwischen dem orthodoxeren Tübingen, dem freieren Jena unter der Führung Fichtes und dem von Goethes Persönlichkeit bestimmten Weimar) und zuallererst das in verschiedene *poleis* zersplitterte griechische Altertum verdanken die unerschöpfliche Fülle ihres Geisteslebens der erfinderischen Spannung, die aus einer solchen unbestimmbaren, im wahrsten Sinne entdeckerischen Kraft des *Voneinander-Abstand-Nehmens* erwächst, und nicht etwa aus Rivalitäten, Chauvinismus oder Lokalpatriotismus, die so oft kritisiert wurden.

Wenn Europa tatsächlich nach wie vor ein Abstraktum ist oder vielmehr zu einem Abstraktum wird, so wie das Römische Reich »abstrakt« ist, weil es, nach der Beschreibung Hegels, ganz unterschiedliche Einzelstaaten in eine einheitliche Form goß und formaljuristisch blieb, dann deshalb, weil Europa sich zu einer Selbsthomogenisierung verleiten läßt, indem es dieses Negative nicht mehr nutzbar macht, und dies zuallererst durch seine Sprachen – zumindest kann man das für symptomatisch halten. Übersetzen heißt nicht nur denken, sondern in Europa heißt denken auch (seit jeher) übersetzen. Die Philosophen sitzen zwar in Griechenland, doch die Philosophie wird in Rom geboren, weil sie dort im Härte-

*Abstand, Spannung, Konfrontation (Europa)*

*Der fruchtbare Widerstand gegen die Übersetzung*

19

test des Negativen in Form der Unübersetzbarkeit ihre universale Aufgabe entdeckt: in der tastend-suchenden Übersetzung griechischer Termini durch Lukrez und Cicero. Was wird jedoch unter der sich ausbreitenden Vorherrschaft des Englischen (ein weiterer »stiller Wandel«) daraus, d.h. welche produktiven Spannungen – Widerstände Babels, die viel Arbeit verursachen – entfallen? Im Kontext seiner Untersuchung der Möglichkeitsbedingungen für den ewigen Frieden unterstreicht Kant die Gefahr, die eine zur gegenseitigen Verschmelzung führende Erweiterung darstellt, und er fordert eine Absonderung zwischen Nachbarstaaten, damit eine »Vielheit von Sprachen und Religionen« herrschen kann (die Religion gehört dazu: wenn Kant sich auch anschließend in einer Fußnote korrigiert, wagt er hier, auf dem Gipfel der Aufklärung und der Herrschaft des »Menschen«, diesen »sonderbaren Ausdruck«). Sich derart auszudrücken heißt nämlich nicht, sich gegenüber dem Globalen im Lokalen zu verschließen, sondern ein *Universalisierendes* zu fordern, das durch die Fruchtbarkeit des Negativen in seiner Wirkung verschärft wird (denn dieses Universale ist selbst eher ein Überschreitungsvorgang als etwas Gegebenes). Und das

Das Universale gegen das Uniforme

heißt folglich auch, sich der Nivellierung des Standards und der Uniformität zu verweigern, mit denen die Universalität heute so oft verwechselt wird. *Universalität* ist ein Vernunftbegriff, *Uniformität* ein Produktionsbegriff; das eine verweist auf eine Notwendigkeit, das andere gründet auf bloßer Bequemlichkeit.

Nichtsdestotrotz kann man einer Frage (der Frage, die den »europäischen Einigungsprozeß« gerechtfertigt hat) nicht aus dem Weg gehen: Muß dieses Negative im Voneinander-Abstand-Nehmen und in der Konfrontation (*antixoun* bei Heraklit) nicht verurteilt werden, wenn es doch zum Krieg führt? – Heraklit hingegen lobt es. Nachdem nützlicherweise die Menschen dazu gebracht worden seien, die ganze Welt bis in die unwirtlichsten Gegenden hinein zu bevölkern und sich im Innern die Verfassung eines Staates zu geben, um gegen die Stärke der andern zu kämpfen, so sagt Kant – und ruft damit zur Einsetzung eines internationalen Rechts auf –, könne der Krieg keine epische oder heroische Würde mehr vorschützen und sei nunmehr überholt. Die Staaten müßten wie die Individuen aus ihrem »Naturzustand« heraustreten. Worauf Hegel antwortet, der Krieg sei weder durch kontingente Gründe noch durch gegenseitigen Haß der Völker aufeinander zu erklären, sondern die Existenz verschiedenartiger Völker sei eine geistige Forderung; ein Volk, insofern es eine Individualität darstellt, was Einzigartigkeit und Ausschluß impliziert, stelle im Krieg seinen inneren Zusammenhalt wieder her, da es so dem Zusammengehörigkeitsgefühl der Individuen neue Kraft verleihe: Mit dem Krieg »negiere« es seine Selbstnegation in Form seiner Auflösung unter den immer größer werdenden Einflüssen des Materiellen und der Partikularismen (in der Alltagserfahrung, auf kleinerer Ebene, genügt es, daß ein *Anderer* negativ im Horizont erscheint, daß er langsam bekämpft oder zumindest kritisiert wird, und schon knüpft sich ein enges Band zwischen »uns« und wir fühlen uns erneut vereint). Allerdings steht hier mehr auf dem Spiel als nur der Gegensatz zwischen zwei Theoriemodellen, Formalismus auf der einen, Organizismus auf der anderen Seite, nämlich das Risiko einer armen, weil die konkrete Bestimmung beseitigenden Universalität (bei Kant), oder das entgegengesetzte Risiko eines reaktionären Beharrens auf der Lebenskraft durch Empathie im »Volkskörper« (bei Hegel). Wir müssen heute auf einer neuen Basis das mitwirkende Schicksal des Negativen überdenken; wir müssen namentlich unterscheiden zwischen dem, was nur zerstört und nichts erzeugt (was hier zunächst als das Böse bezeichnet werden soll) und dem, was ein aktivierendes, *in Bewegung setzendes* Negatives wäre, welches die Dinge in Spannung versetzt, auf den Weg bringt, intensiver macht und zu Neuerungen führt.

Gerade in dieser Fähigkeit, Negatives zu managen, ohne es zu verharmlosen bzw. – denn *managen* klingt zu sehr nach Businessdeutsch – es »aus der Reserve zu locken«, es produktiv zu machen anstatt es zu entschärfen, liegt meiner Meinung nach die neue Berufung des Intellektuellen im Zeitalter der Globalisierung. Sein »Engagement« bestünde demnach nicht mehr in der Einnahme extremer Positionen auf der Suche nach einer prinzipiellen Radikalität (diese Gestalt des Intellektuellen hat sich in Frankreich, im Widerstreit der Blöcke und Klassen, von Sartre bis zu Foucault und Bourdieu entfaltet – steht sie heute nicht an ihrem Ende?). Er müßte vielmehr herausfinden, auf welchem Weg Negatives, das keineswegs verbannt werden muß, in diesem neuen Kontext Dinge in Bewegung setzt und lebendig macht. Er müßte aufzeigen, welche anderen Denkmuster dahinterstecken, wenn das, was »schlecht« erschien, ungenutzte, ja ungeahnte Möglichkeiten offenbart, sich als potentiell fruchtbar herausstellt und zur Mitwirkung fähig wird. Ebenso müßte er in einer komplementären Gegenbewegung neue Abstände ins Denken einführen, indem er die Bedingungen eines Dissens entfaltet, der gegen den Konsens arbeitet, durch den das Denken ständig einzuschlafen oder zu verkümmern droht. Oder wie sollte aus dem Wider-stehen etwas Zusammen-haltendes entstehen (was umso wichtiger ist, als wir heute in Europa, wie ich bereits sagte, in einem System schwacher Negativität leben)? Anstelle verdeckter, indirekter oder verhüllter Konflikte wären offene und auf Widerspruch beruhende Konflikte wünschenswert. Man könnte sich nunmehr mit »weichen«, teils zur Erprobung, teils zum Druckablassen geeigneten Ersatzformen eines abgemilderten und salonfähigen Negativen begnügen, welches keine kriegerischen Züge mehr trüge – wie die Fußballweltmeisterschaften mit ihren Medienhelden. Doch kann man auch hoffen, ein intelligenteres und virulenteres Negatives herauszuarbeiten, das den Geist an seine Unruhe gemahnen würde.

# I.

## Subjekt / Prozeß – Seelenheil / Weisheit

Wir wollen nun die notwendigen Unterscheidungen vornehmen. Um das Negative von seiner zweifelhaften und gleichsam allgegenwärtigen Verwandtschaft mit dem Bösen zu befreien, wollen wir zunächst das Mißverständliche der verschiedenen Aspekte ausräumen. Denn die Unterscheidung zwischen dem Bösen und dem Negativen ist keine bezüglich des Inhalts, sondern bezüglich der Ausrichtung der beiden Begriffe; noch bei den zwischen ihnen festgestellten Überschneidungen sieht man jedesmal einen Bruch in den Ebenen auftreten. Ja, man kann bemerken, daß diese verschiedenen Ebenen, nachdem sie erfaßt und einander angepaßt wurden, dazu führen, daß sich das Böse und das Negative als rivalisierende Optionen in Frontstellung zueinander bringen. Die beiden Begriffe bezeichnen eine gleichartige Wirklichkeit, jedoch mit gegensätzlichen Mitteln. Sie nehmen zwar den gleichen Platz in unserer Weltsicht ein, doch wenden sie einander den Rücken zu. Böses *oder* Negatives: Beide Begriffe vertiefen eine Alternative im Denken, durch die dieses entweder die eine oder die andere Richtung einschlägt (in der Geschichte der Philosophie erreicht diese Alternative ihren Höhepunkt in der zwischen Kant und Hegel stattfindenden Verschiebung – die in gewisser Weise *alles verschiebt*).

Aus dieser Vielfalt der erkannten, zu einem diametralen Sich-Gegenüberstehen führenden Brüche ergeben sich unsere Ausgangsthesen. Wir werden im Anschluß auf dieses Aussagengerüst zurückkommen, um es auszubauen und zu überprüfen:

— Das Böse gehört in den Bereich der *Moralität,* und diese stellt es im allgemeinen, und was immer sein Modus sei

(Leid, Unvollkommenheit oder Sünde; der klassischen Drei-teilung zufolge ist das Böse physisch, metaphysisch oder mo-ralisch), einem stets vorausgesetzten »Seinsollen« gegen-über. Das Negative gehört dagegen in den Bereich einer *Funktionalität*, und demnach einer Problematik, die nicht die Intention sondern die Ausführung betrifft, oder aber et-was, das ich globaler genommen, und mit einem weitverbrei-teten Ausdruck, als den »Gang der Welt« bezeichnen möchte.

— Das Böse verweist auf den Blickpunkt eines Subjekts, ob es nun Agens oder Patiens ist. Denn die Erfindung des Bösen in der Menschheitsgeschichte rechtfertigt sich durch etwas noch viel Gewichtigeres als seine traditionell angeführte re-pressive und bestrafende Funktion, nämlich durch die Tat-sache, daß sie als Struktur zur Sondierung der *Innerlichkeit* diente: Im Grunde hat das Böse den Menschen größer ge-macht oder, wenn man so will, ihn zur Entfaltung gebracht, ihm seinen »Schliff« verliehen – es hat ihn kultiviert, würde Baudelaire sagen, ihn verfeinert, würde Nietzsche sagen. Es hat ihm so gezeigt, daß er ambivalent sein kann, wählen kann, pervers und maßlos sein kann, kurzum, es hat ihn aus der großen Regulierungslogik herausgeholt. Wohingegen das Negative auf die Perspektive des *Prozesses* verweist, zu-nächst des Prozesses der Sprache, der sich ganz legitim nach den Modalitäten der Affirmation und Negation entwickelt. Oder: das Böse muß auf der Seite des Handelns und Erleidens gedacht werden, das Negative auf der Seite der Operation (dazu gehören auch die mathematischen Operationen, darin inbegriffen Zahl, Größe und negative Mengen; deshalb ist der Begriff »negative Größen«, so Kant in seinem Essay zum Thema, ebenfalls positiv: Die Negation beruht dabei auf blo-ßer Übereinkunft, und die Bezeichnung zeigt nicht eine ih-rem Wesen nach unterschiedene Art von Objekten an).

— Das Böse hebt ein *Singuläres* hervor und isoliert es: Es ereignet sich und tritt als individuelle Gestalt einer Hand-lung, Person oder Geschichte hervor. Das Negative hingegen impliziert die Inbetrachtnahme eines _Globalen_; Negatives kann nur in bezug auf ein solches Ganzes, an dem es teilhat und dem es dient, erscheinen.

— Das Böse richtet eine _Dualität_ ein, und die beiden Begriffe sind so angelegt, als hätte eins mit dem andern nichts zu tun (obschon sie sich durch ihre Gegensätzlichkeit gegenseitig Bedeutung verleihen): gut _oder_ böse. Das Negative setzt umgekehrt eine _Polarität_ voraus, als Differenz innerhalb eines Systems, in dem beide Begriffe, positiv _und_ negativ, zugleich entgegengesetzt und zusammengehörig sind. Zwar kann man sich wünschen, mittels Einebnung und Abschaffung des Bösen ein absolut Gutes zu schaffen, allem Positiven jedoch liegt Negatives zugrunde, es kann ohne jenes nicht gedacht werden.

— Deshalb ist das Böse logischerweise Gegenstand eines Urteils, welches prinzipiell auf dessen _Ausschluß_ erkennt. Wohingegen das Negative ein Begreifen im _Zusammen_hang erfordert und Gegenstand einer _Einbeziehung_ ist: das Böse schadet, das Negative wirkt mit.

Das Böse schließt auf dramatische Weise aus

— Das Böse ist letztlich _dramatisch_ (weshalb es zu Kampf, Anklage und Verbissenheit führt); es ist geheimnisvoll (deutet auf seinen unergründlichen Ursprung hin; es ist unerforschlich, so Kant: denn wird man jemals sagen können, woher das Böse kommt?). Folglich ist es metaphysisch (es setzt eine Abkoppelung zwischen zwei Ebenen voraus, zwischen dem Sein und dem Seinsollen, es stützt sich somit auf eine Norm, ein Modell und eine Transzendenz). Das Negative hingegen schafft keinen Gegensatz zwischen Realem und Idealem; was durch es getrennt ist, ist zugleich paarweise verbunden und aufeinander abgestimmt: das Negative ist _logisch_.

Diese ersten Merkmale bilden bereits ein System heraus. Sie veranlassen uns dazu, diese beiden Optionen im Denken, ihrer Gegensätzlichkeit folgend, in Frontstellung zueinander zu bringen, wobei sie sich als zwei Pole darstellen und zwei

Ideale bilden, die ebenfalls miteinander rivalisieren. Hinter diesem Gegensatz zeichnet sich als Konsequenz ein anderer ab: Auf der einen Seite das Heilsdenken, das auf dem Bösen gründet und sich vor dem Bösen in Sicherheit bringt; auf der anderen das Denken der Weisheit, das das Negative in den »Gang der Dinge« einbezieht. Es handelt sich hierbei sogar um die allererste Wahl, die ein jeder, egal welcher Kultur oder Epoche er angehört, treffen muß, wenn er sich naiv die Frage nach der richtigen Art zu leben stellt. Ich möchte sagen, diese Wahl ist logisch und hängt von einem einzigen Formalgegensatz – Ausschluß vs. Einschluß – ab, sie geht deshalb über die *Ideo*-logie hinaus: Ich schließe etwas als böse aus oder ich schließe etwas als negativ ein. Daraus ergibt sich ein zweiter, noch geraffterer Überblick, der diese Alternative in seinen verschiedenen Modalitäten durchspielt:

— Das zum Denken des Bösen gehörende Heil wird vom Blickpunkt der *Seele* aus verstanden, denn diese sondert sich in ihrem Schicksal ab. Die Weisheit dagegen, die das Negative berücksichtigt, versteht sich in Beziehung zur *Welt* und in Mitwirkung mit ihr.

— Auf der Seite des Seelenheils, welches das Böse und das Gute radikal gegeneinanderstellt, wird der Antagonismus bis auf die Spitze der *Konfrontation* getrieben, und diese ist unerbittlich (sonst droht Verderbnis). Die Weisheit hingegen begreift die Aufgabe des Negativen und führt leicht und in größerem Maßstab zu einem *Aufsaugen sponte sua* allen Konfliktpotentials.

— Vom Sündenfall (dem Fall in das Böse) ausgehend, verlangt das Seelenheil nach einer *Erzählung* oder versteht sich vielmehr implizit als Großerzählung: Der Niedergang wird zum Ereignis, so wie die Vertreibung Adams und Evas aus dem Paradies oder wie in anderen altertümlichen Schauspielen vom Niedergang der Seelen himmlischen Ursprungs, die auf die Erde fallen und ihre Unschuld verlieren. Wonach die Geschichte des schmerzvollen Aufstiegs aus dem Reich der

Finsternis ans Licht einsetzt, bis zur Wiederherstellung und Versöhnung, in mehreren Folgen, eine Etappe nach der anderen. Wohingegen die Weisheit grundsätzlich keine Erzählstruktur besitzt (sie wimmelt von einzelnen Anekdoten, besitzt aber keine Geschichte). Denn sie wartet nicht auf Ereignisse und gibt sich auch nicht mit irgendwelchen Verheißungen zufrieden, sondern entdeckt, daß das Negative im großen Zusammenspiel der Dinge eine Rolle spielt, und erklärt seinen Sinn: sie legt die *Ko-härenz* dieser Welt dar. Oder um es nochmals in griechischen Kategorien auszudrücken: Das Heilsdenken gehört dem *Mythos* an, die Weisheit dem *Logos.* Auf der Grundlage des Abstands zwischen beiden Funktionen baut sich ihre Gegensätzlichkeit auf.

— Kurz gesagt: das vom Bösen, dieser Verwerfung, erlösende Heilsdenken läßt die Spannung hochsteigen, versetzt das Leidend-Passionelle in Schwingung; es konzipiert und leitet eine *Dramaturgie* und wird heroisch, während das Denken der Weisheit, indem es das Böse als Negatives auflöst, eine *Harmonie* rechtfertigt; auf der einen Seite spielt sich (tragisch) ein Seelenschicksal ab, und auf der anderen wird – gelassen – die Weltordnung durchdacht, oder, besser gesagt, es wird das durchdacht, was Plotin als die »Syntax« der Welt bezeichnet. *Syn-taxis*: der Weise fragt nach den Regeln der Zusammen-Stellung, durch die die Welt – *diese* Welt – *gerechterweise* so beschaffen ist, wie sie eben ist.

Syntax der das Negative beinhaltenden Welt

Aus diesen beiden Figuren, dem Weisen und dem Heiligen, mit denen man sonst nicht mehr viel anzufangen weiß, da sie durch jahrhundert- oder eher jahrtausendelange normative und konformistische Ideologie ganz zu steinernen Götzen geworden sind, ergibt sich zumindest folgender möglicher Ansatz, den ich hier festhalten will: Sie können rückwirkend zur Schaffung einer Aufspaltung zwischen dem Bösen und dem Negativen dienen und dazu beitragen, anhand dieser antagonistischen Porträts ein regelrechtes Auseinanderklaffen der beiden Begriffe ans Licht zu bringen und zu veranschaulichen. Denn der Weise befindet sich nicht auf dem Weg zur Heiligkeit, wie man sich das oft vorgestellt hat, indem man die Weisheit als dasjenige auffaßte, das noch nicht den letzten Grad der Erhebung erreicht hat (so übersetzt man in der europäischen Tradition der Orientalistik noch immer meist mit »Weiser« eine Person, die noch nicht zum »Heiligen« geworden ist, auf Chinesisch *xian* 仙 im Unterschied zu *sheng* 聖 ). Allein der Weise verfolgt eher einen dem Heiligen entgegengesetzten Weg: Auf die Klage eines über das Böse betrübten und nach Erlösung strebenden (und darauf hinarbeitenden) Daseins antwortet er, daß eins nicht ohne das andere geht und es, wie man so sagt (denn der Weise hält sich ganz an das gemeine Denken und Sprechen), »solche und solche« gibt. Wie er auch auf die verzweifelten Reden gegen das Reich der Finsternis erwidert, daß man ohne Schatten kein Licht sehen würde, oder sich zumindest nicht darüber freuen könnte, und das sich gerade im Dunkel der Nacht oder des Todes die Dinge unauffällig erneuern und sich die Kohärenzen wiederherstellen.

Mögen diese beiden Figuren, so wie sie hier nach dieser ersten theoretischen Sichtung einander gegenübergetreten sind, auch zu stark voneinander abgegrenzt erscheinen, so meine ich doch, daß sie sich im folgenden mühelos rechtfertigen werden, wenn man betrachtet, daß das gesamte, so breite Spektrum dessen, was man zu abstrakt als die »großen Entwürfe« des »Lebens« oder der »Existenz« (diese beiden Begriffe werden immer noch miteinander verwechselt) bezeichnet, sich leicht zwischen diesen beiden Polen einordnen und aufteilen läßt: zwischen den Polen böse / negativ, Seelenheil / Weisheit. Und eben nicht zwischen den Polen profan / sakral (laizistisch / religiös), wie man anzunehmen pflegt, indem man auf diesen Begriffen den grundlegenden Gegensatz gründet (der Weise, der in dieser Welt leben will, gehört zum Profanen, der sich nach dem Seelenheil sehnende Heilige zum Sakralen) – diese Aufteilung erfolgt später. Für mich steht vielmehr am Anfang der Spaltung die Tatsache, daß man *entweder* nach Befreiung (vom Bösen) strebt *oder* (das Negative) versteht. Und die Religion kann beides betreffen: Im ersten Fall wird Gott um Hilfe angefleht, im andern ist er der Name für die einfache Bejahung alles sich Ereignenden. Es gibt von Angst und Schrecken gepeinigte Gottesdiener, ebenso wie es heitere gibt. Der Heilige Antonius oder der Heilige Franziskus. Zum Beweis kann man die Bibel anführen, die schon im Alten Testament die beiden Pole von Weisheit–Einbeziehung und Heiligkeit–Verdammnis enthält. Und in der Geschichte der Philosophie selbst scheint es, als ob jeder Denker irgendwie den Schieber zwischen diesen beiden Eckpunkten verrückte und von ihnen ausgehend seine eigene Position ausarbeitete. Platon huldigt ostentativ dem Thema Sündenfall (das bei ihm nicht bloß ein Überbleibsel oder eine leere Verpackung ist), und seine Überlegungen nehmen also logischerweise die Form einer Erzählung *(mythos)* an: der Fall der Seelen (im *Phaidros*), die *Mythos*<br>(das Böse) während der Himmelsprozession ihre Flügel verlieren, in die Leiblichkeit stürzen und die Sicht verlieren (oder der Fall der Seelen in die Unterwelt, wo sie zur Strafe nochmals leiblich werden). Deshalb fordert der Philosoph Askese und Abkehr von der Welt, er ruft dazu auf, sich vom Diesseits abzuwenden und zu Gott zu »flüchten« (im *Phaidon*). Indessen wirkt aber der platonische *Logos* generell auf ein Kommunizieren der Gattungen untereinander hin, und zuvorderst auf eines *Logos*<br>(das Negative) zwischen dem Selben und dem Anderen; das geht bis hin zur Einsicht, daß das Nichtsein »ist« und das Sein wiederum in gewisser Weise »nicht ist« *(Der Sophist)*, und das Negative wird an seine Berufung zur Negation als Möglichkeitsbedingung einer Aussage erinnert. Und in der »wahrscheinlich« gewordenen Erzählung von der Entstehung der Welt will dann der Demiurg aus dem *Timaios*, der alles zum besten berech-

29

net, alles ordnen, indem er der Ereignisstruktur dieses Gründungsaktes ein Ende setzt.

Man könnte meinen, daß einer der beiden Pole seit langem schon nicht mehr bestünde und daß, angesichts der Erfolgsgeschichte des *Logos*, die große Erzählung von Sündenfall und Seelenheil, von Hoffnungslosigkeit und Erlösung heute aufgebraucht wäre. Nur stelle ich fest, daß uns diese große narrative Artikulation nicht losgelassen hat (»uns«, damit will ich sagen: zumindest in Europa). Sie taucht nicht nur beim vom Bibelgeschehen inspirierten Dante auf, sondern durch sie wird auch die Hegelsche Phänomenologie des Geistes zur Erzählung: Von der Unmittelbarkeit der sinnlichen Gewißheit zum langen und trostlosen Weg, den unser Bewußtsein beschreitet, wenn es sich über Vermittlung und Entfremdung, Figur um Figur, Etappe um Etappe, immer höher erhebt und immer wieder ganz neue Ausbildungen seiner Gewißheit entdeckt, um sogleich wieder ins Zweifeln oder eher in Verzweiflung zu geraten, bis zum wahren Wissen (in diesem Sinne verkehrt sich der Hegelsche *Logos*, trotz seiner Einsicht in das Negative, die ihn dialektisch voranschreiten läßt, ins Mythologische). Genauso wird durch sie die gesamte *Suche nach der verlorenen Zeit* zur Dramaturgie: Unschuld der Kindheit (in Combray), *dann* Durchgang durch das Böse (tief in den Abgrund hinein: Sodom und Gomorrha) und *schließlich* Erstattung der »wiedergefundenen Zeit«.

# II.

## Der Manichäer und der Stoiker:
## Erzählen oder Beschreiben

Könnte man eine Art Katalyse des Denkens im Reinzustand vornehmen, so würden die beiden Pole, das Böse und das Negative, zwei Gestalten hervortreten lassen, von denen die eine dem Seelenheil, die andere der Weisheit zugewandt ist: den Manichäer und den Stoiker. Diese Namen sind uns heute noch vertraut, auf eine Weise, die, wie ich meine, nicht nur sinnbildlich ist. »Er ist ein«, oder, im Modus der normalerweise in der ersten Person überwiegenden Verneinung, »ich bin kein« Manichäer, Schwarz-Weiß-Denker. Sollte an das Böse zu glauben also böse sein, und müßte man sich derart dagegen wehren? Oder was tritt hier an Unannehmbarem zutage, allein dadurch, daß auf diesem Gebiet, und anscheinend auf ihm allein, das Vereinfachen ein solcher Mißbrauch wäre, daß es jedwede Menschlichkeit unter uns gefährdete? Was hält uns also, anders gesagt, bereits im Gemeinsinn zu mehr Geduld und Vielschichtigkeit an? Die beiden Typen scheinen jedenfalls so stark in einem *Ethos* verkörpert zu sein, daß sie sich von Anbeginn, im Innersten, auf die Lebensweise eines jeden Einzelnen auswirken und man versucht wäre, aus Denkkategorien solche zu machen, die fast schon ins Feld der Psychologie, wenn nicht sogar einer Psychorigidität gehören. Denn der Manichäer radikalisiert das Böse derart, daß er es zu einem eigenen Prinzip macht, zur Triebkraft der Geschichte, weil es der direkte Gegner des Guten und genauso konsistent wie dieses ist. Daraus ergibt sich ein erbitterter Kampf, der sich vom Anfang bis zum Ende der Zeit erstreckt und der in diesem kosmischen Schicksal die Seelen mit sich führt. Für den Stoiker dagegen empfiehlt es sich – welche Modalitäten des Bösen auch ins

*Eine radikalere Trennung als die Moral?*

31

Auge gefaßt werden: ob nun das Böse, das die Menschen sich gegenseitig antun und dessen immer wieder gern unternommene Aufzählung endlos ist (Krieg, Diebstahl, Vergewaltigung, Verrat usw.), oder das Böse, das jedes Individuum seiner Verfaßtheit wegen erleiden muß, zuvorderst Krankheit und Tod –, mit großer Sorgfalt vorzugehen, um an den Rändern dieses Bösen eine versteckte Positivität herauszuarbeiten, von der es ausgeglichen und übertroffen wird und die ihm zeigt, daß es legitim ist. Und darum empfiehlt es sich auch, es nicht mehr als Böses, sondern einfach als Negatives zu behandeln, da es seine eigene Kehrseite oder sein untrennbares Gegengewicht verbirgt, das es in eine Gesamtlogik integriert und so zu seiner Überwindung aufruft.

Transkulturell – transhistorisch Diese beiden Figuren sind transhistorisch, da sie über lange christliche Jahrhunderte hinweg zu uns gelangt sind, und auch transkulturell – es muß also wohl etwas Archetypisches in ihnen liegen. Ich habe bereits an anderer Stelle unterstrichen, daß im antiken chinesischen Denken, besonders in dessen konfuzianischer Ausprägung, viele stoische Züge wiederzufinden sind, ohne daß man von irgendeinem diesbezüglichen Austausch zwischen den beiden Welten ausgehen könnte: so zum Beispiel die Vorstellung von einem Werden in Immanenz, die operative Unterscheidung zwischen dem, was von mir abhängt und dem, was nicht von mir abhängt, die bis zur Verabsolutierung getriebene Idealisierung des Weisen und auch – oder vor allem – die »Freude« durch Einwilligung oder Einstimmen in den Lauf der Dinge. Und man weiß, daß die in ihrer Glaubenspropaganda erfolglosen christlichen Missionare sich schnell auf stoische Positionen zurückzogen, die tatsächlich eine Brücke zu China bildeten.[2] Was den Manichäismus angeht, der sich vom Mittleren Orient nach beiden Richtungen hin ausbreitete, hier wie dort aber mit vielen Polemiken zu kämpfen hatte, so haben wir an ihm sicherlich das einzige antike Denken, das man sowohl an lateinischen als auch chinesischen Texten studieren kann, sowohl bei Augustinus als auch in den so vorzüglich von Chavannes und Pelliot edierten Dunhuang-Manuskripten.[3] Noch bemerkenswerter ist, daß laut Peter Brown sowohl Kaiser Diokletian gegen Ende des 3. Jahrhunderts als auch die kaiserliche Macht in China ein Jahrtausend später die Verbrennung der manichäischen Schriften befahlen. Eine solche Übereinstimmung kann man nicht als zufällig bezeichnen, und man kann hier wieder keinerlei gegenseitige Beeinflussung feststellen: Es stellt wohl an sich für jede organisierte politische Macht eine Gefahr dar, wenn das Böse als Absolutes dem Guten entgegengestellt wird. Denn wenn eine echte Konfrontation einzig und allein zwischen diesen, als kosmische Kräfte geschaffenen und automatisch das menschliche Maß übersteigenden Prinzipien möglich ist, was sollen dann noch all die Anstrengungen der Menschen, nach Macht in der Geschichte zu trachten, und sei es in der Gestalt des größten Imperiums?

Aufgrund der Gegenüberstellung dieser beiden Prinzipien Gut und Böse, Welt der Finsternis und Welt des Lichts und vor allem aufgrund der darauf aufbauenden Folgerung der Existenz zweier Seelen im Menschen, einer, die zum Fleisch gehört und aus dem Geschlecht der Finsternis hervorgegangen ist, und einer anderen, die dem sinnlich vermittelten Teil Gottes entstammt, die dieser in seinem Kampf gegen die Finsternis eingesetzt hat, wobei diese beiden Seelen unentwegt miteinander ringen, ist der Manichäer außerstande, sich die Geschichte anders vorzustellen als in den Begriffen von Sündenfall und Heilsgeschehen. So wie schon die von Plotin kritisierten Gnostiker die letzte übersinnliche Realität im Stofflichen untergehen lassen, aus dem dann ein Demiurg und anschließend eine Welt entsteht, in welcher der Abglanz des Übersinnlichen eingeschlossen bleibt, bis die Samen des Geistes, nachdem sie unzählige Prüfungen und Leiden über sich ergehen lassen mußten, wieder zu ihrem Ursprungsort gelangen und diese Sinnenwelt schließlich zerstört wird[4] –, so

*Die uralte Geschichte vom Kampf gegen das Böse*

33

setzt sich die Dramaturgie der von Augustinus angegriffenen Manichäer aus drei Teilen zusammen.[5] Im ersten Akt (Vergangenheit) waren Licht und Finsternis völlig voneinander geschieden, gleich stark und dennoch in völligem Gegensatz zueinander. Im zweiten Akt, der Gegenwart als Mittelzeit, nachdem dem Bösen nach dem Guten gelüstet hat, das es seine eigenen anarchischen Anwandlungen erahnen ließen, opfert das bedrängte Licht der Finsternis eine Tugend, als Emanation der göttlichen Substanz, die zwar gegen das Dunkel kämpft, doch von ihm besiegt wird. Daher kommt das Gemisch, aus der die Seele und die Welt gemacht sind, die beide dazu verdammt sind, innere Kämpfe auszutragen. Letzter (noch ausstehender) Akt: Der Engel des Lichts wird kommen, um uns vom alten Adam zu befreien, indem er die beiden Kräfte Schatten und Licht voneinander trennt, und er wird so, durch die endgültige Wiedereinsetzung des Guten in sein souveränes Reich, den Weg zum Heil eröffnen.

Dies ist ein metaphysischer Roman, doch Augustinus ist allem Anschein nach nicht darüber schockiert. Und das trotz all der Energie, die er in den Kampf gegen jene Häresie steckt, der er selbst so lange angehangen hatte, in der Hoffnung, in ihr eine Antwort auf die Frage nach dem Bösen zu finden. Doch daß bei einem solchen *Mythos* keine Ironie angebracht ist, hängt sicherlich damit zusammen, daß diese ganze aus Sündenfall und Heilsgeschehen bestehende Geschichte und auch das ganze Pathos von Verfall und Erlösung dem Christentum ebenfalls innewohnt, wenn nicht sogar mit ihm wesensverwandt ist. Auch das Christentum basiert auf einer Dramatisierung des Geschehens. Oder aber: will man hier von Fiktion sprechen, wo soll man sie dann beginnen lassen? Augustinus besitzt dagegen ein Argument, das, jenseits des Streits um Filiationen und Interpretationen und ohne Rücksicht auf die Kontroversen über das Wesen Gottes, für sich allein hinreichend ist, um mit einem Streich das ganze Gebäude der Manichäer ins Wanken zu bringen.

34

Denn dieses Argument ist ausnahmsweise nicht bloß ein einfaches, immer irgendwie bestreitbares Argument, sondern schließt jede Widerrede aus: Die Polemik führt hier ausnahmsweise zum Aufscheinen einer Wahrheit der Existenz. Indem Augustinus von vornherein die Möglichkeit eines solchen Dualismus untergräbt, setzt er allen möglichen Manichäismen für die Zukunft Grenzen und zeigt die maßlose Beschränktheit und folglich Unzulässigkeit jeglicher strikten Entgegensetzung von Gut und Böse auf. Die Frage ist nämlich nicht folgende, da immer vom Dogma abhängig: Wenn Gott nichts schaden kann (sonst wäre er nicht Gott), war es dann nicht grausam von ihm, die Seelen in einen so schweren Kampf zu verwickeln, indem er sie in die Welt schickte (das ist das Argument des Nebridius, das Augustinus bekehrt hat).[6] Sondern sie steht vielmehr außerhalb des Dogmas: Wie ist es möglich, daß das Böse (eines Tages) in das Reich des Lichts eindringen und es ihm nach dem Guten gelüsten konnte? Es strebte also nach dem Guten, und sei es in der Absicht, ihm zu schaden und obwohl es dabei ganz das Böse blieb. Etwas zu wollen oder sich gar danach zu sehnen, selbst zu Unrecht oder aus Boshaftigkeit, bedeutet immer schon, sich zu etwas hingezogen zu fühlen, von dem man (für sich) annimmt, daß es etwas Gutes sei.

Daß man sich den Stoiker als das Gegenteil des Manichäers vorstellen muß, bedeutet in diesem Zusammenhang also, daß, während der eine das Böse und das Gute als getrennt auffaßt, der andere sie in völliger Verbundenheit beläßt. Und nicht etwa, daß der Manichäer das radikale Böse denkt, während der Stoiker das Böse für ein nebensächliches oder ein Scheinproblem hielte: Der antike Stoizismus bestreitet die Realität des Bösen nicht, vielmehr bedroht es in seinen Augen sogar die menschliche Vernunft. Noch weniger sollte man ihren Gegensatz zu einem von Optimismus und Pessimismus werden lassen (unterstreicht Bréhier nicht mehrmals den »Pessimismus« des Chrysippos?[7] Nur: welchen Sinn hat

Dem Guten nachzustellen, heißt zugeben, daß es darin etwas Begehrenswertes gibt, und also dem Guten beipflichten

das?). Wenn es sich hier auch um Vorstellungen handelt, welche die Existenz in ihrer Gesamtheit betreffen und den Ausgangspunkt einer bestimmten Haltung darstellen, ist der Gegensatz keiner des Temperaments, worüber wir nur schwerlich Gewalt hätten, sondern muß als logisch begriffen werden. Behandelt der Stoiker das Böse als Negatives, so deswegen, weil er es als notwendigen Begleiter des Positiven und folglich als mit ihm zu einem gemeinsamen Funktionszusammenhang gehörig auffaßt: Ein unzweifelhaftes Gut (zum Beispiel die Schmalheit der Schädelknochen) bringt als Folge, oder genauer »als Begleiterscheinung« *(parakoluthesis)*, ein gewisses Übel mit sich (die Zerbrechlichkeit des Schädels). Wenn man sich also den Schädel stößt und so einen Knochenbruch erleidet, muß der entsprechende Vorteil bedacht werden, mit dem uns eine solche körperliche Verfaßtheit normalerweise beglückt, anders gesagt, was die zu oft unbemerkte Vorderseite dieser Kehrseite ist.[8] Was sich zu einer folgerichtigen Argumentation zusammenfügt, wonach, da die Gegenteile sich gegenseitig implizieren, das Gute allein schon das Böse erklärt und die Tugend das Laster. Entsprechend dieser »Gegensatzverwandtschaft« muß die Krankheit zusammen mit der Gesundheit usw. verstanden werden, wobei sich beide jedesmal in einen Gesamtkreislauf eingliedern, wo sie in das Positive und das Negative ein und derselben Realität aufgeteilt werden, die letzten Endes nichts anderes ist als das Leben des Universums. Somit beweist das stoische Denken in seinem *Logos* diese umfassende Ordnung, die beides beinhaltet. Es trägt Sorge, in der Vielfalt der Erscheinungen und im Eindringen in das kleinste Detail, bis hin zur Begründung des Nebensächlichsten und Unwesentlichsten, wie zum Beispiel des Nutzens der Bären oder Muscheln, jene Weltregierung zum Vorschein zu bringen, die, wie die der griechischen Polis, durch Abstimmung und »Sympathie« die Kohärenz und Anpassung aller Aspekte gewährleistet. Darum bräuchten wir auch nur die Augen zu

Das Argument der Stoiker: Gutes wird logischerweise von Bösem »begleitet«

Alles wirkt zusammen

öffnen, um uns vom Grund der Dinge zu überzeugen. Während der Manichäer eine Geschichte erzählt, gewährt der Stoiker Einsicht in das Universum, und der eine wie der andere Gestus ist gleichermaßen unvordenklich. So Gott zu Hiob: Um die Klagerufe der Seele zu beenden, genügt es, sich der Schönheit der Welt zuzuwenden; es gibt keinen besseren Beweis für die Existenz und die Güte des Schöpfers als die Betrachtung seiner Schöpfung.[9] Nimmt man sie einfach zum Zeugen, ist ihre Beredsamkeit in den Dingen (laut einer schönen französischen Redensart, die heute veraltet ist, die »Lektion der Dinge«). Balbus, der Chrysipps Positionen bei Cicero wiederaufgreift, hat ebenfalls kein besseres Argument zur Verfügung als das Staunen über die Regelmäßigkeit im Fort- und Rückschreiten der Gestirne, über den Einklang so vieler verschiedener Laufbahnen und folglich über die Intelligenz, die in dieser Regelmäßigkeit zum Ausdruck kommt, womit er uns, der von Aristoteles stammenden Formulierung zufolge, in Erinnerung ruft, daß wir eben darum nicht mehr die Herrlichkeit des Himmels wahrnehmen, weil wir, aufgrund der Alltäglichkeit und der Gewöhnung daran, nicht mehr den Grund jener Dinge suchen, die wir die ganze Zeit sehen.[10] Betrachten wir nur genau die Augenmembran: Sie ist dünn und durchsichtig genug, daß das Auge hindurchsehen kann, und dick und stark genug, daß es darin einen festen Halt hat. Gleiches gilt für Wimpern, Pupille und Lid: Dieser »Kunst«, die man in der kleinsten Naturerscheinung erkennen kann und die man nie zur Gänze wird erfassen können, kommt mehr ursprüngliche Überzeugungskraft zu als jeder Argumentation; sie geht in ihrer Vollkommenheit auf. Der metaphysische Taumel kommt vor der kleinsten physischen Ordnung zum Stillstand, das Warum löst sich dort in ein Wie auf. Der Gegensatz zwischen dem Stoiker und dem Manichäer kommt auf folgende diskursive Funktionen heraus: Beschreiben vs. Erzählen. Ich erzähle *oder* beschreibe. Das *Erzählen* erfordert für seinen Aufbau und zur Spannungs-

Man muß einfach nur beschreiben

erzeugung eine Katastrophe und eine Wiederherstellung (Seelenrettung in ihrer Reinform: Tod und Auferstehung). Das *Beschreiben* (oder Schildern) verleitet hingegen dazu, schon allein wenn man den Hauptlinien der Gestaltung folgt, auf den Grund desjenigen zurückzugehen, was sich somit als »Natur« gründet. Eine Erzählung führt zum Umsturz oder zumindest zum Wanken, ihr Ereignis entwurzelt, wohingegen alles Beschreiben in seinem eigentlichen Ablauf ein Rechtfertigen ist. Anders gesagt *beunruhigt* die Erzählung durch Erschütterung, wohingegen die Beschreibung *verhaftet* ist und auf Anhieb legitimiert.

Ich frage mich, ob man diesem Bruch nicht noch größeres Ausmaß verleihen könnte. Beschreiben wir eine Blume (ein Augenlid usw.): Im Verfolgen des ganzen engmaschigen und endlosen Netzes der vorhandenen Funktionen und ihrer Verknüpfungen schließen wir eine »Daseinsberechtigung« mit ein und geraten ins *Ko-häsive*; wir spüren seine Kohärenz. – Erzählen wir eine Geschichte: Jede Erzählung stellt einen Einbruch dar, allein schon durch das Sich-Ereignen des Geschehens, sie führt ein Risiko, ja eine Bedrohung ein, man muß Gegensätze zwischen den Beteiligten herstellen und folglich Konfrontationen erzeugen. Anders gesagt: Wenn ich erzähle, schaffe ich ein Drama; wenn ich beschreibe, schaffe ich Ordnung.

# III.

## Das Einstimmen in das Leben
## (in den Theodizeen),
## oder:
## Vom Unkonstruierbaren in der Philosophie

Der Stoiker gibt sich nicht mit dem Beschreiben zufrieden. Er macht sich dabei auch zum Verteidiger, zum Verteidiger der Sache Gottes. Das ist ein seltsamer Sachverhalt oder eher eine seltsame Wandlung: Der Mensch, diese einfache Kreatur, ergreift das Wort, um Gott reinzuwaschen. Gegen den von den Menschen vorgebrachten Einwand einer vom Bösen regierten Welt, in der die Übeltäter triumphieren und die Gerechten Not leiden (Hiob wirft Gott auch seine »Grausamkeit« vor), macht sich der Weise zum Anwalt Gottes und zeigt auf, daß diese Welt gut ist, wie sie ist, und durchaus nicht ungerecht oder sinnlos. Ja sie sei von allen möglichen Welten die beste, die geschaffen werden konnte.[11] Nicht weil Gott es angesichts der gegebenen Möglichkeiten nicht hätte besser machen können (in der Sichtweise der Manichäer liegt Gott mit den Kräften der Finsternis im Kampf), sondern weil es logisch unmöglich war, es besser zu machen und weil es von allen vom göttlichen Verstand auszudenkenden Lösungen die beste ist, die gefunden werden konnte. Wir wollen die Welt als ein Bauwerk betrachten und uns »Gott« oder die Vernunft als den Bauherrn vorstellen. Es mußte ein Vergleich gefunden werden zwischen zwei Forderungen, die sich im Laufe jener zwei Jahrtausende, die dieser Prozeß dauern wird, immer mehr herauskristallisieren werden: Der Mensch mußte die Wahl haben, Böses zu tun, damit Gutes tun ein Verdienst ist und ihm eine höhere Würde verleiht; und gleichzeitig mußte in der Welt eine aus deren Gefüge erwachsene Ordnung und Struktur gewährleistet werden, so

Vorhaben der »Theodizeen«: Rechtfertigung der Welt, so wie sie von Gott geschaffen wurde daß, was aus der Sicht der Menschen schlecht erscheint, im stimmigen Ganzen des kosmischen Lebens seine Rechtfertigung findet, als Kehrseite und Ergänzung, als bloß Negatives. In dieser Geste der Extrapolation liegt eine irreduzible Kühnheit: Der Mensch tritt aus seiner Bedingtheit heraus und denkt nach über die Bedingung der Bedingungen; oder, besser gesagt, über die Bedingung aller Bedingungen, ja über die Bedingung aller möglichen Bedingungen. Allerdings hat die Philosophie sich auf diesem Vorfeld fest eingerichtet. Man hört sie auf die eine oder andere Art immer mit dieser radikalen, geradezu unüberbietbaren Formulierung beginnen, mit der Kant seine Überlegungen einleitet: »Es ist überall nichts in der Welt, ja überhaupt auch außer derselben zu denken möglich, was ohne Beschränkung...«[12] usw. Der Satz beseitigt sorgfältig alle anführbaren Einschränkungen noch aus dem letzten Winkel; er arbeitet nicht das Allgemeine darin heraus, sondern übertreibt dieses sofort maßlos. So daß über dem heutigen Verbreitungsgrad dieser theoretischen Einbildungskraft fast in Vergessenheit gerät, welche Anmaßung dahintersteckt: Der Mensch hat geglaubt, er könne sich ganz aus seiner ihm doch eigentlich bewußten Partikularperspektive herausbegeben, und will beweisen –

hat daran denken können, zu beweisen –, daß die Welt, so wie sie ist, die ideale Gleichung darstellt, ob es nun von seiten der göttlichen Intelligenz ein »Kalkül« *(logismos)*, anders gesagt, die Vorsehung, gibt oder nicht. Im Namen der Vernunft, die er sich selbst und Gott zuschreibt, und um vor sich selbst den Lauf oder, wie er zumeist feststellt, eher Fehllauf der Dinge in dieser seiner Welt zu rechtfertigen, hat er sich die oberste Stellung angemaßt, von der aus er die ganze Schöpfung überragt, mit dem Ziel, den *Plan* Gottes zu durchschauen. Entgegen der Vorstellung, wonach die Welt das Produkt der Unwägbarkeiten des Zufalls und der Materie ist (wie bei den Epikureern), oder wonach der Einflußbereich der Vorsehung in der Lunarsphäre aufhört (im Sublunari-

Deduktion der Vernunft: die Welt als ideale Gleichung

40

schen herrscht eine viel größere Ungenauigkeit: Aristoteles),
oder wonach diese Intelligenz als Anfangsgrund des Universums nicht überall in unsere Welt dringen kann (die Peripa-
tetiker), und natürlich noch mehr entgegen der Vorstellung
der Gnostiker, die man nunmehr für völlig vernunftlos hält,
wonach die Welt die Schöpfung eines schlechten Demiurgen
sein könnte, wird behauptet, daß die »Vernunft bis auf die
Erde hinabreicht«[13] und daß – wir wollen die These verschär-
fen – die Vorsehung noch um das kleinste Detail Sorge trägt.

Dieser postulierte Einklang überschneidet sich mit der
Ebene deskriptiver Art, auf der die Schönheit der Welt unter
dem Blickwinkel der Finalität inventarisiert wird, und deren
Netz prinzipiell unendlich ist. Noch die kleinste Existenz-
form rechtfertigt sich durch ihre Bestimmung, welche durch
ihre Anpassung offenbart wird. Alles ist *für (ad)* etwas gemacht. Betrachten wir die Augen. Wenn man die von Be-
wunderung erfüllte Aufzählung von Balbus wieder aufnimmt: Das unübertreffliche Geschick der Natur hat die
Augen mit Häuten umgeben, die durchsichtig sind, damit
man sehen kann, doch auch fest genug, damit sie einen
guten Halt haben; ebenso fühlen sich die Lider sehr zart an,
damit sie die Pupille nicht beschädigen, und sind doch auch
so beschaffen, daß sie die Augen geschwind schließen oder
öffnen können usw.[14] In größerem Maßstab betrachtet, ist
die ganze Welt »um der Menschen Willen«, *hominum causa*,
geschaffen. Der Beweis daür ist, daß die Menschen sich die
Welt aneignen. Aus der Beobachtung der Funktionalität des
»Wie« bezieht der Stoiker jenes Argument, mit dem er auf
das transzendente Warum antwortet, das mit seinem Geheimnis wunderbar beeindruckt. Bewundern wir, so führt
Kant den Gedanken weiter, wie an den mit Holz bewachse-
nen Ufern der Flüsse der temperierten Länder die Bäume ins
Wasser fallen und durch die Meeresströme den Eisküsten zu-
geführt werden, wo es nicht wachsen kann, und zwar »für«
die dortigen Bewohner, die anders nicht leben könnten. Hin-

Hinter der
»Natur« liegt
eine verborgene
Zweckmäßigkeit
(nochmals Kant)

41

ter der physisch-mechanischen Ursache dieser Erscheinung darf man nicht die teleologische Ursache übersehen, die von der Voraussicht einer Weisheit zeugt, welche sich in den allgemeinen Aspekten der »Natur« verbreitet.[15]

Wenn ich hier das Sonderbare an diesem Vorgehen betone, so deswegen, weil ich darüber erstaunt bin, daß dieser Rückgriff auf die Finalität, die man (während der Renaissance) heroisch und unter großem Aufsehen aus der Wissenschaft vertrieben hat, sehr viel hartnäckiger erscheint oder an sich eigentlich viel Gutes entdeckt, sobald es um die »Existenz« geht (und das selbst bei Kant, trotz seiner Kritik der äußeren Zweckmäßigkeit in der *Kritik der Urteilskraft*). Und ist denn diese finalistische Rechtfertigung angesichts des Arguments vom »Bösen« überhaupt völlig auszumerzen? Wir wollen festhalten, daß Kant sie hier (in seinem philosophischen Entwurf *Zum Ewigen Frieden)* als »Garantie« der Möglichkeit für einen ewigen Frieden zwischen den Völkern anführt, was die aktuelle Ideologie nunmehr als ihr großes Projekt für sich in Anspruch nimmt. Doch die »Natur«, auf die er hier in der Vorstellung zurückgreift, daß sie despotisch »will«, daß die höchste Gewalt schließlich dem Recht zufällt, ist selbst, so gibt er zu, bloß eine weltlichere und »bescheidenere« Weise, die »Vorsehung« zu benennen, die wir als höhere Ursächlichkeit nur »hinzudenken« können.

So kommen wir aus dem Staunen nicht heraus, wenn wir sehen, wie das Abendland über mehr als zwei Jahrtausende hinweg diesen Diskurs nicht fallengelassen und ihn schließlich gar als *Theodizee* systematisiert hat: In welchem Ausmaß dieser Diskurs den *Sockel* der Geschichte unseres Denkens dargestellt hat und auch noch darstellt, ohne daß wir es bemerken, da nunmehr allgemein angenommen wird, er gehe uns nichts mehr an. Hier liegt klar eine Traditionslinie vor, eine kettenartige Übertragung und endlose Wiederverwertung. Die »großen Philosophen«, seien sie auch noch so sehr darum bemüht, sich voneinander abzugrenzen, geraten doch alle irgendwie auf denselben Holzweg – was wir nur noch in Form einer Auflistung veranschaulichen können: von Platon (»Gott kann in keiner Beziehung und in keiner Weise ungerecht sein«) oder zumindest seit Chrysipp (dessen Theodizee man zu weiten Teilen bei Cicero erneut dargelegt findet) über Seneca *(De providentia)* und Plotin *(Enneaden,* III 2 u. 3) sowie Augustinus (namentlich seine Abhandlungen gegen die Manichäer), der von Thomas von Aquin weitergeführt wird (welcher ihn wiederum an Aristoteles und Avicenna anbindet; *De malo,* I a q 48 u. 49), und endlich über Descartes *(Meditationen,* III u. IV; doch auch Pascal in seinem »Gebet um den rechten Gebrauch der Krankheiten« wie auch Spinoza (sein *Von Gott, dem Menschen und dessen Glückseligkeit,* wo die Vorsehung mitbehandelt wird, ist eine erste Fassung der *Ethik* – oder ist denn die *Ethik* nicht eine Art Verabsolutierung jeder Theodizee?) bis zu Malbranche und Leibniz (in seiner eigenen *Abhandlung zur Rechtfertigung Gottes,* in der er den Begriff besiegelt und im Titel verankert) und letzten Endes bis hin zu Kant mit seinem berühmten *Versuch.*

Parade der Theodizeen

Hier ist hinter der unablässigen Erneuerung der Philosophie eine erstaunliche Kontinuitätslinie festzustellen. Die gleichen Standardargumente werden wiederaufgegriffen mit dem Ziel, all dem Konsistenz zu verleihen, was zwischen dem allgemeinem Postulat der Vorsehung und der übersteigerten Beschreibung einer Ordnung der Dinge, anders gesagt, zwischen dem systematischen Zurückgreifen auf die alleinige Zweckmäßigkeit einerseits und dem unendlichen Gemälde der Schönheit der Welt andererseits nach einer speziellen netzförmigen Rechtfertigung verlangt, um die verschiedenen Ebenen aufeinander abzustimmen und eng miteinander zu verbinden. Dieser geduldigen und kontinuierlich weitergeführten Webarbeit hat sich die Theodizee als ausgeformte Gattung ganz gewidmet (Leibniz verhilft ihr nur noch in einer letzten Neuauflage zu ihren Weihen). Doch eben dieses

Was immer noch auseinanderklafft

Zwischen Deduktion (eines Plans) und Kontemplation (der Schönheit)

Geflecht lieferte einem prämoralischen und in einem gewissen Sinne sogar präreflexiven Stadium im Abendland sein ideologisches Tragwerk, einem Stadium, das ich zunächst, in dem Versuch, in ihm das ursprünglich Zustimmende zu erhalten, als *Einstimmen* in das Leben bezeichnet habe. »Einstimmen« *(assentir)*, dem schönen Verb *adsentior* der Stoiker zufolge, eher als einwilligen *(consentir)*, was schon zu entschlossen klingt. *Einstimmen* besitzt unter allen Verben die wenigsten Eigenheiten, die wenigsten semantischen Vorzeichen, weil es sich im Vorfeld der spezifischen Operationen zurückhält und sich am wenigsten von der Unendlichkeit der Abläufe abhebt, die sich unaufhörlich, unbemerkt von uns,

in uns wie auch außerhalb von uns (die Spaltung zwischen beiden verschwindet allmählich) zutragen, und es somit nach wie vor das »symbiotischste« – von allen – ist: Es dient dazu, gegenüber allen Beschwerden und Anklagen, die man gegen Gott vorbringen könnte, jenes grundlegende »Gefühl« des Verhaftet-Seins auszudrücken, bei dem man distanzlos ist, nie völlig reflektiert, ja unreflektierbar, in demjenigen, was »trotz allem« noch – immer noch – geschieht, wobei es etwas von uns selbst mitreißt: das »Leben«.

Selbst das Christentum, das mit der Öffnung auf eine Verheißungs- und Offenbarungsgeschichte sonst so radikal die Vorstellung vom menschlichen Schicksal gewandelt hat, hat hier keine wirkliche Neuerung gebracht. Das Christentum, das eine neue, da nunmehr auf Liebe basierende Vorstellung von Gott offenbarte, hat trotzdem nicht die Art und Weise verändert, wie man Gott vor dem Gegenargument des Bösen »verteidigen« konnte. Es lehrte einen neuen Weg zum Seelenheil, ist jedoch, was die Weisheit angeht, ein Abguß des Stoizismus. Stimmt es also nicht, daß das doch sonst in seiner Lehre derart revolutionäre Christentum in dieser Hinsicht so gut wie nichts mehr hinzuerfinden und noch nicht einmal hinzufügen konnte? Was nun wiederum einen scharfen Blick auf die Philosophie in ihrer Faktur, ihrer Arbeit und ihrem

Schicksal wirft: Zeigt dieser Theodizee-Diskurs allein aufgrund seines hartnäckigen Fortbestehens nicht eine Art Ausdauer und Verhaftet-Sein des Denkens (im Denken) auf, die hinter der unablässigen Neuerung der philosophischen Debatten einen gemeinsamen – *infra*philosophischen – Bestand zur Ver- und Aussöhnung mit dem Leben darstellen, auf dem die Philosophie, um den Aufstieg ihres eigenen Gegenstands (das Wahre, Gute, usw.) zu befördern, lange Zeit beruhte? Oder: während die Frage nach der »Existenz« Gottes die Philosophie begeistert hat (denn sie verlangt nach Belegen und Beweisführungen, gibt Möglichkeiten zur Debatte und kann widerlegt werden), macht die Frage nach der *Verteidigung* Gottes (gegen das Böse), welche den Gegenstand der Theodizee darstellt, hingegen kaum Fortschritte, ja sie interessiert kaum noch und wird, obwohl ständig neu aufgenommen, letztlich doch immer nur noch angedeutet.

Worin die Philosophie kaum Fortschritte gemacht hat

Die Lage ist äußerst befremdend. Denn wenn die totale Extrapolation, auf die sich die Vernunft verläßt, erst einmal in ihr volles Recht eingesetzt, die Berechnung aller Möglichkeiten für möglich erklärt und das große Netzsystem der Zweckmäßigkeit ohne weiteres auf die Welt projiziert wurde, was kann man dann *tatsächlich* mit diesem Netz einfangen? Auf den kühnen Standpunkt, nichts weniger als der des göttlichen Gesamtplans, folgt ein Katalog von Argumenten von größter Bescheidenheit, die bloß als Auflistung angeführt werden: so als funktioniere der Vorgang des Verallgemeinerns und Subsumierens, der die Antriebskraft der Philosophie darstellt, auf einmal nicht mehr. In dieser Hinsicht braucht man nur zu betrachten, welche Faktur dieser Theodizee-Diskurs beim Problem des Bösen und seiner Beseitigung besitzt. Und handelt es sich überhaupt um einen »Diskurs« im eigentlichen Sinne? Gibt es hier auch nur die Möglichkeit zur Verknüpfung und zur Fortentwicklung? Es handelt sich wohl eher um einen Vorrat an leidlich zusam-

Bruchstücke von (vorrätigen) Argumenten

mengewürfelten, aber auch halbwegs normierten Argumenten, die mitunter sogar wörtlich übernommen werden und die zum größten Teil von den Stoikern geliefert wurden, die man aber auch teils bis zu Platon (*Gesetze*, X: für die Verantwortung der Seele und die Belohnung nach dem Tod), teils bis zu Aristoteles (die Weltregierung) zurückverfolgen kann: das ist eine, was ihre Quellen betrifft, zutiefst eklektische wie auch aus verschiedensten Teilen zusammengestückelte Position. Entwickelt sich der philosophische Diskurs auch immer weiter und radikalisiert sich auf der Suche nach immer neuen herausstechenden Figuren der Wahrheit, tritt die Theodizee-Position *hinter* ihm auf die ausgetretenen Pfade zurück und vermischt so, wie wir sehen, verschiedenartigste Elemente miteinander, ohne sich weiter darum zu sorgen. Um die Welt und das Leben auf dieser Welt zu rechtfertigen, ist jedes Argument recht – das Siegel der verschiedenen Schulen wird unsichtbar –, und man setzt alle Mittel ein.

Wo Argumente nicht mehr greifen

Wir wollen uns einmal ansehen, was Plotin daraus gemacht hat. Das Prinzip der Vorsehung war gerade als Dogma eingesetzt und die, vom platonischen Standpunkt aus, geringere Kraft des Abbilds gegenüber dem Urbild war zuvor metaphysisch (hierarchisch) begründet worden, wobei die Welt wie eine Mischung vor Augen trat, deren Unvollkommenheit umso größer wird, je mehr man sich in die Materie hinab begibt; da sammelt Plotin die Argumente wie vom Boden auf, als ob er sich wahllos in einem Zettelkasten bedienen würde, und oft behält er nur noch die Oberbegriffe bei, wie Émile Brehier feststellt, ohne daß noch wirklich eine Ordnung oder ein Zusammenhang herrscht.[16] – Aber wäre das denn nicht methodisch? Die einzige Methode? Verfügt er über eine andere Strategie zum Eindringen in die »Kohärenz« des Lebens als dieses »Sich-Zusammenhaltende« *(co-haerens)*, unter Verzicht auf die allzu bequeme Arena des kontradiktorischen Prinzips von Rede und Gegenrede, von den verschiedensten Winkeln aus anzugehen, auch wenn diese sich entgegen-

46

stehen könnten, wobei er ihre Ansätze ohne Zentralperspektive sich überkreuzen läßt (da nunmehr jeglicher konzeptuelle oder logische Überbau zusammenschrumpft): Er zählt also nicht mehr auf die maßgebliche Klarheit eines einzelnen Arguments, sondern darauf, was sich durch ihre häufigen Überschneidungen schließlich zwangsläufig abzeichnet und zusammenfindet. Sich im Kreis drehen ist wahrlich der einzige Ausweg. Wenn es darum geht, angesichts des Bösen für das Einstimmen in das Leben zu plädieren, ist strenges Argumentieren wirkungs- und machtlos. Denn hier gilt es nicht mehr zu konstruieren, sondern zu verstehen. Fehlt die Möglichkeit zu subsumieren, muß man sich mit dem Ansammeln und Verzweigen behelfen: Es geht nicht darum, eine Idee klar aufscheinen zu lassen, sondern dasjenige in einem Punkt zusammenlaufen zu lassen, was, auf die eine oder andere Weise und halbwegs unbewußt, »jeder weiß«. Damit kommt klar zum Ausdruck, daß, hat man erst einmal diesen großen Deckel der Vorsehung, der seit Anbeginn auf der Existenz sitzt und sie auf ein Ziel oder zumindest auf eine prinzipielle Linie ausrichtet, abgehoben, keine Form von Lehre dieses Feld des Denkens mehr gestalten kann, ja daß sich letztendlich, geben wir es zu, nichts mehr darauf konstruieren läßt.

Entweder: um zu beweisen, daß diese Welt unter allen möglichen Welten ein vom Verstand Gottes berechnetes Optimum ist, nimmt Leibniz, der damit die Gattung der Theodizee zu ihrem Abschluß bringt, die Mathematik zum Vorbild, welche, um funktionieren zu können, Minimum und Maximum braucht. Oder aber: um zu beschreiben, wie der konsequente Wille notwendigerweise aus dem Konflikt aller antezedenten Willensbestrebungen resultiert, überträgt er die Ergebnisse seiner physikalischen Beweise auf die Moral, in der Weise, daß in der Mechanik die Bewegung sich immer aus sämtlichen, in demselben beweglichen Körper konvergierenden Tendenzen zusammensetzt. Doch im Zwischenraum dieser beiden Deduktionen, die sich auf die neuen Fortschritte der Wissenschaft stützen, jedoch letzten Endes nur eine analogische Funktion besitzen, ist strenges Argumentieren wirkungslos, und die Rechtfertigung dieser Welt und des Bösen in dieser Welt besitzt nur den Stellenwert eines rein extensiven Gemeinsinns, also weder logische Notwendigkeit noch Allgemeingültigkeit, weil sie bloß darlegt, daß dem so ist, aber nicht, daß dem auch anders sein könnte, und es hier bei dem Ausdruck ihres »Gefühls« beläßt. Leibniz knüpft nämlich an die Tradition des Sinnspruchs, *sententia*, an, da er sich unmittelbar auf das »Fühlen« *(sentir)* beruft (wovon auch das »Einstimmen« *(assentir)* abgeleitet ist): »Wir« Menschen urteilen nicht, sondern fühlen gemeinhin so – fühlen, daß dem so ist – und billigen dieses So. Denn wenn die Erfahrung jenes Wissen ist, das nur über einen langsamen, von ihm unbemerkt wirkenden Absetzungsprozeß verfährt und aufgrund dieser Tatsache immer nur mit sich selbst übereinkommt – welche andere Ordnung, Gliederung oder Struktur sollte man dann anführen? Nur wechselt Leibniz dann übergangslos von einer Form der »Wahrheit« auf die andere, als bliebe die Stichhaltigkeit seiner Ausführung davon unberührt:

*Etwas Saures, Herbes oder Bittres gefällt oft besser als Zucker; die Schatten bringen die Farben zur Geltung, und eine wohlplazierte Dissonanz macht noch die Harmonie anschaulicher. Wir wollen an Seiltänzern erschrecken, die beinahe herunterfallen und wollen, daß die Tragödien uns fast die Tränen kommen lassen. Schätzt man denn die Gesundheit genug und dankt man genug dem Herrn dafür, ohne jemals krank gewesen zu sein?*[17]

Betrachten wir diese Sprache zunächst auf formeller Ebene. Die Argumentation ist hier abgehackt, rein additiv, weil es ihr in jedem der einzelnen Fälle unmöglich ist, genauer zu werden. Im Modus des »oft« oder »meistens«, des »wir« (oder mit rhetorischen Anklagen: »schätzt man denn... genug?«), beruft sich diese lose Anhäufung von Argumenten auf eine Zustimmung, die der Vernunft keine Gewähr bietet und größte Mühe hätte, dem Urteilsvermögen eine Basis zu verleihen, geschweige denn auf seine Grundlagen hinzudeuten. Das Ganze bietet kaum mehr Konsistenz als eine Randbemerkung oder eine beiseite gesprochene Vertraulichkeit. Hier wird zwar von mehreren Seiten aus aufgezeigt und hervorgehoben, was sich jedesmal nicht mehr als Böses, sondern als Negatives herausstellt, welches an einer Gesamtpositivität mitwirkt oder diese zur Geltung bringt, jedoch wird nicht über die Stufe der Aufzählung von Beispielen hinausgegangen: diese passen nicht zusammen und können daher nicht von sich aus eine *Logik der Negativität* verständlich machen, obwohl ihre Möglichkeit spürbar wird.

Beiseite gesprochen (oder vom Unbelegbaren

Ist diese Logik überhaupt denkbar? Nach dem Verschwinden der allzu einfachen Deduktionen der Metaphysik tritt hier jedenfalls, eingeschlossen in diesen Theodizee-Diskurs und im bescheidenen Modus des »man« und des »oft«, der Feststellung und des beiseite Gesprochenen, eine *Verständigungsbasis* des Lebens zutage, von der sich die Philosophie abgehoben hat. Von der sich die Philosophie gewöhnlich schnellstens abheben möchte, um sich in ihr Theorieabenteuer zu stürzen. Doch ist diese Verständigungsbasis gerade dadurch wertvoll, daß hier noch kaum etwas festgehalten wird und vieles undiskutiert bleibt. Denn dieses nicht gänzlich Konstruierte ist auch ein nicht gänzlich Abzuweisendes. Gerade weil die Philosophie mit diesem stillschweigenden Verständigungsmodus bricht, wobei sie in die Extreme fällt und ihre Positionen radikalisiert, kann sie munter konstruieren und beweisen. Aber im Gegenzug ist sie bekanntlich auch unablässig dabei, wenn sie das Paradigma zu ihrer Sache erklärt, diese ihr angeborene Willkür zu bekämpfen und behält wegen dieses ursprünglichen Gewaltakts auf immer

Unterhalb des Philosophischen

Verständigungsbasis

den Charakter eines Postulats oder zumindest einer *Nachdrücklichkeit*, sobald es um das »Leben« (den »Lauf« des Lebens) geht. Genauer gesagt: wenn die Philosophie hier einen *Gewaltakt* vollbringt, liegt dies weniger an der Wirkung der Totalisierung oder des Systems, wodurch sie sich vollends abschließt, als vielmehr ursprünglich am elementaren Gestus, mit dem sie ihren Gegenstand *setzt.* Dieser »sitzt« nun gleich dem Modell eines Künstlers, und man kann ihn in der Tat konstruieren und modellieren. Der Theodizee-Diskurs aber, der dadurch, daß er sich mit dem Radikalisieren schwer tut, kaum glänzen kann, der so behäbig im Subsumieren und im Hervorbringen seiner Begriffe ist, wo die Argumente immer nur zusammengestückelt sind wie aufeinandergestapelte Fragmente, schafft es hingegen, unterhalb der religiösen oder philosophischen Stellungnahmen etwas zu vermitteln, das, was die Erfahrung betrifft, stets zu wenig Stützen besitzt, um aufgerichtet zu werden oder zu wenig »thesenhaft« ist, um entgegengestellt zu werden. Daß man ein wenig Bitterkeit braucht, um den Geschmack zu verstärken und Schatten, um die Farben zur Geltung zu bringen, ist wirklich nicht sehr interessant, zieht aber dennoch dadurch die Aufmerksamkeit auf sich, daß es etwas über die Fähigkeit eines Urteils aussagt, nicht nur das Scharfkantige, das von allein schon abstechen wird, sich herausstellen oder eine bestimmte Gestalt oder Haltung des Wahren sich abzeichnen zu lassen. Beim Lesen dieser Theodizeen sieht man diskret, in feinen Rinnsalen, da vom Apparat der Philosophie bedeckt, eine Vorstellung vom europäischen Weg der Weisheit durchsickern.

Unkonstruiert: Was an Weisheit hinter der Philosophie wieder hervorgeholt werden kann

# IV.

## Vom Abbau des Bösen
## (der Stellenwert des Schattens)

Selbst dann, wenn sie Reinigung predigten und zur Askese rieten, blieben die Griechen auf Erden. Sie betrachteten die Moral unter dem Blickwinkel des alleinigen Ziels, ein glückliches Leben zu führen. Es galt, durch Veränderung seiner selbst von allen Übeln, die das Leben beinhaltet, verschont zu bleiben, sowohl von den inneren als auch von den äußeren, von denen, die vom Grund der Seele aufsteigen, als auch von denen, die von außen angreifen. Ihre Liste beginnt bei den Stoikern immer ungefähr gleich: Irrtum, Ungewißheit, Bedauern, Reue, Schmerz, Unkenntnis usw., genauso wie Krankheit, Armut, Trauer, Knechtschaft, Gewalt, Verleumdung usw. Nun lassen alle diese Begriffe, wenn man sie so hört, das Leiden umso besser aufklingen, als sie einen Hohlraum in sich tragen: Sie bringen ein Fehlen zu Gehör, ein Zuwenig an Präsenz, Wahrheit, Freiheit oder Gesundheit; an Vernunft, Rechtmäßigkeit, Ordnung oder Gelassenheit. Man erkennt an dieser Aufzählung, daß das Böse stets ein bloßer Mangel ist oder von einem Mangel herrührt. Es ist durchzogen von Abwesenheit und Schein, sein Stellenwert ist privativ. Ordnung – Un-ordnung *(taxis – a-taxia)*: die Modalität des Bösen beschränkt sich auf diese negative Vorsilbe.[18] Das bedeutet, daß das Böse sich nicht als ein eigenes, in sich selbst konsistentes Prinzip herausbildet, das die in den Augen der Griechen grundlegende Verwandtschaft zwischen dem Sein und dem Guten, die in der Theologie unerschütterlich fortbesteht, gefährden könnte: Insofern etwas wirklich *ist*, ist dieses »etwas« notwendigerweise gut; sonst könnte es nicht sein oder würde sich sofort auflösen. Anders (negativ)

Denkschablonen der Philosophie

Das Böse »ist« nicht

51

gesagt, ist das Böse nur (durch) Nichtsein; alles Böse ist nur ein Fehlen an Sein.

Unter diesem Blickwinkel erscheint erneut die Spaltung zwischen Seelenheil und Weisheit vor unseren Augen, zwischen dem *Dramatischen* (Intensiven) und dem diese Schwellung abbauenden *Reflexiven*. Denn um »Erlösung« vom Bösen zu flehen, wie es tagtäglich im Gebet geschieht, heißt doch, dieses zu einem handelnden Subjekt oder zumindest zu einer vereinnahmenden Kraft zu machen und ihm eine Existenz zuzuschreiben. Doch sobald ein spekulativer Gesichtspunkt eingenommen wird, zeigt uns der Weise, selbst der christliche Weise (Augustinus setzt Plotin getreu fort), daß das Böse im eigentlichen Sinn »nichts ist«: So wie die Stille keine Sache ist, sondern die Abwesenheit von Geräuschen, kann die Finsternis nichts anderes »sein« als die Abwesenheit von Licht.[19] Die antiken Theodizeen und ihre Fortführungen im klassischen Zeitalter werden darum bemüht sein, dem Bösen alle Wesenhaftigkeit zu nehmen, um es auf diese reine Zweitrangigkeit zu verkürzen und es in den Schatten des Guten zu stellen. Und sogar, um aus ihm einen bloßen Schatten zu machen. So wird das Böse in das große Weltgemälde aufgenommen, um dessen Farben zur Geltung zu bringen. Je nach den Schwankungen von Licht und Schatten wölbt sich die Oberfläche hier nach außen, dort nach innen, was den Eindruck von Tiefe hervorruft. Man kann sogar sagen, daß jede vom Licht beschienene Fläche auf demselben Körper im Gegenzug eine dunklere und tieferliegende Fläche notwendig macht. Hier liegt kein Konflikt zwischen einander fremden Elementen vor, sondern ein Gestaltungsprinzip. Hier gibt es kein »Drama« mehr, das in einer Erzählung Gegner einander gegenüberstellt, sondern einen kontrastreichen Einklang, eine Harmonie für die Wahrnehmung – »Ästhetik«.

Darum gibt es vielleicht auch noch einiges in diesen Theodizeen aufzulesen, das dazu dienen könnte, sich mit solchen

*Es dient, gleich einem Schatten, dazu, den Farben mehr Glanz zu verleihen*

52

Prinzipien, die gleichzeitig Kontrast und Einklang beinhalten, in unserem eigenen Schicksal vertraut zu machen. Damit wir im »Leben« diese Verteilung von Licht und Schatten besser würdigen sowie unseren Blick an den Kompensationslogiken schulen – und dies trotz der allzu offensichtlichen Hinfälligkeit des angekündigten Vorhabens (übrigens nicht so sehr, weil Gott »tot wäre«, sondern weil die Vorstellung von einer Finalität der Welt uns kaum mehr etwas sagt. Und ist dies nicht auch der Grund, weshalb diese Theodizeen endgültig der Vergangenheit angehören – nach dem 18. Jahrhundert sind keine mehr konzipiert worden – und weshalb wir gegen unseren Willen dazu gezwungen sind, ihnen gegenüber unsere »Moderne« zu vertiefen?). Noch direkter ausgedrückt: Auch wenn er ein wenig nach altem Plunder aussieht, gibt es doch vielleicht noch etwas aus diesem Haufen von Argumenten herauszuholen, will man die Erfahrung von sich selbst aus erhellen, wobei nunmehr die Sache Gottes unerwähnt bleibt, und die Rückkehr des Bösen, an der ein neuer Irrationalismus heute Gefallen findet, vereiteln. Ja, wenn es noch einiges von diesem Feld verstreut herumliegender Theodizee-Argumente aufzulesen gibt, und dies selbst, nachdem man darauf verzichtet hat, die Sache der Vorsehung zu verteidigen, dann deshalb, weil man mit Intelligenz – die dann nicht mehr die ordnende Voraussicht Gottes, sondern das aufmerksame Orten der Zusammenhänge ist – jener faulen, niemals völlig verschwundenen Bequemlichkeit abhelfen muß, die in jedem Dualismus steckt. Jene Bequemlichkeit, die hier darin besteht, in das fortlaufende Gewebe der Handlungen und Verhaltensweisen hineinzuschneiden, dabei die Querfäden zu zerstören und nicht mehr auf die Übergangslinie zu achten, wo man von vorne nach hinten, von rechts nach links wechselt. Jene Bequemlichkeit folglich, die darin besteht, jede der beiden Seiten zu isolieren und Licht und Schatten, gleich zwei antithetischen Welten, in zwei Lager zu scheiden, kurzum, beide auf eine

Rückkehr zu den Theodizeen (ohne Erwähnung Gottes) zur Verhinderung fauler Gegenüberstellung

53

Denn die Erzählung verbraucht unerschöpflich Böses (oder bedarf es Bösem, um sich zu begeistern?)

eigene Entität zurückzuwerfen und aus ihnen Rollen zu machen: Gut – Böse. Denn obschon sie sich gemeinhin nicht mehr zu dieser Tradition bekennt, das Böse zu einer eigenen Kraft zu machen und davon ausgehend die Geschichte zu verkürzen und dramatisch zuzuspitzen, kehrt jene Versuchung manichäischer Art immer wieder: Die Versuchung, zum primitiven, heute kaum veränderten Antagonismus zwischen Licht und Finsternis zurückzukehren, den Anderen zu verteufeln, ja den Anderen bloß noch zur Verteufelung zu gebrauchen und sich auf die »Achse des Bösen« zu berufen. Da diese Figur des Bösen ein mythologisches Funktionsprinzip besitzt, liefert sie selbst den Erzählstoff, und ein Ende ist schwer abzusehen.

Vom zwiespältigen Stellenwert des Schattens: Er ist der finstere, tiefe, gespenstische und mythologische Schatten, in dessen Dunkelheit alles verschwommen erscheint, in den man sich allenfalls unter Angstschauern wagt, da man sich darin von allen Seiten bedroht fühlt, der Schatten, in dem sich das Totenreich endlos ausdehnt, in dem der Teufel dunkel lauert, der nur von Gespenstern bewohnt wird, die mit ihrem falschen Schein verführen – täuschender, ungenauer und ungreifbarer Schatten, aus dem sich das Licht nach seiner Niederlage für immer zurückgezogen und ihn seiner Hoffnungslosigkeit überlassen hat. Oder aber dieser Schatten des Bösen ist, durch den Eingriff der Philosophie (oder eher durch den gemeinsamen Eingriff der Philosophie und der Theologie – darin haben sich alle gegenseitig abgelöst: die Stoiker, Plotin, Augustinus, Thomas von Aquin usw.), bloß ein klar begrenzter Schatten, ein Schlagschatten auf der Ebene der Farben, ein Schatten des Inkonsistenten und Unwesentlichen, da er allein schon wegen des ihn nicht erreichenden Lichts des Seins entbehrt, aber stets durch die majestätische Form bestimmt, von der er sich gelöst hat und an die er als unterworfener Schatten unlösbar gefesselt ist.

54

Was kann deshalb demgegenüber die »Hinfälligkeit« bedeuten, die ich eben ein wenig vorschnell angeführt habe, zumindest wenn es hier tatsächlich eine unablässig von allen diesen Philosophen weitergeführte Kohärenz gibt und wenn hier die eigentliche Textur des »Lebens« erhellt wird? Kann man in diesem Zusammenhang von toten Argumenten sprechen, so wie es tote Götter gibt: all diese Tempel, die zwar restauriert werden, die aber bloß noch für Besichtigungstouren taugen? Man kann sagen, daß dem Christentum die Aufwertung der Kategorien Intention und Willen so gut gelungen ist – seit Augustinus sind sie endgültig verankert –, daß man nun kaum zögern würde, jenen ältesten Abbau des Bösen auf das spezifisch moralische Böse, den der alten sokratischen Lehrmeinung (von Platon später wiederaufgenommen und von Plotin[20] weitergeführt), beiseite zu lassen, wonach »niemand absichtlich böse (ist)«, oder besser gesagt, niemand aus seinem vollem Willen heraus *(ekon)*. Damit könnte diese Ansicht dem zugeordnet werden, was man heute den griechischen »Intellektualismus« zu nennen pflegt, womit man sie endgültig hinter sich ließe. Diese These wird nicht eigentlich für »falsch« erklärt (dient sie denn nicht weiterhin als Orientierungspunkt im Philosophieunterricht?); sie ist auch nicht wirklich von heute auf morgen verschwunden, denn noch Descartes sagt, daß ein gutes Urteilsvermögen zum guten Handeln genügt, da mein Wille nicht *nicht* das Gute wählen kann, das ihm vom Verstand in aller Klarheit gezeigt wird.[21] Doch erscheint diese These jetzt als allzu einfache und nicht mehr vertretbare Lösung, in Anbetracht der Vielschichtigkeit, in die wir nun endgültig bei der Erkundung der Bühne unseres Innenlebens eingedrungen sind. Denn weder kann die Schuld auf einen Fehler verkürzt, noch die »Sünde« als Pendant zum »Irrtum«, um Descartes' Worte zu verwenden, angesehen werden. Man müßte also nunmehr zwangsläufig der Hypothese eines »radikalen« Bösen einen Platz einräumen, wenn nicht sogar der allzu teuflischen »Bösartig-

Ferne der Griechen

Oder ist das (moralisch) Böse nur ein »Fehltritt«?

»Böser« Wille?

keit«;[22] oder zumindest zugestehen, wofür im übrigen der Gemeinsinn spricht (Kant beruft sich hier auf Horaz), daß das Laster »angeboren« und in den menschlichen Neigungen auch ein unleugbarer Hang zur Perversität angelegt ist.

Doch würde es denn nicht zum besseren Verständnis dieser Perversität und zur Beendigung ihrer Verteufelung genügen, die in Frage stehende »Schuld« nicht mehr von der engen Warte der Erkenntnis her zu begreifen, sondern als einen Ausrutscher, oder besser, als dasjenige, das sich, macht man sich die Mühe, es noch einmal aufzurollen, als »Fehltritt« (*sphallesthai*, sagt Plotin[23]) herausstellt? Der junge Rousseau beschuldigt das unschuldige Dienstmädchen Marion, ihm das Hutband geschenkt zu haben, das er selbst entwendet hat, womit er sie erbarmungslos der Ächtung, ja der Verdammnis überantwortet, doch schwärzt er sie nur deshalb so unverfroren an, weil ihn selbst in der Öffentlichkeit Scham

Die Szene des gestohlenen Hutbandes überkommen hat.[24] Oder vielmehr – Rousseau gibt es logisch beim Zurückverfolgen dieses Vorfalls zu erkennen – dachte er deshalb bei der Entdeckung seiner Tat an sie, verteidigte sich und beschuldigte sie, weil er irgendwie um sie besorgt war und sogar daran dachte, ihr das Hutband zu geben: »Es ist seltsam, doch in Wahrheit war meine Freundschaft die Ursache« für dieses teuflische Verhalten. Man könnte Rousseau hier leicht als böswillig bezeichnen oder umgekehrt versuchen, ihn etwas herablassend freizusprechen, indem man vom Heraufkommen einer Geistesgestörtheit spricht, wie es die Interpreten der Reihe nach tun, oder wenigstens selbstgerecht unterstreichen, daß es in seinem Benehmen einen konstanten Hang gibt, zur eigenen Entlastung den Vorwurf bequem auf andere abzuwälzen – ich finde im Gegenteil seine Erläuterung heldenhaft einleuchtend: Seiner lang verheimlichten Liebe zu dem Mädchen entsprang unerwartet und doch logischerweise ihr Name, er kam ihm als erste Entschuldigung in den Sinn. Ist der Name dann erst einmal ausgesprochen, kann der Junge die losgetretene Lawine natürlich nicht mehr aufhalten und sie verkehrt, allein durch die Macht der Umstände, die entstehende Liebe in eine zerstörerische Kraft. – Das Böse, das vollbracht wurde, besitzt lediglich den Stellenwert einer »Konsequenz«, da es aus dem Bereich der Handlungsintention herausfällt, wie die Ausführungen der Scholastik überzeugend darlegen. Plotin beleuchtete es bereits eingehend mit folgender gewagter Kurzfassung, die er zwischen die beiden großen metaphysischen Thesen vom übersinnlichen Himmel und von der Belohnung nach dem Tod einschiebt: Das Böse ist ein Streben nach dem Guten, das jedoch *danebengegangen* ist; oder in den Worten Plotins: »Das Unrecht, das die Menschen einander zufügen, hat seine Ursache im Trachten nach dem Guten. Wenn es ihnen an Kraft mangelt, zum Guten zu gelangen, so irren sie ab und kehren sich gegen andere Menschen.«[25]

Kann man sich also mit einem schnellen Handstreich und unter dem alleinigen Vorwand, Begriffe und Wendungen der Debatte seien heute veraltet, dieser über einen langen Zeitraum hinweg – da die Historiker seit Fernand Braudel die großen Zeitspannen hinter der raschen Abfolge der Ereignisse (und die Philosophie besteht aus Denkereignissen) erkannt haben – angesammelten Denkanstrengungen entledigen, die darauf abzielten, entgegen aller faulen Mystifikationen, bei denen es im Spiel ist, die Vorstellung zu beweisen oder eher zu untermauern, daß das (moralisch) Böse *ohne Konsistenz* ist? Das moralisch Böse ist nur ein Fehlen oder ein »Ermangeln« des Guten, wie in der Definition Plotins;[26] es ist folglich, so Augustinus in seiner Antwort an die Manichäer, keine Substanz, sondern nur eine Verderbtheit der Substanz, anders gesagt ein Hang dessen, was mehr Sein besitzt, zu dem, was weniger Sein besitzt;[27] wenn das Böse notwendigerweise eine Ursache hat, so Thomas von Aquin im Anschluß daran, ist diese gut und immer indirekt, denn dieses Böse geschieht nicht *per se*, sondern *per accidens*;[28] oder, wie Descartes sagt, das Gegenteil des Guten ist das

Sich bei diesen spekulativen Gemeinplätzen aufhalten: sie vereiteln eine immer wiederkehrende Faszination

57

Nichtsein und nicht der Teufel (diese Verneinung »macht das Formale der Unvollkommenheiten aus«, so Leibniz weiter[29]): In ihrem Zusammenspiel zerstören diese Argumente von überall her nutzbringend die Faszination des Bösen und seine Prestigekraft. Oder vielmehr ist das, was die Faszination des Bösen ausmacht, gerade, daß man darin dem Nichts zustrebt, ja sich ihm hingibt, *um* dem Nichts zuzustreben, *ad nihilum tendere*:[30] um verzweifelt einen Ausweg und eine Lücke in der Fülle des Seins zu schaffen – sollte das die ganze Perversität sein?

Denn die Aussage, es gebe kein Böses als Prinzip oder An-sich, führt auf jeden Fall zur folgenden Radikalposition: Selbst das gemeinhin als das Böse Bezeichnete (im Bereich des Körpers oder der Lust) ist auf seine Art etwas gutes, allerdings von geringerem Rang. Darum wird die Seele, wenn sie in die Leiblichkeit sinkt und sich unter der Wirkung eines mangelnden Appetits »verkörperlicht«, nur ihrer selbst abtrünnig und schwächt sich; sie ist bloß noch der Schatten ihrer selbst. Das »Laster« stellt also, so folgern die Theodizeen, keine mehr oder weniger tiefe Grundveranlagung dar, sondern eine *Schwäche*: »Ein gewisses Fehlen des Lichts der Tugend, wodurch die Seele nicht vernichtet sondern verfinstert wird.«[31] Oder, um den Lieblingsvergleich der Theologen fortzuspinnen: ihm kommt im Reich des Übersinnlichen genausowenig Wirklichkeit zu wie dem versagenden Licht in der Sinnenwelt. Als hauchdünne Begleiterscheinung hat dieses Böse die Vollkommenheit vieler Formen zur Voraussetzung, um existieren zu können, so Augustinus in seiner Aufzählung; denn sobald es *Form* gibt – in dem Maße, wie es Form gibt –, gibt es auch *Qualität*: Das gilt auch für euren Fürsten der Finsternis, antwortet Augustinus den Manichäern, da er zu Einklang und Harmonie zwischen seinen Gliedern, zu Einheit und Hierarchisierung zwischen seinen Teilen, kurzum zu Gleichgewicht und Ordnung in seinem Innern fähig sein muß, sonst bräche er zusammen.[32] Trägt er nicht

58

selbst – aktiv – in zahlreichen Aspekten *(species)* zur Harmonie des Gesamtbildes bei? Außerdem ist das, was so nunmehr als charakteristisches, ja hervorstechendes Merkmal erscheint und an ein »angeborenes Laster« glauben macht, nur das Endergebnis einer Verirrung: Es ist also keineswegs so, daß man *das Böse sucht*, sondern dieser Hang zum Bösen, oder genauer, verbessert Plotin, die Tatsache, daß man »sich dem weniger Guten zuwendet«, entspringt einer Anhäufung von Abweichungen, die, nachdem sie zuerst unerkannt blieben, sich langsam als dauerhafte Neigung festsetzen.

Es blieb zu beweisen, daß das moralisch Böse, selbst wenn man es als bloßen Fehler betrachtet, in nützlicher Weise zum Menschsein beiträgt. Plotin zeigt dies nebenbei auf: Ist es denn nicht eben die Möglichkeit, Böses zu tun, die den Menschen von den stumm ablaufenden Vorgängen abtrennt und ihn zum *Menschsein* erhebt – die also die menschliche Natur *fördert*? Denn erhebt der Mensch sich nicht, gerade weil er *zum Bösen fähig ist*, über die Tierwelt und entdeckt an sich jene Freiheit, aufgrund der er, da er nicht mehr bloß irgendeine Wesenheit ist, nicht nur leben (nach dem Modell aller »Lebewesen«), sondern *existieren* kann (mit einem persönlichen Schicksal)? »Wäre der Mensch ein einfaches Wesen – ich meine damit: wäre er nur das, als das er geschaffen ist, und gehorchte sein Handeln und Leiden nur diesem Prinzip –, so würde eine Schuld im Sinne des Vorwurfs bei ihm wegfallen wie bei den anderen Lebewesen.«[33] Aber der Mensch ist nicht nur »das, als das er geschaffen wurde«, er besitzt ein »anderes Prinzip«, »das der Freiheit«. Daß der Mensch Böses tun kann, wird also doppelt gerechtfertigt: als Gutes, da der Mensch dadurch seine Würde erhält, anstatt sich wie die anderen Lebewesen unauffällig in den ihm in der Ordnung der Dinge zugedachten Platz zu fügen und dahinzuleben. Und in seiner Möglichkeitsbedingung: In der Verkettung der die Welt ausmachenden Prämissen und Folgesätze bildet der Mensch sich so als eigene, unabhängige und ihrer selbst be-

Plotin: Das moralisch Böse hält dem Menschen seine Freiheit vor Augen

Aus der Theologie eine atheistische Moral der bloßen Schwäche (der Fähigkeit) wiedergewinnen

wußte Prämisse heraus, *arche autexousios*.[34] Und selbst wenn sicher wäre, daß niemand das Böse aus vollem Willen heraus tut, änderte dieser Sachverhalt, daß sie »unfreiwillig böse sind«, nichts daran, daß die Menschen »es selber tun«, »von sich aus«. Sie tun es »selber«, bekräftigt Plotin (täuschen sich »selber«), und weil die darin implizierte Notwendigkeit nicht von außen kommt, ist die Schuld ihnen selbst zuzuschreiben. Und hierin liegt eben das Wesentliche: In der Möglichkeit, Böses zu tun, entdeckt der Mensch sich selbst, im Abstand und in der Distanz, die dadurch gegenüber den herrschenden Funktionsweisen hergestellt werden, ja in den Unregelmäßigkeiten, die dadurch im geregelten Ablauf der Welt geschaffen werden, hat der Mensch sich erst der Welt gegenüber als (autonomes) *Subjekt* setzen *können*.

Dank des Bösen erhebt sich der Mensch zur Stellung des Subjekts

Es muß also wieder in vollem Umfang geltend gemacht werden, was zwar durch die Anprangerung des Bösen in ihrer Alltäglichkeit und Krampfartigkeit jedesmal auf der Stelle in Vergessenheit zu geraten droht, was aber beim Nachdenken von allen Seiten her bekräftigt wird: Der Mensch wird *dank* dieser Möglichkeit, böse zu sein, nämlich indem er sich die Möglichkeit und die Pflicht zum Gutsein auferlegt, zum verantwortlichen »Subjekt« – das »Böse« war die Bedingung dafür. Man belegt das Denken Plotins vorschnell mit dem Begriff »Mystik«, ohne zu bedenken, wie stark seine Vorstellung von der Vorsehung den Menschen in die Welt einband und ihm jedes Recht auf passive Schicksalsergebenheit nahm (die Ablehnung der »faulen Vernunft«, die bis zu Leibniz in den Theodizeen üblich war). Wenn unbewaffnete Menschen einem Gegner gegenüberstehen, kann man sie nicht deswegen bemitleiden, daß sie von den besser Bewaffneten geschlagen werden: »Und man darf nicht etwa erwarten, daß Gott für die Unkriegerischen persönlich in den Kampf eingreife«,[35] so Plotin nachdrücklich, und das Gesetz besagt, daß im Krieg die tapfer Streitenden und nicht die Betenden gerettet werden. Mehr noch, wenn die waffenlos gebliebenen

60

Menschen nicht geschlagen würden, »würde die Vorse-hungsmacht ihr Amt nachlässig üben, indem sie wirklich das Schwächste überhand nehmen ließe«. Das heißt übersetzt: Es ist den Menschen selbst zuzuschreiben, wenn sie Gewalt-herrschaft erleiden. Die Äußerung, von der man erwartete, sie schaffe größte Beruhigung (weil sie eine Fügung in die kosmische Ordnung befiehlt), erweist sich letzten Endes als hochexplosiv. Läßt Plotin sie auch als ein weiteres Argument zur Entlastung Gottes fallen, so wird eines doch in aller Deut-lichkeit gesagt (und hat seitdem eine konstante politische Re-sonanz): »Die Herrschaft der Schlechten beruht eben ledig-lich auf der Feigheit der Beherrschten; das ist auch nur gerecht«.

# V.

## Vom Aufsaugen allen Übels
## (oder die Logik des Gesamtbildes)

Wie oft wird man noch hierauf zurückkommen, immer und immer wieder dieselben Nachweise erbringen und geduldig darum herum kreisen müssen, um sich von dem zu überzeugen, was doch vom Denken, so sagt man uns, sobald man nur ihm allein folgt (und nicht seiner Einbildungskraft oder seiner Angst), ganz sicher in seiner Eindeutigkeit erhellt wird: Das »Böse« ist nicht schlecht, sondern *hat am Wechselspiel des Guten teil?* Wie hartnäckig müssen die Theodizeen also die Blickwinkel verschieben, Argumente anhäufen und sie auf vielfältige Weise zur Überschneidung bringen, um allmählich jenes Vorurteil zu überdecken, wenn sie es schon nicht vernichten können, wonach Böses dem Guten gegenübersteht und das Leben und die Geschichte das Ergebnis ihrer Konfrontation sind... Was, so staunen sie, leistet hier so zähen Widerstand und macht diesen Irrglauben unverbesserlich? Oder woran liegt es, daß Argumente einer Sache, die doch nicht konsistent ist, niemals ein Ende bereiten können? Nicht daß die Trennlinie zwischen beiden, dem Guten und dem Bösen, für willkürlich oder auch nur für ungewiß erklärt werden sollte und beide miteinander verwechselt oder einfach gegeneinander ausgetauscht werden könnten; auch müssen die hinter diesen Sinnbildern versteckten Inhalte nicht als ewiger Betrug bezeichnet werden, weil die Ideologien, wie man weiß, seit jeher die Werte ihren Bedürfnissen angepaßt haben (dieser große Verdacht, den man Marx und Nietzsche verdankt) – aber es gibt hier, ursprünglicher noch, eine niemals versiegende erzählerische Bequemlichkeit, die darin besteht, die beiden Gegner gegeneinander aufzustacheln: und schon kommt es zu Spannungen, das Drama kommt in Fahrt, die beiden Protagonisten geraten in Streit und die Erzählung kann beginnen.

»Gut« und »böse«, eins in Frontstellung zum andern, rühren von diesem bequem zu bewerkstelligenden Aufbau her: man konsumiert Böses, wie man *Mythos* konsumiert. Die Weisheit besteht hingegen darin, zuallererst diesen fabulierenden Irrglauben anzuprangern. Und zur Weisheit zu gelangen heißt sogar zunächst dies: Nicht mehr an das Böse *glauben*. Weder an das »moralisch« Böse, da man ja im Gegenteil feststellt, daß der Mensch mit seiner Befähigung zum Bösen begannen, sich von der Ordnung, in der er aufging, zu befreien, seine menschliche Natur zu befördern und seine Freiheit auszudrücken (und das schon im Paradies auf Erden: durch die Ursünde setzt sich der Mensch von Gott ab und erlangt ein eigenes Schicksal; bis dahin lebte er zwar, aber er existierte nicht). Noch an das »physisch« Böse (Leiden, Krankheit und Tod), denn man sieht, sobald man die Enge des individuellen Standpunktes verläßt, wie diese Übel in der Erneuerung des »Stroms« des Lebens – dieses uralte Bild, das, wie Platon zugibt, von Homer stammt, und seitdem nicht mehr fallengelassen wurde[36] – fortgerissen werden, in eine Gesamtlogik eintauchen und darin aufgehen. Der (ontologische) *Abbau* des Bösen bestand darin, den Irrglauben an seine Wesenhaftigkeit zu verurteilen, der das Böse dazu brachte, sich als eigenes Prinzip durchzusetzen. Das *Aufsaugen* des Bösen heißt demgegenüber, das Granulat der mehr oder weniger irritierenden, aber nunmehr als »zufällig« *(per accidens)* angesehenen Ereignisse im großen ewigen Fluß des Lebens aufzulösen.

Denn was liegt mehr auf der Hand (ist aber damit vielleicht auch am dauerhaftesten verborgen) als dasjenige, das, weil es noch zu sehr an der wechselseitigen Definition der einzelnen Begriffe haftet, *kaum artikuliert* ist: Es muß »Schlechteres« geben, damit es »Besseres« geben kann, und ohne das Böse könnten wir das Gute nicht empfinden – das Böse ist

»Moralisch« Böses / »physisch« Böses

Am Nullpunkt des Urteilsvermögens

also für das Gute notwendig? An seinem letzten Tag kratzt sich Sokrates voll Wohlbehagen, weil man ihm seine Ketten abgenommen hat. Beginnen wir also dort, wo Plotin aufhört, wenn er seine Überlegungen an diesem Nullpunkt des Urteilsvermögens enden läßt: Gut und Böse besitzen eine Vergleichsfunktion und werden auf ein und derselben Stufe tätig, das eine legitimiert sich, ja existiert überhaupt nur durch das andere. »Die Forderung, das Schlechte im All zu beseitigen, bedeutet die Beseitigung der Vorsehung selber.«[37] Denn worauf sollte sie sich dann noch (als »Vorsehung«) richten? »Nicht auf sich selber, und auch nicht auf das Gute.« Oder worauf sollten, wenn man diese für zu finalistisch befundene Figur der Vorsehung lieber einklammern will, der *Logos* und die Vernunft sich selbst noch richten, »wenn das Böse nicht neben dem Guten vorhanden wäre«? Das Übel existiert wirklich, als vom Guten unterschieden, doch fällt es in eins mit dem Guten. Denn der Verstand hätte nicht zu arbeiten und die Güte nicht in Erscheinung zu treten, wenn sie sich nicht auf einen ihnen gegensätzlichen Stoff richten könnten. Nun liegt aber dieselbe Logik, bemerkt Leibniz am Endpunkt all dieser Schriften, der Bibel zugrunde und verbindet die beiden Testamente durch einen geheimen Pakt im Ursprung miteinander: Die Sünde Adams war notwendig, damit Christus als Erlöser auf die Erde kommen *mußte*. Glückliche Schuld, *felix culpa*! Berechnet man vergleichend die verschiedenen Möglichkeiten, wie es sich Leibniz als Mathematiker zur Aufgabe macht, stellt sich heraus, daß eine Folge, in welche die Sünde einbricht, »besser sein kann und auch tatsächlich besser ist als eine andere Folge ohne Sünde«.[38] Denn dort, wo die Sünde in Fülle herrschte, mußte die Gnade »übervoll« sein, »und wir erinnern uns, daß auch Jesus Christus durch die Sünde zu uns gekommen ist«.

Das Denken verspürt Schlimmeres als Langeweile, wenn es auch nur einen Augenblick bei diesen Platitüden verweilt: das Gute verlangt nach anderem; oder: die Guten brauchen die Bösen, um ihre Güte demonstrieren zu können, so wie die Ärzte die Kranken und die Polizisten die Diebe für ihre Arbeit brauchen... Oder: ich weiß nur deswegen die Gesundheit zu schätzen, weil ich schon einmal krank war... Dieser Weg, das sieht man von vornherein, führt in eine Sackgasse, denn der »Gemeinplatz« verläuft sich hier allzu arg im Vorfeld des Wahren: Es ist ein »kindliches« Argument – doch das »Kindliche« stellt bekanntlich das schlechte Gewissen der Philosophie dar, denn es staunt mit weit aufgerissenem Mund, und darüber hat die Vernunft keinerlei Gewalt mehr. Die Philosophie findet, wie gesagt, ihren Ansporn nur in dem, was sie in ein Konstrukt verwandeln kann, da, wo Diskussionen möglich zu sein scheinen, wo eine Hypothese sie stutzig macht, wo Komplikationen drohen, kurz gesagt, wo etwas zu riskieren ist oder zumindest da, wo in Sachen von wahr und falsch hier und da etwas Stirnrunzeln verursacht. Aber das, was »auf der Hand liegt«, bleibt gerade deswegen auch unfaßbar. Denn das eigentlich Interessante für uns, so muß zugegeben werden, ist nicht *die ganze Wahrheit*, sondern nur jener Teil der Wahrheit, der sich als *nicht trivial* erweist. Die Philosophie vergißt – sie gibt vor, zu vergessen –, daß es triviale Wahrheiten *gibt*, durch die gerade der ganze Rest im Denken nicht eigentlich »begründet«, sondern gestützt und *getragen* wird.

Im Kontrast dazu besteht das Verdienst der Theodizeen darin, sich zu diesem Uninteressanten herabzulassen. Anstatt es geschwind zu umgehen und sich des Guten anzunehmen, es zu isolieren, zu hypostasieren, zu untermauern (mit dem Einen, dem Sein) oder zu extrapolieren (»jenseits des Wesens«), wagen sie es, uns jenen Punkt vor Augen zu führen, an dem die Verknüpfung nunmehr zu eng ist, um untersucht, und der Inhalt zu kompakt (eigensinnig), um ein für allemal ausgebreitet zu werden; also das, was, mangels einer Möglichkeit, als Figur der Wahrheit hervorzustechen, allenfalls als folgende heillose Banalität zutagetreten kann: Das

Besitzt der Gemeinplatz einen philosophischen Stellenwert?

Im Vorfeld der Wahrheit: wenn das Denken nicht stutzig wird

Beste braucht das Schlechteste, um erfahrbar zu werden, oder die Vorsehung braucht das Übel, um tätig zu werden. Da es hier, wie man von vornherein sieht, nichts weiter zu sagen, zu verteidigen oder zu kritisieren gibt, und da Plotin weiß, daß es sich hier um eine Sackgasse des Denkens handelt, geht er direkt zum nächsten Argument über und entfaltet viel lustvoller, zum glanzvollen Abschluß, das alte und ergiebige Bild des Weltenbaums. Daher rührt jene zugleich kumulative und zersplitterte Faktur ohne Möglichkeit zur Architektur, die den Theodizeen eigen ist (was auch noch für die Theodizee von Leibniz zutrifft, in der die Gattung ihren krönenden Abschluß findet). Denn dasselbe gilt für jenes verwandte Argument aus den Anfängen des Stoizismus (Chrysipp: Von der »Nützlichkeit der Wanzen«), wonach das Unglück für den Weisen eine Gelegenheit zur Tugendhaftigkeit, *occasio virtutis*, ist. Ein Unglück soll als »Übung« betrachtet werden. Es hält uns wach – wie die Wanzen während der Nacht – und veranlaßt uns dazu, auf Trab zu sein und Fortschritte bei der Überwindung der Schwierigkeiten zu machen (»Dem Bösen sei Dank!«, so der Imperativ). In seinem Essay über die Vorsehung und in Ermangelung der umfassenden Abhandlung, die angekündigt war, kann Seneca über viele Seiten hinweg nichts anderes tun, als in prägnanten Formeln das Thema neu zu erzählen und um es herumzudichten (und sind die Ausführungen *logischerweise* rhetorisch, dann deshalb, weil unter Heranziehung von Figuren von etwas überzeugt werden soll, das zu elementar ist, um Vernunftgründe zu bilden – es bleibt hier bei bloßen *Variationen*): Der tugendhafte Mensch sucht nach einer entsprechend großen Prüfung, denn ohne Gegner läßt der Mut nach; darum stellt Gott auch denen nach, die er liebt, damit sie seiner würdig werden. Ein Baum ist nur stark, insofern er dem Ansturm des Windes standgehalten hat... »Du Unglücklicher, der du nicht unglücklich gewesen bist! Man wird nicht

Die rhetorischen Variationen treten an die Stelle dessen, was die Philosophie nicht konstruieren konnte (Seneca)

wissen, wozu du fähig warst, und du wirst es auch selbst nicht wissen.«[39]

Wenn hier die Philosophie, ihrer Mittel beraubt, notwendigerweise der Rhetorik weicht und man bloß thematisch – mit großem Prunk – aneinanderreiht, was die Reflexion zu ihrem großen Leidwesen unmöglich konstruieren und voranbringen kann, so eben deshalb, weil es zu diesem Infraphilosophischen kaum einen Zugang über Begriffe gibt und daher allenfalls eine Auflistung erstellt werden kann (und es also keine andere Möglichkeit gibt, wie ich anfangs bereits erwähnt habe, als dieses Existenzielle vom Feld der Theodizeen *aufzulesen*). Tatsächlich können sie ebensowenig jener anderen Banalität entgehen, der des sprichwörtlichen Redens, das in seiner Art, sich an die Dinge zu halten, zu pauschal ist, als daß für es ein Prinzip angeführt oder eine Grundlage ausgemacht werden könnte. So das »es gibt eben immer solche und solche«. Wir müssen dieses »eben« recht verstehen – es ist nicht präskriptiv, sondern logisch: Auch die Übel (Leiden, Krankheiten usw.) sind Teile der Vernunft, sagt Plotin. Sie erzeugt sie nicht etwa, sondern bringt sie mit sich, weil sie zur essentiellen *Mannigfaltigkeit* beitragen, die den Reichtum und die Schönheit der Welt ausmacht (ihre *poikilia*).[40] Zur Welt gehört eben, daß es »immer solche und solche« gibt; von allem gibt es etwas auf der Welt: Leiden *und* Freuden, Gesundheit *und* Krankheit usw., sonst wäre ihr Schauspiel einförmig, ihr Lauf voll Routine, das Erlebte eintönig. Dieses Postulat von der Welt aufzustellen (denn das klassische Denken hinterfragt niemals diese Voraussetzung: es gibt ein Ganzes und es gibt die Welt) heißt, sich auf eine Logik zu berufen, die nicht nur eine Logik des geordneten Gefüges ist – ihre »Syntax« –, sondern auch eine Logik des »Ausfüllens« *(symplerosis)*, und man kann in der Tat nur mit Unterschiedlichem *ausfüllen*, sonst gibt es nur noch fruchtloses Anhäufen und Redundanz: Wirkliche Fülle entsteht nur unter der Mitwirkung des Verschiedenen. »Entfernt

Heillose Banalität: Das Übel trägt zur notwendigen Mannigfaltigkeit bei man diese niederen Personen, wäre das Stück keineswegs mehr schön, da es erst mit ihnen sich rundet.«[41] Darum läßt sich das gemeinhin als böse Bezeichnete nach den Kategorien der Griechen nur als legitime Defizienz des *Teils* gegenüber dem *Ganzen* verstehen. Da ein Teil nicht dem Ganzen gleichkommen kann (sonst wäre es gerade kein Teil, sondern das Ganze), folgt daraus, allein aus dem Grund, daß es »Einzelnes« gibt, daß ein Einzelnes nicht das Ganze ist und ihm berechtigterweise das fehlt, was allein zum Ganzen gehört.[42]

Insofern »reißt« jeder Teil »in seinem Trachten zur Ganzheit«, anders gesagt, in seinem Wunsch, dem Universum gleichzukommen, »in sich hinein, was er kann«.[43] Es folgt daraus, daß sich diese Teile miteinander in ständigem Konflikt befinden und daß jegliche Macht auch Gewalt ist, denn sie wird von nur einem Teil über das Ganze ausgeübt. Wohingegen man auf der Ebene des Ganzen beobachtet, daß diese Spannungen sich durch die einfache Wirkung des Gefüges, anders gesagt seine *Syn-tax*, harmonisch auflösen. Darum muß sich der Blick auf diese Harmonie des Ganzen richten, anstatt an dem zu haften, was allein dadurch, daß es isoliert wahrgenommen wird, von seinem Enthaltensein abgeschnitten wird und einen mit Angst und Schmerz fesselt: Es hat seine *Ko*-härenz verloren, die es mit dem Ganzen verband. Taucht also in die Grundsee, wo alles Einzelne nichts als Schaum ist, sagt der Stoiker. Nicht: wendet euren Blick auf eine andere Welt (das von der Offenbarung angepriesene Unsichtbare: wobei an das Abheben des Glaubens appelliert wird), sondern befreit euch einfach von eurer Kurzsichtigkeit, wechselt die Bezugsgröße und nehmt den Maßstab der »Welt«, bezieht euch auf ihre Weite, und ihr werdet in diesem breiteren Horizont verschwinden und sich auflösen sehen, was individuell betrachtet ein so ungeheurer Skandal zu sein schien.

*Die Kohärenz des Ganzen: daß es ein »Ganzes« gibt (der stoizistische Standpunkt)*

Kann man dies aber, was den Schmerz angeht? Oder ist dieser nicht strikt individueller Art, ja das *Individualisierende* schlechthin? – Kehren wir, so der Stoiker weiter, zu jener ursprünglichen Verankerung zurück, die das *Einstimmen* in das Leben ist. Das »Leben« kann kein Gegenstand der »Erkenntnis« werden – es fehlt ihm gegenüber an der zur Objektivierung notwendigen Distanz –, doch man befindet sich bereits im *Einverständnis* mit ihm. Man befindet sich auf unvordenkliche Weise in Komplizenschaft mit dem Leben. Denn daß das Leben von sich selbst her, in seiner Logik, der Logik des Metabolischen, zum Aufsaugen, zum Verdauen aller dieser Zustände von Leid und Bitterkeit veranlaßt, weil das »Leben« sich gerade als das definiert, was letztlich immer alles in sich aufnimmt – weiß das nicht jeder einzelne bereits aus sich selbst heraus und stillschweigend, ungeachtet des unentwegten Wiederaufkommens seines Klagens und Sich-Sträubens? Und schließt ihn das nicht von Anbeginn in jenen fortbestehenden, stets eingebetteten Einklang mit ein, der, jenseits aller Individualisierung, der des Lebens mit sich selbst ist? Die Weisheit besteht darin, dies zur Methode zu erheben. Weise zu werden, hieße also wesentlich – und einfach – eines: Systematisch diesen Wandel der Sichtweise durchzuführen, indem man sich an diese aufsaugende Gemeinschaft hält, das heißt vom Standpunkt des Teils zu dem des Ganzen übergeht, oder zu dem, was Descartes die »Universität aller Wesen« nennt. Descartes denkt über seine Erfüllung im Ganzen nach, wodurch die Schranken gerechtfertigt werden, die seinem Dasein gesetzt sind. Gott hätte mich zwar viel vollkommener erschaffen können als ich bin, hätte er mich zum Beispiel so geschaffen, »daß ich niemals fehlen würde«. Doch »ich kann deshalb nicht bestreiten, daß dadurch in gewisser Weise eine größere Vollkommenheit im Universum herrscht, weil einige seiner Teile nicht frei von Mängeln sind, als wenn alle gleichartig wären.«[44]

Darum habe ich auch »keinen Grund zur Beschwerde« und die Welt ist dadurch vollkommener, daß sie unvollkommen ist. Gott ist ein Maler. Und der Fehler, den man in manchem

Kohärenz, Einverständnis, Komplizenschaft; die zusammenfügende Kraft des »Lebens«

Strich seines Gemäldes erkennt, ist jener Kontrast, der dem Gemälde seiner Schöpfung mehr Glanz verleihen soll. Wir wären schlechte Kritiker, gab schon Plotin zu, wenn wir einem Maler vorwerfen würden, daß er nicht überall nur schöne Gegenstände oder Farben verteilt hat, ohne zu verstehen, daß der Maler sein Werk verschiedenartig gestalten mußte.[45] Im Vergleich mit dem Gemälde laufen die Hauptelemente einer ästhetischen Umwertung der Moral, die gänzlich auf diesen Vorgang im Blick zurückgeht, zusammen und verknüpfen sich miteinander: vom Detail, welches an sich keinen Wert hat, aber im Dienste der Gesamtheit steht, zum Verschmelzen und Verwischen der Farben in ihrem wiederholten Auftrag, wie auch zur Auflösung und Auslöschung der Umrisse am Horizont der Landschaft, wie auch zum Ausfüllen der Szenerie dank der Überfülle und der Mannigfaltigkeit, ja zum Abstand, den man gegenüber dem Gemälde einnehmen soll, damit man seine Gesamtwirkung erfassen kann. Der Stoiker ruft uns nicht dazu auf, eine Botschaft (die »Frohe Botschaft« einer anderen Welt) zu »hören«, wie es die Religion macht, sondern lehrt uns die Kunst, auf das Leben zu *blicken*, diesen Blick, der vollkommen selbstabhängig ist, und, mit der nötigen Anstrengung, die ethische Distanz herstellt, die es erlaubt, sein Leben (wie von außen) zu führen und zu beherrschen. Da dieser Verwandlung der alleinigen Wahrnehmung die Kraft zugeschrieben wird, unsere »Vorstellungswelt« zu bestimmen und dadurch ausreichend Gewalt über alle Gefühle und Handlungen zu besitzen, wobei der Geist gleichzeitig von der individuellen Besorgnis befreit und zu einem interesselosen Wohlgefallen auf der Ebene der gesamten Existenz gebracht wird, steht deshalb auch der Vergleich mit der Kunst, der durchaus kein literarisches Versatzstück ist, im Zentrum der Beweisführung. Darum wird er der Reihe nach weitergesponnen, bei Plotin anhand der Panflöte, von der, je nach der unterschiedlichen Länge der Röhren, tiefe oder hohe Töne hervorgebracht werden, darun-

Distanz: das Leben kontemplativ betrachten

Die Harmonie durch Unterschiede im Gemälde (Plotin)

ter auch »leichte und schwache Töne«, die alle gleichermaßen zur Melodie beitragen; wie auch anhand des Gesangs der Lebewesen, deren gesamtes, so verschiedenes Sehnen und Tun zu einer einzigen Symphonie verschmilzt, die »die Symphonie des Lebens und seiner Führung ist«; wie auch anhand des Dramas, zum Beispiel auf der Theaterbühne, das nach ganz unterschiedlichen Rollentypen, guten und schlechten Figuren, verlangt, die aber nichtsdestoweniger, dank der Einheit der Handlung, in einem einzigen Spiel miteinander harmonieren; oder anhand des Tanzchors, in dem die Bösen und die Guten sich wie die beiden in unterschiedliche Richtungen strebenden Teile des Chors bewegen. Sobald feststeht und methodisch begriffen wurde, daß man fähig ist, das Leben, und auch sein eigenes Leben, in ein außerhalb seiner selbst (das »Selbst« jenes »hegemonischen« Prinzips, das die Vernunft in uns ist) liegendes Schauspiel zu verwandeln, wird es keine Schwierigkeiten mehr geben, das Böse als aktiven Teilnehmer in dieses Ballett des Lebens aufzunehmen. Oder auch, und diesen Vergleich werde ich hier deswegen verwenden, weil er endgültig alles Dramatische und Pathetische ausräumt und vom Leben nur noch den Grundriß beibehält: Das Leben eines jeden Einzelnen, so »unauffällig logisch« durch die Art, in der es dazu kommt, nach und nach aus seinem Inneren heraus Gestalt anzunehmen und allmählich zur Skulptur zu werden, ist die Tat eines Künstlers, vergleichbar mit den eleganten Bewegungen eines Tänzers, der seine Figuren ununterbrochen ineinander übergehen läßt.

Als ehemaliger Rhetoriker gibt uns Augustinus diesen Ablauf der »zeitlichen Schönheit«, der zur ununterbrochenen Verkettung von Leben und Tod gehört, zweimal zu hören, wobei er ihn mit dem Satzfluß vergleicht, in dem, da der Körper des ausgesprochenen Wortes im Schweigen wird und vergeht, die Rede in ihrer Gesamtheit durch »das Verschwinden und Aufeinanderfolgen von vorübergehenden Wörtern«

ausgeführt wird, wobei ihr die dazwischenliegenden Pausen »Anstand und Würde« verleihen. Nach dem Vorbild der nach und nach entstehenden und ersterbenden Silben, von denen jede ihren Zeitraum erfüllt, bis die ganze Rede zu ihrem Ende kommt, vollzieht sich auch das rhythmische Aufeinanderfolgen von Tod und Geburt aller Lebewesen.[46] Dahinfließen des Satzes, des Tanzes und der Melodie: Der Sinn des Vergleichs ist es, das »Dahinfließen« des Lebens von seinem Affekt zu befreien, indem man es nicht mehr wie ein inneres (individuelles und dramatisches) Erlebnis betrachtet, sondern auf rein phänomenale Art. Darum wird auch dem Vergleich stets die Kraft zugeschrieben, eine *Transindividualität* aufscheinen zu lassen, die selbst eine Gesamtheit (von Wörtern, Tönen und Bewegungen) bildet, mit der wie eine Kadenz arrangierten Sequenz als alleiniger innerer Leitung, so als wäre sie in diesem *selbstaufsaugenden* Lauf des Lebens verborgen. Nur wie lange können solche Vergleiche vergessen lassen, daß, folgt man dem abendländischen Mythos der Schöpfung, der Redner oder Künstler als Autor in bezug auf sein Werk noch einiges von der Funktion der Vorsehung in sich trägt? Man sieht zumindest, daß Augustinus, getrieben von der Logik der Theodizee, noch jenen antiken Naturalismus in seine Verteidigung Gottes mit aufnimmt: Die Zerstörung und somit der Tod können selbst nur mit der Kategorie des Ganzen verstanden werden, da diese Zerstörung die Bedingung für den Austausch der Wesen und somit für ihre Erneuerung ist, sie also das in seiner Ganzheit betrachtete Leben bestehen läßt. Weil der Verfall durch die Krankheiten und das Böse »dazu dient, neue Formen aufkommen zu lassen«, ist das bewegliche Leben auf dieser Erde, so folgerte schon Plotin, wie der »Atem« des stillen Lebens, des Lebens des Übersinnlichen.[47]

Gemeinplätze, Sprichwörter, Variationen und Vergleiche: Kann man die vom Übel durchzogene Existenz niemals anders beschreiben und rechtfertigen, als mit diesen, das Schweigen umrahmenden flüchtigen Sentenzen, oder unter

Verwendung glanzvoller Figuren, oder mit Hilfe einer indirekten Beleuchtung? Was ist das, was *sich von selbst versteht*, was man aber nicht begreifen kann? Daher rührt, so scheint mir, eine Frage, welche die Philosophie in zentraler Weise betrifft – genau jene Frage, die unentwegt von Montaigne gestellt wurde (und besteht die ganze bekanntlich so einzigartige Kunst der *Essais* nicht gerade darin, daß es hier in *Variationen* gelungen ist, dem bis dahin zur Plattheit Verdammten durch den stützenden Boden des Ich-Subjekts eine denkerische Tiefe zu verleihen?). Diese Frage soll hier kurz und knapp auf den Punkt gebracht werden: Ist die Intelligenz des *Lebens* nicht im Grunde a-theoretisch? Verdammt sie uns nicht dazu, in jenem infraphilosophischen Bereich zu verbleiben, von dem die Philosophie sich lösen muß – aber sie löst sich damit vom Leben –, um zu begreifen, zu abstrahieren und zu artikulieren (wobei sie dann nicht mehr das Leben, sondern die »Existenz« begreift: das Leben ist dasjenige – das einzige –, wozu man noetisch, aber nicht ethisch, keinen Abstand hat)? Dennoch versucht Plotin einen erstaunlichen logischen Durchbruch zur Einbindung des Übels in die Kohärenz des Lebens. Nachdem er eine metaphysische Antwort, eine schwache Antwort, vorgebracht hat, jene von den Platonikern ererbte, wonach die Kohärenz auf der Ebene unserer Welt gelockert und aufgelöst ist, da sie von ihrem übersinnlichen Urbild abgerückt ist, kommt Plotin beim Nachdenken über die Einheit des Schauspiels auf dem Theater und über das Wesen des Akkords in der Musik, eine vertrautere Struktur, zu der Auffassung, daß die Vernunft selbst Gegenteiliges enthält: Die Vernunft, und nicht mehr die Welt, könnte nicht das Ganze sein und wäre nicht Vernunft, wenn sie nicht vielfältig wäre: »Als Vernunft ist sie in sich selbst unterschieden und der größte Unterschied ist das Gegenteilige *(enantiosis)*«.[48] Halten wir an dieser Stelle fest, daß hier die Gegenteiligkeit und nicht nochmals der Widerspruch »vernünftig« ist. Trotzdem ist das Denken der Vorsehung, in-

74

dem es das Funktionsprinzip dessen erkennt, was uns nun offensichtlich auf die Seite des Negativen bringt, bereits ein Stück weit unterwegs zur Dialektik. Oder, andersherum gesagt, die Dialektik hätte ihren Ursprung in der Theodizee als deren langsame – und nicht zu vollendende? – Verweltlichung.

# VI.

## Das Zaghafte in den Theodizeen, oder weshalb ihre Rechtfertigungen des Negativen stets zu kurz greifen

Die Theodizeen mögen noch so unablässig das »Übel« und die »Mühen« *(ta kaka, ta ponera)* behandeln, sie haben das Denken des Bösen heimlich von der Klagemauer weggerückt: Das Böse ist einfach das Nicht-Gute, versteckt in seinem Hohlraum oder ausgebreitet auf seiner Rückseite, und insofern eins mit ihm – man kann es nicht vom Guten trennen. Stöhnen ist nunmehr gegenstandslos, Klagen nicht mehr möglich. Das Böse »dient zu etwas«, es »ist nützlich«: daran haben diese angestrengten Überlegungen schwer zu kauen, um die darin enthaltene Bitterkeit aufzulösen und zu verdauen. Durch Abbauen, Einverleiben und Aufsaugen verändern sie Schritt für Schritt die Gestalt des Bösen gemäß der zuvor genannten Züge: Anstatt ihm ein Seinsollen entgegenzustellen, treten sie für seine Funktionalität ein; anstatt des Standpunkts des individuellen, in seiner Innerlichkeit betrachteten Subjekts, nehmen sie den Standpunkt des in seiner Gesamtheit erfaßten Laufs der Dinge (oder der »Weltseele«) ein. Von daher wird die gegen das Böse getroffene Ausschlußmaßnahme durch dessen Einbeziehung in den Gang der Dinge ersetzt. Wie auch der an ihrem schmerzquälerischen Warum verzweifelnden Dramatisierung des Bösen – warum Krieg, warum Gewalt, warum Ungerechtigkeit? (oder warum Leid, Krankheit und Tod?) – dessen unbestreitbare Notwendigkeit, als Stachel des Guten oder Vorbedingung seiner Herankunft (seines großen »Advents«), entgegengesetzt wird, als Beweis seines »logischen« Wesens.

Sein logisches Wesen – wie soll man das glauben? Genau daran arbeiten die Stoiker: Inwieweit können Argumente tatsächlich eine Wirkung besitzen, unseren Blick wandeln, unsere »Vorstellungswelt« umwälzen und verändern? Oder: Wenn hier, sobald man den Artikel der Vorsehung beiseite gelassen hat (und sich also an die Erhellung der Erfahrung allein hält), eigentlich nicht mehr »geglaubt« werden kann, durch Bemühung des religiösen Glaubens, wie sollte man sich dann bloß davon überzeugen *[con-vaincre]* – wie sollte man es anstellen, daß solche Argumente in sich »siegen« *[vainquent]*, das tiefe Innere des Denkens durchdringen, zwangsläufig und nachhaltig dessen Widerstände mindern und lähmen und schließlich aufgehen in einem immer stetiger werdenden Begleiten, in sich selbst, »mit« sich selbst (Überzeugen *[con-vaincre]*, so wie man auch von Bewußtsein *[con-science]* spricht)? Und wie wäre zu erreichen, daß man auch *mit* ihnen »leben« kann (in dieser *con-victio* soll der vermischte Anklang sowohl an das, was »siegt« *[vainc]*, als auch an das, wodurch man »lebt« *[vit]*, gehört werden)? Denn gibt es nicht stets jenen allerersten Schmerzschrei, den alle bei der Geburt ausgestoßen haben (oder jenen allerletzten Angstschrei, den alle beim Sterben unterdrücken)? Verstreute, bescheidene Bemerkungen, kaum artikuliert, doch immer wieder aufgegriffen, verändert und unablässig erneuert, hätten hier eine größere Wirkung. Oder es werden Vergleiche die Richtigkeit dieser Vernunft der Dinge (von der (sich) zu überzeugen so schwierig ist) durch Variationen spürbar machen, indem sie diese auf die Sphäre der Kunst übertragen und mit einem Wahrnehmungsabstand, oder, strenger genommen, einem »ästhetischen« Abstand ausstatten. Diese zu reinen Anschauungszwecken vorgebrachten Vergleiche gehen sogar noch weiter in ihrer Suche nach einem Ersatz für jenen fehlenden Begriff, der diese so verschiedenen Argumente untereinander verbinden könnte, denn sie sind der Zerstreuung ausgeliefert, sobald sie nicht mehr unter dem Schutz der Vorsehung stehen: Die Vorstellung eines Gesamtbildes unterstellt, daß das Leben der Welt sich in eine

Woraus werden so unauffällig unsere Überzeugungen (im Vorfeld der Vernunftgründe) gestrickt?

Gesamtperspektive fügt, der sich alle Elemente, auch die schwachen und schlechten, auch die Schattenseiten und die häßlichen Züge, nicht nur unterwerfen, sondern an der sie darüber hinaus mitwirken; die Vorstellung eines Satzes, eines Tanzes oder einer Melodie, mit den Regeln von gleichzeitiger Übereinstimmung und Gegenteiligkeit, bringt klarer die Forderung zum Vorschein, die der Ablauf all dieser verschiedenen Prozesse beinhaltet.

Der Blickwinkel hätte sich dadurch umkehren können – es fehlt der Begriff. Zweckmäßigkeit und Gesamtheit, oder genauer, wenn man jenen Bildern folgt, Einbeziehung, Mitwirkung und Prozeß: dies sind allesamt Züge, die auf ihn zustreben, ja lautstark nach ihm verlangen, allein er fehlt – das *Negative* wird nicht gedacht. Dabei war das doch die symmetrische Umkehrung der Vorsehung (Umkehrung, weil sie sich nicht mehr im Vollen, sondern in der Hohlform vollzogen hat, nicht mehr *pro* sondern *contra*, nicht mehr vom Himmel herab, sondern aus dem Inneren des Vorgangs heraus); und er allein könnte logisch, und nicht mehr ideo-logisch, langsam all dasjenige miteinander verbinden, wenn auch nicht vereinen, was die Vorsehung als Schutzherrin bis jetzt bloß, was die Argumente betrifft, beschirmt hat. Allerdings »fehlt« ein Begriff nicht wie ein Name beim Appell (sonst wüßte man bereits, daß man ihn aufrufen muß) oder wie der Titel über der (abgeschlossenen) Auflistung: Dieser Begriff war – hinter dem Ewigen – Gegenstand einer langen und tiefen Verdrängung. Oder, bissiger gesagt: Ich glaube, was die Theodizeen davon abhält, einen Wert *per se* des Negativen zu denken, und was sie so, wenn sie diesen Diskursen die von ihnen gesuchten Rechtfertigungen liefern, von der Vorsehung abhängig bleiben läßt, ist, daß sie, obwohl sie um Entwaffnung und Befriedung des Bösen bemüht sind, sich davor hüten, die Struktur des »Guten« zu hinterfragen, in die sie es einordnen wollen. Dabei hätte es genügt, die Frage umzukehren, sie einfach andersherum zu stellen. Nicht mehr

*Das Böse, wenn es als funktionell erkannt wird, wendet sich zum Negativen*

*Die Theodizeen gehen jedoch nicht so weit, das Negative zu denken*

bloß sich zu fragen: Wozu dient das Böse? Sondern auch (und im selben Zug): *Woran fehlt es dem Guten* (insofern es das Böse benötigt, da dieses ihm »dient«, wie gesagt wird)? Die Theodizeen begreifen, daß das Böse sich ins Gute einfügt, wenn sie es aus der Ausgrenzung und Verdammung herausholen, aber sie verstehen nicht, welche engere, im Verborgenen gehaltene Abhängigkeit gegenüber dem anderen das Gute im Gegenzug bei sich selbst entdeckt. Denn wenn sie sich von dem Drama abgewendet hätten, das von sämtlichen Dualismen inszeniert wird (jenem, das vom Bösen regiert würde), hätten sie auch nicht versäumt, dasjenige auftreten zu sehen, was kein Anlaß zur Verzweiflung mehr, sondern der Anfangsgrund von Bewegung und *Un*-ruhe wäre. Letztere muß dann nicht mehr angeprangert werden, sondern ist von vornherein einbezogen und wirkt nicht mehr offen, sondern unauffällig. Das Gute entdeckt folglich, daß es *ungenügend* ist, nicht gerade in bezug auf die Welt, wie die Manichäer behaupten würden, sondern eben *in bezug auf sich selbst*; es läßt, anders gesagt, erkennen, daß es in gewisser Weise *sich selbst nicht ertragen kann*. Die Theodizeen wollten die Weisheit und nicht den Taumel: denjenigen, der aus diesem fruchtbaren Sich-selbst-Losreißen (Sich-selbst-Abweisen) der Negativität entsteht, genau den, der die Kluft zwischen Leben und Existieren vertieft. Dennoch haben sie uns genau damit konfrontiert, indem sie sich unablässig für diese inoffizielle Aufgabe des Bösen einsetzten: Welcher anfängliche Mangel (*alias* Erbsünde), der sich als existenzielle Unerträglichkeit äußert, lastet nun auf dem Guten?

Wir wollen ein wenig zurückgehen. Wenn man die angeführten Argumente nochmals liest, sieht man nämlich, daß sie zu kurz greifen und der eigentlichen Frage aus dem Weg gehen. Selbst die am längsten ausgeführten Vergleiche blieben hier ausweichend. Denn allesamt halten sie unbeirrbar an der Vorstellung eines in sich selbst konsistenten und sich selbst genügenden Guten (sei es das Eine, das Sein, das Ab-

*Denn sie fragen sich nicht, ob das Gute seines Gegenteils bedarf*

*Daß das Gute sich nicht mit sich selbst zufrieden geben kann und aus sich selbst heraus muß*

solute oder das Ganze) fest, welches einen göttlichen oder zumindest metaphysischen Stellenwert besitzt, ohne dabei auch nur den leisesten Verdacht zu schöpfen, daß dieses Gute von dem ihm so gut dienenden Bösen auf irgendeine Weise durchdrungen oder auch nur irgend betroffen oder berührt werden könnte. Darum werden die Bilder auch nur teilweise entfaltet und hüten sich davor, weiter zu suchen: so verhält es sich mit der in den Theodizeen so beliebten Veranschaulichung des Bühnendramas, die sich vollkommen der Untersuchung dessen verschließt, was in diesem notwendigerweise an Erzählung, *Mythos*, vorhanden ist. Denn man hat längst begriffen, daß es die Aufgabe hatte, das »Drama des Lebens« zu bannen, indem es auf der Bühne zeigt, daß die Verschiedenartigkeit der Personen, in der Schlechte und Gute zusammenkommen, notwendig war, um die das Stück als Ganzes bestimmende Einheit der Handlung hervorzuheben, und durch die zwischen ihnen bestehenden Beziehungen dessen Kohärenz zu gewährleisten. Wurde damit aber eine Antwort darauf gegeben, was die *beunruhigende* Logik der Erzählstruktur an ihm erscheinen läßt, die sich kategorisch, so stellen wir fest, jener *verhaftet seienden* Logik der Beschreibung entgegenstellt, auf die sich ohne weiteres Fragen der Glaube der Manichäer stützte: daß Gutes gefährdet sein muß, damit es als solches erst erscheinen und aus seiner Unwirksamkeit heraustreten kann, damit außerdem Interesse an ihm erregt wird und die Geschichte endlich beginnt? Anders gesagt, was enthüllt sich uns von der Logik der Existenz, wenn man sich auf dieses Bild gründet, die jederzeit überprüfbare Tatsache, daß eine Erzählung nicht nur langweilig, sondern substanzlos wird und auseinanderfällt, wenn sie fast durchgängig »glücklich« ist: beim »...und wenn sie nicht gestorben sind, dann leben sie noch heute« hört das Erzählen unweigerlich auf und die Geschichte fällt uns aus den Händen? Wenn seine Helden all ihre Wünsche erfüllt bekommen, endet Stendhal mit Auslassungszeichen, so sehr

Das Glück langweilt

fürchtet er sich davor, im Guten (in dem von Unruhe befreiten »Glück«) zu versumpfen und zu versanden; oder aber er läßt den Roman unabgeschlossen (die meisten seiner Romane sind es); oder er läßt in *Rot und Schwarz* auf Frau de Rênal schießen, um jenen unerträglich gesättigten Zustand zu zerstören: auf einen Schlag die Verheißung einer glücklichen Ehe, der ersehnte Aufstieg in den Adel und das Kind.

Denn alle Gründe, die nach und nach angeführt wurden, um zu rechtfertigen, daß wir so vom Unglück zehren (ohne daß es sich jedoch um ein bloßes Aufzehren handelt, das man als solches einfach abschaffen könnte), sind bis hierhin ziemlich oberflächlich geblieben: Es müsse auf der Bühne Unglück geben, weil man es im Leben erleidet (es käme demnach darauf an, daß wir uns in dem Schauspiel wiedererkennen: der sogenannte Realismus); oder: beim Anblick des den Mitmenschen zustoßenden Bösen werde unser Gemüt bewegt, und wir empfänden sogar kathartische oder sadistische Lust; oder auch: es müsse Unglück geben, um das eigene Glück zu empfinden, da wir es sonst nicht ermessen könnten, ja keinerlei Vorstellung davon hätten. Und so weiter. Es hat keinen Zweck, weiter mit solchen Winkelzügen auszuweichen, da man genau sieht, daß es die Struktur des Existierens selbst ist, die in ihrem Prinzip, und gleichsam im Ursprung, eine solche Gefährdung (als echte Gefährdung) erfordert, damit sie aus ihrer apathischen Erschlaffung herauskommt. Und – das Beispiel der Sprache macht es deutlicher – ebenso wie Bedeutung durch die in der Dichte der Sprache verursachten Risse zutage tritt, kommt das Leben durch die vom Bösen (vom Unglück) verursachten Brechungen aus seiner stillen Verbergung heraus, wird es erst sichtbar, kann uns bewegen, bleibt nicht länger unbemerkt. Hier geht es natürlich keineswegs um Pessimismus (oder Dolorismus), sondern um folgende Tatsache, die seit jeher bekannt war, jedoch weggedacht oder lieber noch zerstreut wurde und mit dem Begriff »des Negativen« nun endlich klarere

Unglück macht intensiver

Züge bekommt: Je mehr das Negative sich in ihm vertieft, desto mehr ungeahnte Fähigkeiten und Bewußtseinsmöglichkeiten entdeckt das sich als Existenz erfahrende Leben in sich – ich berufe mich hier auf denjenigen, der sich nicht umbringt, obwohl er blind geworden ist (oder auf Ödipus, der bei seiner Ankunft in Kolonos die innere Ruhe findet, nachdem er sich die Augen ausgestochen hat).

Doch wenn ich hier vom »Ausweichen« spreche – das Negative ist genau das, worum man dem Wesen nach *einen Bogen machen* möchte –, dann weil die Theodizeen angesichts der dadurch eröffneten Radikalität vom Entsetzen gepackt scheinen. Sei es bezüglich des Todes wie auch des Bösen, es ist angebracht, ihre Vermeidungsstruktur zu hinterfragen: zwar wird in ihnen gern der Beweis geführt, daß der Tod dem Leben nützt, da er mit der Erneuerung innerhalb der verschiedenen Gattungen den großen Stoffwechsel der Welt ermöglicht, doch warum wagen sie es nicht, genauer zu bedenken, daß das Leben sofort dahinschwinden würde, sobald es nicht mehr vom Tod durchzogen und gleichsam genährt würde? Denn man weiß gut – und gerade dasjenige, *was man gut weiß,* aus nächster Nähe (anstatt die Offenbarung an anderem Ort, »da drüben«, zu suchen), muß hinterfragt werden – wobei hier »gut« zugleich »genau« und »implizit« bedeutet, jedoch mit einer gewissen Dosis von Verleugnung, umso lebhafter, da sie reaktiv ist –, also: »man weiß gut«, daß es nicht das Leben und *dann* den Tod gibt (wie in der spektakulären und rein individuellen, zugleich unausweichlichen und sporadischen Inszenierung des Ereignisses), sondern daß der »Tod« dasjenige ist, das unentwegt alles *Lebendige* wie auf seiner Kehrseite begleitet, wodurch dieses ständig gefährdet ist und worin es sich jeden Augenblick umkehren kann; daß der Tod das Leben somit unentwegt strafft, da dieses von der ständigen Bestrebung getragen ist, ihn zu überwinden. Wie die Biologen mit ihren Experimenten zum vorprogrammierten Tod zeigen, läßt sich das

Welcher atavistische Vorbehalt hindert uns an der Erkenntnis, daß das rundum Positive unerträglich wäre?

Was man vorsichtig / ängstlich im Stadium eines implizit Gewußten beläßt

83

Leben nicht ohne weiteres vom Tod trennen, sondern dieser wohnt ihm inne, da der »Vollstrecker«, wie man ihn nennt, bereits inmitten der Zelle enthalten ist: Die Welt des Embryos trägt in sich seine Negation und seine Auslöschung als eine ständig offene Potentialität; »leben« heißt für die Zelle stets *über*-leben, indem sie die jederzeit zu entfachende Selbstzerstörung immer und immer wieder abwendet.[49]

Ebenso unbefriedigend wie eine Versöhnung, die sich auf die Funktionalität eines an der Erneuerung des Lebens mitwirkenden Todes stützt, ist demzufolge die auf einer Ästhetik des Kontrasts – die in unseren Geisteswissenschaften mit dem Namen Horaz verbunden ist – beruhende Aufforderung, daß das Leben »im Schatten des Todes« glanzvoller sei und man sich beeilen solle mit dem »Auskosten« der »vorübergehenden Freuden«: überhöht durch ihre Vergänglichkeit, müssen diese, laut dem von der Weisheit besorgten Wörterbuch, nicht mehr »ausgelebt« werden, sondern ich »erfühle« sie, »verweile« in ihnen…[50]

Denn, wenn der Tod nicht nur vom Kontrast her, sondern auch *von der Struktur her enthüllend* ist, enthüllt er doch nicht die »Sorge«, zu der er als ihre radikalste Möglichkeit gehört und so von Anfang an zu seiner Vorwegnahme verleitet, und er enthüllt auch nicht als Quelle der »Öffnung« durch die ursprünglich durch ihn bestehende Gefahr einer Verschlossenheit gegenüber allem Seienden (Heidegger), sondern viel radikaler als Möglichkeitsbedingung für das »Fördern«, welches das Leben ausmacht – in dessen Ermangelung das Leben nicht mehr »voran« gebracht würde, um sich zu befreien, und auch nicht seinen eigenen Wert erkennen würde. Oder, wenn es den Tod geben *muß*, dann nicht nur als eine permanente Gefährdung, die das Leben zu meistern hat, sondern vor allem, weil das Nichtleben – das man sich, auf zu beschränkte, weil individuelle Weise, von der Geburt eines Wesens an als *seinen* »Tod« vorstellt – das ist, wodurch das Leben sich vor der Erstickung durch Übersättigung rettet und durchatmet. So wie jenes »Atmen« des »bewegten Lebens«, *zoe kinoumene*, das Plotin dem stillen Reich des Ewigen gegenüberstellte. Denn überlegen wir einen Augenblick – oder denken wir daran (und dieses Denken ist auch nur ein Sich-Ausdenken) –, was das Leben wäre, wenn es aus seinem »Element«, dem Tod, herausgenommen würde: Wir wären wie plötzlich auf den Strand geworfene Fische, die darum kämpfen, ins Wasser zurückzugelangen.

Daß man »seit jeher« lieber bei der entgegengesetzten Darstellung geblieben ist, widerspricht nicht dem Prinzip – solch eine ausgesprochene Selbstgefälligkeit sollte eher Anlaß zur Beunruhigung geben: Der Mensch bildet sich ein, seine Vorstellung von sich selbst seinem Traum von der Ewigkeit anpassen zu können, so als ob es sich darin um seinen sehnlichsten Wunsch handelte, oder zumindest als ob die Sterblichkeit selbstverständlich ein Mangel, ja die absoluteste Form des Mangels wäre. So als wäre es unbedingt notwendig für ihn, daraus nicht die Erkenntnis zu ziehen, daß es ohne die Sterblichkeit *an Mangel mangelte* und es unmöglich wäre, das Leben sowohl zu fassen als auch es zu ersehnen. Denn hat er sich darin gefallen, sich als Kontrast Götter zu erdenken, die unsterblich sind und somit dem entrinnen, was sein eigenes Wesen am genauesten trifft, muß man dennoch von Anfang an – man braucht nur bei Homer nachzulesen – feststellen, daß dieses Götterglück selbst nur vor dem Hintergrund dieser Urbedingung der menschlichen Sterblichkeit begriffen werden kann. Ihnen wird das Ereignis des Todes genommen, jedoch nicht die Möglichkeit, die dieser zuvor – seit jeher – eröffnet hat, und durch die allein Sinn aufkommen und ein Schicksal sich abzeichnen kann. Und zur Rechtfertigung dieser unfaßbaren Ewigkeit kann man dann auch nicht, unter Verwendung eines oft wieder hervorgeholten Arguments der Patristik, die Endlichkeit des menschlichen Daseins anführen, das auf Zeit – zeitlich – allzu sehr in das Sinnliche und in die Materie versenkt sei:

Unerträgliche
Unsterblichkeit

Denn ohne das Negative des Todes würde das Leben wohl nicht nur unausstehlich, wie man es in der – öden – Beschreibung aller Paradiese, allen voran bei Dante, sieht, sondern wir hätten logischerweise gar keinen Begriff davon.

Die Theodizee hat also auf eine weit entfernte Figur, die »Vorsehung«, dasjenige übertragen, dessen Verbindung aus allzu großer Nähe zu betrachten sie gewiß als gefährlich ansähe; und sie rechtfertigt beispielsweise die Existenz des Bösen im Namen der Tatsache, daß die Vorsehung sonst nichts mehr vorzusehen und der *Logos* nicht mehr zu arbeiten bräuchte, als ob dies nicht viel allgemeiner gelten würde, ohne daß man es aus diesen spezifischen Figuren herauslesen müßte – kurzum, als ob es nicht genauso allzeit um uns selbst bestellt wäre. Anders gesagt: Ohne die Einbeziehung von etwas Negativem hätten wir *keinerlei Anlaß*; unsere Lebendigkeit könnte nicht zum Tragen kommen; wir könnten uns noch nicht einmal erheben, wenn nicht ein gewisser Widerstand uns im Gegenzug als Stütze diente, uns Halt bieten würde, um diesen Gestus zu vollbringen und diesen Willen zu fördern. Denn wer kann mit Bestimmtheit festlegen, was hier am Anfang war; und ist nicht alles Handeln immer schon reaktiv (indem es *gegen etwas* vorgeht)? Anstatt also zu meinen, daß die gesetzte Instanz, einem normierten Spiel von Kräften zufolge, im Gegenzug sofort Widerstand hervorruft und die Wirkung mindert und verblassen läßt,[51] frage ich mich, ob nicht schon bei der In-stanz dieser Instanz Widerstand nötig ist (wobei ich diesem *In-* einen starken, mehr als lokativen Sinn gebe); damit erst eine Instanz »über« etwas urteilen, »für« etwas zuständig sein und sich *in*-stanzieren *muß*. Ein gewisser Widerstandsfaktor ist immer im Spiel bei der damit erfolgten, zu seiner Überwindung dienenden Berufung sowohl auf das Handeln, wenn man etwas abhandeln will, als auch auf die Tugend, wenn man sich ertüchtigen will, als auch allgemein auf den Menschen, wenn man *ex*-istieren will. Ein Satz taucht auch nur insofern auf und wird

Das Negative ist, was allgemein jeder Tätigkeit zugrunde liegt

Der Widerstand beginnt von allem Anfang an

geschrieben, als er alle Kraft aufbringt und hier, da er von der Unruhe getrieben ist, jenem Versinken in das Formelhafte entgegenwirkt, das stets daran ist, ihn zu verschlingen – ebenso die Schwerfälligkeit der Wörter wie auch die Erstarrung des Geistes.

Plotin hat dennoch bei der Durchführung seiner existenzialen Analytik zuviel Scharfsinn bewiesen, als daß er nicht auch jener vom Negativen herrührenden und dem Werden zugrundeliegenden Unruhe einen Platz einräumt; und als daß er nicht auch zuvor dasjenige unterstreichen muß, das sich als das nicht zu Duldende des *rundum Positiven* erweist, welches von der Unruhe als dem Ergebnis der Negativität zum Bersten gebracht wird. Denn mit der *Un*-ruhe fängt eben alles erst richtig an – wobei die Unruhe in ihrer starken, radikalen (ontologischen) Bedeutung verstanden werden muß: Sie ist die Unzufriedenheit der Fülle (mit einem Genitiv, in dem das Subjektive und das Objektive miteinander verschmelzen), als Untergehen in seiner Erstarrung – nicht weil diese Vollendung übertrieben wäre, sondern eben weil es überhaupt Vollendung gibt. Oder – verfolgt man Plotins Analytik genau – sie besteht darin, daß man nicht mehr in der – erholenden und zum Erlahmen bringenden – Ruhe der Sättigung im Zentrum des Ganzen verbleiben kann und, unter Anprangerung des existenziellen Ungenügens, einen Emanzipationsvorgang einleiten muß, der davon abweicht und abkommt.

Jedoch wendet Plotin diese Analytik nicht auf die Vorsehung an, denn die Gattung der Theodizee wird sicherlich zu direkt von der Verteidigung Gottes bestimmt, sondern auf die Zeit oder genauer auf deren Entstehung. Und durch seine Bindung an ihre metaphysische Hierarchisierung, zwischen dem (absolut) Ewigen und seinem Abbild, der Welt im Werden, wird er dazu geführt, dieses Eindringen des Negativen nicht als ein Fördern, sondern umgekehrt als einen Verlust zu begreifen, wobei er folgende Frage stellt: Durch welchen Fall (aus dem Ewigen) ist überhaupt die Zeit entstanden? Da Plotin die Einbeziehung des Negativen in die ursprüngliche Ganzheit (Positivität) nur als ein Abfallen auffassen kann und da ein solches in der Zeit keinen Platz findendes Sich-Absetzen zwangsläufig als Rätsel auftaucht, konnte er deshalb auch berechtigterweise aus den gegnerischen Quellen schöpfend – da nicht mehr die Kohärenz der Weisheit in den Händen haltend – diese Grenzlinie nur in Form der ereignishaften Inszenierung des Sündenfalls abbilden. Und er kommt folglich zur Darstellung eines solchen Bruchs erneut, wenn auch nur minimal, auf die mythische Erzählung zurück, er, der Platons Vorstellung von der Schöpfung der Welt abgelehnt hatte. Oder wie anders als durch die Erzählung eines irgend gearteten Eindringens sollte man diese stille, selbstgenügsame und vollkommen abgeschirmte Bruderschaft des Seins und des Guten durchschlagen? Nichtsdestotrotz verzeichnet es Plotin als ein Auftauchen, das augenscheinlich nicht dasjenige des Bösen ist, sondern zum Negativen hin verlagert wurde; und so gesehen ist seine Analytik von entscheidender Bedeutung, allein schon wegen ihrer Aussagekraft.

Kehren wir, fordert uns Plotin auf, zu jenem Zustand zurück, den wir dem vollkommen Positiven, Ewigen und Ursprünglichen zuschreiben, dem eines Lebens ohne Wandel, das uns in einem, voll und ganz gegeben wird, das unendlich ist und zu keiner Seite hin neigt, ruhend im Einen und dem Einen zugewandt. Wie ist jetzt aber – wenn diese Wesen in sich selbst ruhen – die Zeit da »herausgefallen«? Da man den Musen die Frage nicht stellen kann, muß man die Zeit selbst befragen und sie auffordern, sich selbst zu reflektieren, und sie würde dann folgendes sagen: Bevor sie ihr Voranschreiten erzeugt und es mit dem Spätersein verknüpft hatte, ruhte sie im Sein, wobei sie nicht die Zeit war und selbst unbeweglich blieb.

*Aber [eine / die] unstete Natur, welche über sich selbst herr-*
*schen und selbstständig sein und mehr als die Gegenwart*
*suchen wollte, geriet in Bewegung, und diese geriet ebenfalls*
*in Bewegung: Diese Bewegung führte zum immer Künftigen,*
*Späteren, niemals Selbigen, sondern immer wieder Anderen,*
*und als wir so eine geraume Strecke des Weges gezogen*
*waren, hatten wir als ein Abbild der Ewigkeit die Zeit hervor-*
*gebracht.*[52]

Darauf folgen Spaltung, Zerstreuung und Veränderung zum
Schlechten. Nur: stellt man diese Erzählung neben die
Schöpfungsgeschichte, sieht man, wie sparsam sie mit der
Rationalität verfährt: Es gibt im eigentlichen Sinne keinen
Eingriff mehr, der von einem Außen (der Schlange) dargestellt würde, sondern die Erzählung, sich ganz auf ihre in-
wendige Logik besinnend, kehrt ihren Ablauf in eine Selbst-
entfaltung um. Der Sündenfall gleicht nicht mehr einem
Ereignis, wo Handelnde (»in den Apfel beißen«) in Szene gesetzt werden; und die Negativität gehört zu einer Natur, die
nicht mehr einer Person zugeschrieben wird: eine »unstete«,
oder eher, der Zweideutigkeit im griechischen Ausdruck zufolge, eine tätig-intrigante *(polypragmon)* Natur, die sich
nicht mit der Fülle, in der sie untergeht, zufriedengibt, da sie
dort zur Untätigkeit verdammt ist, sondern sich von ihr lösen
will. Es gibt also keine Überschreitung, durch die das Böse
freigesetzt wird, sondern Unruhe *[in-quiétude]*, Beunruhigung durch eine Ruhe, die inmitten *[in]* der Dichte eines
rundum Positiven unerträglich geworden ist, woher jener
Vorgang rührt, der die Unterschiede im Sein herausarbeitet
und es dem Abenteuer eröffnet. Was Plotins Erzählung bei
ihrem Versuch, dem narrativen Rahmen zu entkommen, zugleich in den offenen Widerspruch führt: Da hat also die
»Zeit«, die aber nicht die Zeit ist, an der Erzeugung der Zeit
mitgewirkt. Hier liegt nun dieses Mal nicht mehr bloß Gegenteiliges vor, sondern ein Wider-»spruch« im eigentlichen

Der Aufruf zum
Sich-Loslösen
von der Selbst-
zufriedenheit der
Seinsfülle (oder:
Von der notwen-
digen Negativi-
tät)

Sinne des Wortes, entstanden in der Ordnung des Sprechens, denn dieses formuliert ja die Bestimmung und schließt sie gleichzeitig aus: Wie kann die »Zeit« denn »Zeit« sein und zugleich nicht sein, gleichzeitig Subjekt und Objekt eines Handelns darstellen? Als ob Plotin geahnt hätte, daß man zum Verständnis der die Negativität ausmachenden Fähigkeit, sich von sich selbst zu lösen, die Maßregel der Unvereinbarkeit fallen lassen und hinter der scheinbaren Unabhängigkeit und Unbeweglichkeit der Bestimmung deren Logik des Ungenügens an sich selbst entdecken mußte, welche sie dazu bringt, in sich ihr Gegenteil herauszubilden.

*Diese Logik der Negativität veranlaßt zum Erfassen des Widerspruchs*

# VII.

## Hinter der Philosophiegeschichte:
## Geographie der Vorsehung

Das vom Diskurs der Theodizee entfaltete Denken der Vorsehung erstreckt sich über einen *großen Zeitraum* in der Geschichte der Philosophie. Hinter der unablässigen Erneuerung, nach der die Philosophie leidenschaftlich trachtet (Philosophieren heißt »anders denken«), überdauert diese ganze Ansammlung verschiedenster, kaum artikulierter Argumente, die sich fast nicht vom *sensus communis* abheben und keinen Höhenkamm ausbilden, sondern die Aufgabe haben, die Welt, so wie sie ist, zu rechtfertigen, und an die sich die Philosophie anlehnt. Man sieht, wie die Philosophie unerschrocken ihren Bug gegen jedes neue Anbranden oben behält und das Meer des Ungewissen teilt. Aber welche Ladung dort im Kielraum sorgt dafür, daß das Schiff nicht zu leicht auf den Wellen reitet und deshalb zu kentern droht? – Besitzt die Philosophie nicht auch ihre Langsamkeit und ihren Tiefgang? Oder: wenn ich hier von Anlehnung und Hintergrund (das Infraphilosophische) und nicht etwa von einem Fundament spreche, so deshalb, weil die Philosophie sich zwar auf diesen Vorrat an Argumenten stützt, ihm aber den Rücken zukehrt und sich nicht weiter um dieses Unkonstruierbare kümmert. Dadurch, daß sie das Geheimnis des Bösen in ein im Dienste der Vorsehung stehendes Funktionsprinzip umgekehrt hat – ohne jedoch (zumindest nicht offen) ins Auge zu fassen, daß dabei ein Fehler im Guten auftreten könnte, wodurch dieses dazu gebracht würde, von sich selbst loszukommen, und, sich gegen sich selbst stellend, für den Widerspruch einen starken Stellenwert fordern zu müssen –, hat dieses von so vielen verschiedenen Einblicken durchwobene Einstimmen in das Leben dem europäischen Denken seinen

Infraphilosophisch

Grundstock geliefert; oder es hat, anders gesagt, in seinem Verlauf zum Vorschein gebracht, wo der niedrigste Wasserstand liegt, wodurch sich im Kontrast umso besser bemessen läßt, wie hoch sie von ihrem Theorieabenteuer und der großen Entdeckungsreise der Wissenschaft getragen wird. Es gibt immer ein gewisses vorsichtig ausgehandeltes, systembildendes Gleichgewicht zwischen dem Riskierten und dem, wovon man »die Finger läßt«, zwischen dem Hinterfragten und dem sorgfältig nicht Hinterfragten, da jedes Denken, noch das kühnste, sich auf irgendetwas stützen muß, wozu auch die von der Weisheit besorgte Beladung mit gemeiner, aber gewichtiger Materie beiträgt – billige Fracht: Sandsäcke oder Kies. Welche man aber trotzdem hartnäckig von einer Philosophie auf die nächste umschifft, damit dieser Bedarf an Halt und Stabilität gedeckt wird. Deshalb kann die Philosophie noch so geschichtlich auftreten, sie verbleibt aufgrund dieses Vorrats an Argumenten in einem System schwacher Historizität oder wird dadurch sogar zu einer totalen Unhistorizität gebracht. Man schreibt ständig neue Geschichten der Philosophie, und auf eben diese Weise erfindet sie sich, doch man könnte keine Geschichte der Weisheit (und auch keine der Theodizee) abfassen.

Die Frage betrifft also den Stellenwert desjenigen, das die (das sich in der) Philosophie »dahinschleppt«: das sich dort in die Länge zieht, sich träge durch die Zeit schleppt, nie zu einem Ende kommt und zum Gähnen bringt; das zurückbleibt, während die Theorien voranschreiten und uns begeistern; das hier, oder eher hier und dort liegenbleibt, ohne geordnet oder neu zusammengestellt zu werden – weder hervorstechend noch irgendwo eingeordnet. Gemeingut, doch gemein bis wohin? Es würde die Mühe lohnen, sich bei dieser Gelegenheit zu fragen, ob sich solche Argumente auf das europäische Denken beschränken. Durchzieht diese gekoppelte Arbeit an der Rechtfertigung des Bösen und der Verteidigung Gottes, die sich über die ganze Geschichte erstreckt,

Kann man diesen Gemeinplätzen entkommen, an die sich die Philosophie anlehnt?

nicht die verschiedensten Kulturen und macht sie nicht jene *philosophia perennis* aus, die jeder freiheitsliebende und nach Originalität suchende Geist schrecklich findet und der er entkommen will, wenn er auch gleichzeitig von ihr abhängig ist? Hätte man es denn nicht – eines Tages, an einem anderen Ort – anders machen können, d.h., hätte man nicht etwas Besseres erfinden können, als zu meinen, daß das Unglück über kurz oder lang in die Verantwortung des Menschen fällt (und diese sanktioniert) und daß in dem von Gott gemalten Bild der Welt die Schatten dazu dienen, die Farben hervorzuheben? – Gehen wir über den Rahmen Griechenlands hinaus nach Indien. Indien hat ebenfalls seine Theodizee gekannt: Der Begriff »metaphysische Illusion« *(avidya, maya)* sowie der *Karman*-Begriff (die »selbstbelohnende« Tat); ersterer, weil er der offenbaren Welt (und also auch dem Bösen) alle absolute Realität abspricht, und letzterer, weil er das einzelne Subjekt allein die Verantwortung für seine Taten und deren »Früchte«, d.h. ihre glücklichen oder unglücklichen Folgen tragen läßt, ob nun noch in diesem Leben oder in anderen, zukünftigen; hier dienen beide ebenfalls dazu, dem »Herrn« die Schuld abzunehmen. Ishvara ist unschuldig.

In Indien

Da sieht man in Indien tatsächlich zum einem, wie die im Universum erkannte Zweckgerichtetheit nach einer ordnenden Intelligenz als Ursache verlangt; vollkommen perfekt, beläßt der oberste Künstler keinerlei Art von Zweck außerhalb von sich. Zum anderen ist die göttliche Ursächlichkeit nicht nur künstlerischer Art, nach dem freien Spiel seiner Schöpfungskraft, sondern sie enthält auch einen moralischen Aspekt. Ein Werk braucht bekanntlich Abwechslung, Kontraste und Wertoppositionen, welche die Harmonie des Ganzen unterstreichen. Wenn die Bestandteile dieses Zusammenspiels aber denkende und fühlende Wesen sind, werden dann die Ungleichheiten, die sie voneinander unterscheiden, um das die Welt konstituierende ästhetische Gefüge zur Gel-

Rechtfertigung Ishvaras

tung zu bringen, nicht moralisch verwerflich? Zeugen sie nicht von »Parteilichkeit und Grausamkeit«? In der Tradition des Vendantasutra (Shankara) erfolgt die Antwort im Namen des transzendenten Gleichmuts des Herrn, der mit seinem unendlichen Wohlwollen verschmilzt:[53] Vom Bösen, in seiner konkreten Ganzheit begriffen, heißt es zwar, daß Ishvara es »zuläßt« und, im einzelnen, als zu bestrafenden individuellen Fehler betrachtet, daß er ihm »Rechnung trägt«, daß sein Ratschluß von ihm abhängt, weshalb die Ungleichheiten der Schöpfung auf den »Verdiensten oder Verfehlungen der lebendigen Kreatur« beruhten. Doch dieses Böse, welches äußerer Natur ist, beruht nicht auf einem willkürlichen Wollen – man kann es dem Herrn nicht vorwerfen, seine Gerechtigkeit ist vollkommen.

Diesem Herrn kommt zwar auch nur eine relative Wirklichkeit zu im Vergleich zum wahren Absoluten, welches die alle Dualität überragende Wirklichkeit der unendlichen Erscheinungen, das überpersönliche Brahman ist. Am anderen Ufer, im Islam nämlich, mußte die Frage, da die Schöpfung im vollendeten Monotheismus in ihrer Effizienz unmittelbar mit der Allmacht Gottes und dem ihn auszeichnenden Willen zusammenhängt, dagegen hart diskutiert werden (zwischen Manichäern, Zabriten, Mutasiliten...): Will Gott alle Möglichkeiten, und ist er daher selbst Schöpfer sowohl des Bösen als auch des Guten, oder ist er nur transzendenter Zuschauer und oberster Richter? Ja, wenn alles vom Vorwissen und der Verfügung Gottes abhängt, bestimmt er dann nicht alles vorher und schafft noch die Gottlosigkeit nach seinem Vorbild? Da Gott ja nicht ungerecht zu den Kreaturen sein kann, kann die Lösung (Ghazzali) uns nur wieder auf die Spur der europäischen Theodizee zurückführen (oder vielmehr würde sie, bei den Griechen entlehnt, wieder nach Europa zurückkehren): Sie kann nur darin bestehen, aufzuzeigen, daß wir am Bösen das Korrelat des Guten haben und daß von allen möglichen Welten diese hier, die das Böse beinhaltet, notwendi-

**Im Islam** (marginal note)

**Islamische Theodizee** (marginal note)

gerweise die beste ist. Es ist folglich unmöglich, selbst in der am meisten dem göttlichen Plan unterworfenen Sichtweise, von den Argumenten loszukommen, die der über Abbau und Aufsaugen verfahrenden Weisheit entlehnt sind: Da es kein Böses gibt, das nicht auch Gutes enthält, würde, beseitigte man das Böse, auch das in ihm enthaltene Gute verschwinden; daraus ergäbe sich ein noch größeres Übel als das ursprüngliche.[54]

Der Islam versetzt uns folglich nicht in eine fremde Welt; man findet dort dieselbe Art von Argumenten, denselben Typus von Beispielen – Langeweile angesichts der Redundanz: Könnte man sich, unter dem göttlichen Deckmantel, nicht etwas anderes vorstellen, um in das Leben einzustimmen und sein Schicksal zu rechtfertigen? Als Erbe der Vorsehung Plotins wird der Islam Avicennas die Meinung vertreten, das Böse sei bloß ein Fehlen, wenn nicht sogar, wegen des dadurch hergestellten Kontrasts, wichtig für das Verständnis des Guten. Da es nützlich ist, ruft es dazu auf, den von ihm dargestellten Wall zu überwinden und den Blick in die Ferne zu richten: Duldet die Vernunft nicht die Beschwerlichkeit der Reise zum Zweck des Studiums oder des Gewinns, den Schmerz der Impfung oder des Aderlasses zum Zwecke der Heilung? Rückkehr zu jenem unwiderlegbaren Uninteressanten: Abd al-Jabbar weicht auf dieses Untheoretische und Unerfinderische aus, denn seine zusätzlich hervorgebrachten Argumente können auch nichts Neues konstruieren. Dieselbe Rechtfertigung des Bösen in der Gesamtschau: Der Regen ist im allgemeinen für die Vegetation nützlich, obwohl sich daraus auch Unannehmlichkeiten ergeben können. Dieselbe Rechtfertigung des Bösen als Weg zur Erbauung: Beim Vergleichen der unvollkommenen Gegenstände mit der Vollkommenheit der Formen, an denen er sich sonst erfreuen kann, ist der Mensch viel eher dazu bereit, Gott zu preisen. Dieselbe Rechtfertigung des Bösen als zuträgliche Prüfung: Gott ruft dieses Leiden in Hinblick auf ein Ziel hervor, das

Die gleichen argumentativen Versatzstücke

wir nicht immer erkennen können, und dieses vorüberge-
hende Leiden verheißt uns ein höheres Glück. Entweder hat
es der Leidtragende so verdient, oder aber das Leiden führt
zu einer von Gott gewährten oder zumindest gewährleisteten
Entschädigung in dieser oder der anderen Welt: doch rechtfertigt es sich durch seine Angliederung an ein einkalkulier-

Der gleiche
Dogmenapparat

tes oder verheißenes Seinsollen. Abrechnung (am Tag des
Jüngsten Gerichts) mit den Blättern in der Hand, Abwiegen
von »Soll« und »Haben«, Bilanz, Vergütung: Die große escha-
tologische Inszenierung hat seit den Griechen und ihren
alten Mythen geduldig überdauert. Ja, von einem Monotheismus zum andern ist sie sogar reichhaltiger, abwechs-
lungsreicher und anschaulicher geworden – hätte sie sich
wesentlich verändern können?

Ich habe diese Punkte aneinandergereiht, so wie sie auftra-
ten, aber man merkt doch wieder, daß etwas widersteht: Auf
der einen Seite gibt es hier Versatzstücke unwiderlegbarer,
aber somit auch nicht weiterzuentwickelnder Argumente
(Regen ist ebenso nützlich im allgemeinen, wie er im besonderen schädlich sein kann usw.), und auf der anderen, gegenüberliegenden Seite eine dogmatische Hyperkonstruktion
(das unerbittliche System der Vergütung der Kreaturen nach
deren Tod, das sich in dieser Form von Indien bis zum Islam

»Abendland?«

erstreckt). Auf der einen Seite das vom Boden der Erfahrung
Aufgelesene und auf der anderen das ins Korsett des Glaubens Gezwängte: was einerseits zu unausgegoren ist, um unsere Zustimmung zu verdienen und andererseits dieser Zustimmung Gewalt antut und sie unters Joch zwingt. – Was

Welchen Spiel-
raum hat die
Philosophie
zwischen dem
»Gemeinplatz«
und dem religiö-
sen Glauben?

hat die Philosophie zwischen beiden gemacht? Hat sie über
die lange Geschichte der Theodizeen hinweg bloß dazu gedient, zwischen den Gegensätzen zu verhandeln: der Versuch, eins an das andere anzupassen, das die Vernunft Ent-
täuschende an das sie Herausfordernde, und ihren Ausgleich
zu organisieren? Wenn »abendländisch« einen Sinn hat,
dann vielleicht diesen: Ist die Philosophie nicht dasjenige,

was, hin- und hergerissen zwischen beiden, dem Gemeinplatz und der Verheißung, zwischen dem, was man »gut
weiß« (allzu gut, so verfangen im Gebrauch, wie es ist – weshalb daraus auch kein Wissen werden kann), und auf der anderen Seite dem, worüber man nichts weiß (oder vielmehr,
worüber man nur weiß, daß das Wissen ihm widerspricht),
nicht immer wieder versucht hat, diese Kluft durch den Bau
von »Theorie«-Brücken zu überwinden – wonach sich ihr ei-
gener Modus des »Abhebens« richtete, ein Modus der Abhängigkeit und der Erfindung zugleich?

Wo soll man also hin, um zu einer anderen Szenerie zu
gelangen? Das Vorhaben diente der Rechtfertigung (Rechtfertigung des Bösen, Leidens und Todes). Was muß aber zunächst an Vorwürfen oder zumindest Verdächtigungen, Be-
schuldigungen und Infragestellungen als Bedingung vorausgesetzt werden, damit »rechtfertigen« überhaupt einen Sinn
hat? Man kann feststellen, daß wenn die Chinesen in diesem Der Abstand<br>Chinas
Arsenal der Kulturen einen Abstand wahren, dies daran liegt,
daß die Einbeziehung und das Aufsaugen des Bösen in eine
Gesamtlogik bei ihnen kaum problematisch waren, weil der
Gedanke an einen schaffenden und belohnenden Gott schon
frühzeitig verkümmert war. Auf die Frage, ob die Theodizee
in China fehlt, antworte ich also zunächst wörtlich genommen: Es gibt hier keine »Theo«-»dizee«, und infolgedessen
auch kein Vorsehungsdenken, weil man in China weder auf
*theos* noch auf *dike* stößt, weder auf »Gott« noch auf »Rechtsprechung«; weil in China, trotz entwicklungsgeschichtlicher
Anschauungen zur Entstehung der Welt, nicht die Vorstellung von einem demiurgischen Gott entwickelt wurde, und
nicht einmal die von einer ordnenden Subjekt-Instanz, durch
die die Welt konzipiert wurde, die also für ihre Schöpfung
verantwortlich ist und von der in letzter Instanz die Entloh-
nung kommen würde: Von vornherein fällt also eine ganze
Reihe von Möglichkeiten aus, mit denen die europäische Phi-

losophie stets gearbeitet hat. Gleichzeitig kann sich dieser Abstand zwischen den Kulturen natürlich auf keinerlei Ursprüngliches (das von einer gewissen Wesensart abhinge: »Geist«, »Mentalität« usw.) berufen und ergibt sich allein aus der historischen Entwicklung. Denn im archaischen China hat man, wie in anderen Zivilisationen auch, den naturalistischen Kult der Flüsse, der Berge, des Windes und der Himmelsrichtungen gekannt; so wie sich dort auch im 2. Jahrtausend vor unserer Zeitrechnung weitgehend die Gestalt eines Herrn in der Höhe, Shang di, durchsetzt, der über der Welt der Menschen thront, den man fürchtet, anbetet und dem man Opfer bringt. Doch ab dem Beginn des folgenden Jahrtausends und unter der Wirkung des Ritualismus, der seine Aufmerksamkeit mehr dem Verfahren als dem Gebet zuwendet (es kommt auch zu einem Wechsel der Dynastie, von den Shang zu den Zhou), wird diese Gestalt allmählich von der eines Regulierungsprinzips verdrängt – eines Prinzips zuvorderst des Wechsels von Tag und Nacht und der Jahreszeiten, in dem die unendliche Erneuerung der Welt ihren Ursprung hat. Dieses Prinzip verkörpert den »Himmel«, und ihm entspricht auf der gegenüberliegenden Seite die Erde, in der sich die Vielfalt der chthonischen Gottheiten vereint und die ihm als Partner dient. Von nun an werden sich die chinesischen Denker vorrangig der Erleuchtung der Kohärenz jener Abläufe annehmen, die aus ihrem Zusammenspiel – *Yin* und *Yang* – erwachsen.

Marginalisierung Gottes: *Shang di* (was nicht dasselbe ist wie seine Kritik)

Die Vorstellung von einem Herrn in der Höhe, der als Herrscher über der Welt thront, gerät bald in den Hintergrund; sie wird nicht einmal kritisiert, sondern – vor allem darin besteht der Abstand – sie wird frühzeitig marginalisiert. Sie hat im Grunde ihren Nutzen verloren und wird nach und nach beiseite gelegt: Es gibt in China genausowenig einen Atheismus oder einen Tod Gottes wie das Wagnis eines Glaubens an die Gottheit: der große Konflikt, der von der Antike aus das gesamte klassische Europa durchzieht und durch seine

Spannung getragen hat, der Konflikt zwischen Vernunft und Glauben, verläßt die Bühne. Und kann im chinesischen Altertum der »Himmel« noch mit einiger Innerlichkeit angerufen werden,[55] oder kann man auch gelegentlich von einem »wahren Meister«[56] sprechen, so nehmen diese nicht die festen Formen eines persönlichen Gottes oder auch bloß eines »Oberbefehlshabers«, *megas hegemon*, oder einer Urkraft, Ursache an. Wir wollen nun vom Religiösen zur politischen und sozialen Ordnung übergehen, die allmählich daraus hervorgeht: An den Höfen des alten China (die Macht wurde in China allerdings nie anders als monarchisch aufgefaßt) sieht man kaum eine Rechtsprechung, *dike*, sich herausbilden, als souveräne, ja schützende Instanz (Themis), welche über das Kräftespiel hinausgeht und adversativ durch Anklage und Verteidigung verfährt; nun leitet sich aber gerade aus ihr die Schaffung des Gerichts ab, das vom Gericht der Polis sich symbolisch zum Gericht der Vernunft umgebildet hat, vor dem dann Gott erscheinen muß.

Theo-dizee: da zerfasert also der Begriff, oder wird vielmehr von keiner Seite aus mehr konsistent. Und zur Ergründung seiner Logik, womit man ihn über den platten Unanimismus, in dem er sich breit machte und so den Boden unseres Denkens bedeckte, hinaushebt, genügt eine Betrachtung der Bedingungen für sein Fehlen in China, was auf seine Unmöglichkeit verweist. Ja man könnte die Liste dieser Dinge, die ihm in China als Grundlage fehlen, unendlich fortführen: Man entdeckt in China weder *mythos* noch *telos*, weder eine große Erzählung des Ursprungs noch ein organisiertes Finalitätsdenken. Denn die Chinesen haben ebensowenig eine Erzählung vom Sündenfall in Szene gesetzt wie sie sich das Schöpfungsdenken zunutze gemacht haben. Den wenigen hier und dort erhaltenen Erwähnungen zufolge, ist lediglich ein einstiger Herrscher im Kampf um den Thron mit dem Kopf an den gespaltenen Berg gestoßen: Die Himmelssäule zerbrach und die Verankerung der Erde löste sich, der Himmel kippte nach Nordwesten und die Sterne wurden mit ihm verschoben; die Erde senkte sich nach Südosten und die Flüsse flossen zu dieser Seite hin. Doch diese Erzählungsversatzstücke begnügen sich damit, die Topographie Chinas, das zum ostchinesischen Meer hin abfällt, zu beschreiben; sie rufen nicht mehr Beunruhigung hervor als notwendig ist, um den Fürsten als Mahnung zu dienen.[57] Es gibt ebenso eine Sintflut und über die Ufer tretende Wasser, die man eindämmen muß, doch wird dieser Sintflut keine Ursache zugeschrieben, und sie zeugt von keinerlei Schuld, sie erfordert einfach eine geduldige Kanalisierungsarbeit, um die Erde bewohnbar zu machen.[58] Die Denker des Altertums erwähnen höchstens einen »Verlust« (der natürlichen Güte) unter Zunahme der Begierde oder eine »Entregelung« (der Welt der Politik) durch die Verschärfung der Gewalt und den Kampf unter den Schulen,[59] oder eine »Verschleierung« (des harmonischen Urgrunds, welcher die »Bahn« ist) unter der Zerstückelung der Sprache und der Zersplitterung der Gesichtspunkte.[60] Allerdings kommt es hier zu keinerlei Bruch, aus dem das Böse hervortreten könnte. Die Chinesen haben sich keinen dramatisierenden *Mythos* erdacht und mußten sich so auch keinen rechtfertigenden *Logos* vorstellen, der diesen überwindet, bekämpft und einen Ausgleich schafft. Genauso kann es nicht überraschen, daß die Chinesen keine Vorstellung von der Zielsetzung, *Telos*, entwickelt haben, schließt man nach ihrer Abneigung dagegen, über die Ursache nachzudenken (außer bei den Mohisten des 4. und 3. Jahrhunderts, doch diese Bewegung wurde schnell hinweggefegt), denn ihre Sicht der Verbindung zwischen den Erscheinungen ist eher auf den Begriff »Entsprechung« hin ausgerichtet, mittels derer alle Seienden ihrer Spezies nach miteinander kommunizieren und sich gegenseitig beeinflussen (*Gan-Ying*-Begriff 感応 ). Anstatt ein Ziel anzunehmen, das über den Lauf der Dinge hinausgeht und die erwartete Abfolge der Wirkungen steuert, denken die Chinesen den Nutzen (*li* 利),

Keine große Erzählung

Wie steht es mit dem Mangel, dem Riß und dem Verlust?

der, jenseits des individuellen Gewinns, und wenn man vom Strategen zum Weisen übergeht, der Nutzen für die Welt als Ganzes sein kann.

Daher erfordert die im Alten China verbreitete Weisheit auch kaum Beweise oder Überzeugungsarbeit. Man sieht schwerlich, auf welchen vorangegangenen Einwand, oder auch nur Zweifel oder Mangel, nicht einmal unausgesprochener Art (genau jene Zweifel und Mängel, die die Philosophie unentwegt genährt haben), sie die Erwiderung wäre. Es ist für sie nicht nur unnötig, die Sache der Vorsehung gegenüber der Hypothese einer der blinden Notwendigkeit oder dem Zufall verfallenen Welt zu verteidigen; sie muß noch nicht einmal eine Erklärung liefern als Antwort auf die Ungerechtigkeit eines von allen guten Geistern verlassenen und dem Bösen ausgelieferten Menschengeschlechts oder auch nur auf die einer der Verzweiflung am Leid ausgesetzten und nach dem Seelenheil suchenden Existenz. Anstatt nach dem Fördern eines *Sinns* zu streben, erhellt sie eine *Kohärenz.*

Anruf an den Sinn, um den Riß (in Europa) zu schließen

Öffnen wir lieber schematisch die Welt mit einem ersten, horizontal durchgezogenen Strich, vor jeder Beugung und Änderung von Form und Schrift — ; ziehen wir dann parallel dazu einen zweiten Strich, denselben, jedoch in der Mitte gebrochen ⚏ : dieser Zwischenraum ist kein Mangel – er läßt auf keinerlei Sündenfall schließen – sondern läßt einzig eine Polarität aufscheinen (oder: diese Leere in der Mitte ist nicht beunruhigend, sondern ihr Anderssein sorgt für Atmung und ist folglich eine Quelle der Lebenskraft). Indem er sich zwar der Fülle des Anderen entgegenstellt, ihm jedoch durch seine Leere antwortet, zeichnet sich dieser unterbrochene Strich als einfache Negativform des ununterbrochenen ab (*Yin / Yang*, »weich« / »hart«, Erde / Himmel usw.); und die beiden werden in ihrer wechselseitigen Beziehung das Kennzeichen jeder Art von Prozeßhaftigkeit sein. Beide zusammen bilden ein System und können bereits vollständig funktionieren oder »gehen« (so wie man allgemein sagt »geht schon!«,

Oder die Kohärenz einer Vorrichtung (im *Buch der Wandlungen*)

»geht in Ordnung!«; vgl. das leitende Thema des *Tao*, die »Bahn«). Alle nachfolgenden Figuren, die von dem alten *Buch der Wandlungen* (*I Ging*, wortwörtlich: *Klassiker des Wandels*), dem für die chinesische Tradition grundlegenden und allein aus Weissagungen entsprungenen Buch – ohne Erzählung oder Offenbarung – entwickelt werden, begnügen sich damit, diese beiden Striche durch Überlagerung zu vermehren (Figuren mit drei oder sechs Strichen: Trigramme ☷ , ☴ usw., Hexagramme ䷀ , ䷁ usw.): Sie weiten somit bloß diese funktionelle, rein interne und eine Neigung ausbildende Spannung auf die unendliche Besonderheit des Konkreten aus – Dinge, Momente und Situationen. Solche Diagramme müssen also allesamt als im Ablauf der Vorgänge getätigte Querschnitte gelesen werden, die anschaulich machen, wie aufgrund der zwischen diesen Polen geknüpften Beziehungen alle Seienden miteinander in Wechselwirkung treten und durch gegenseitige Anregung und Bezugnahme dazu bestimmt sind, sich aus sich selbst heraus zu verändern. Darum ist diese Veränderung auch kein schmerzliches Zeichen des Vergänglichen, sie zeigt nur auf, *von woher* sich das Spiel der vorhandenen Kräfte erneuern wird und ist ein Beweis für die *Lebensfähigkeit*.

Anstatt sich um den Ursprung zu sorgen, sich einen großen Eröffnungsakt der Schöpfungsgeschichte auszumalen oder Generationen von Göttern aneinanderzureihen, entwickelt das alte *Buch der Wandlungen*, indem es diese Striche in stetem Wechsel aufeinanderfolgen läßt, die Welt als eine Vorrichtung. Die ersten Worte seines »Großen Kommentars«, der Konfuzius zugeschrieben wird, führen diese ursprüngliche (doch keinerlei Anfang festlegende) Aufstellung durch, ohne daß man darin das leiseste Rauschen des Sinns zu vernehmen hätte, und noch weniger eine Widerlegung, als Erwiderung auf den Verdacht des Bösen oder des Kontingenten:

102

*Der Himmel ist hoch, die Erde niedriger;*
*so bestimmen sich der Erzeugende und der Aufnehmende;*
*durch diese Anordnung von unten nach oben,*
*ist das Höher- und Minderwertige festgelegt (…).*[61]

Der Weise wagt sich an keinerlei erzählerische Hypothese, sondern macht mit der Beschreibung des vor seinen Augen Liegenden dessen *Ko-härenz* anschaulich: Es gibt den Himmel und die Erde, es gibt ein Oben und ein Unten. Das ist kein Grund dazu, ein gewagtes Denkgebäude aufzustellen, man muß einfach den Blick heben und senken: der Himmel ist oben / die Erde ist unten. Der Weise hütet sich davor, erfinderisch oder gar phantasievoll zu sein; keinerlei Mythen, er begnügt sich mit der Entfaltung des Offenkundigen. Aus dieser allerbanalsten, ungekünsteltsten Feststellung zieht der Weise alles, was er jemals zur Darstellung der Welt brauchen wird: Weil es zwei entgegengesetzte und sich ergänzende Begriffe gibt, einen »erzeugenden« und einen »antwortenden«, beide voneinander abhängig (es muß eine Aufnahme geben, damit die Erzeugung stattfinden kann), erneuert sich die reale Welt ununterbrochen – Tag und Nacht, im Winter wie im Sommer – nach den Regeln dieser einen Polariät. Ohne daß man einen »Gott«, ein höchstes Wesen, eine erste Antriebskraft, einen großen Architekten oder eine alleinige Instanz annehmen müßte – diesen Gott, dessen Existenz als erste intelligente Ursache man vom alten Indien bis ins klassische Abendland unter viel Kopfzerbrechen und mit ungefähr immer denselben Argumenten beweisen wollte. Wie sich auch dadurch, daß es ein Oben und ein Unten gibt, ein Wertmaßstab herausbildet: Diese Urbeziehung ist axiologisch ausgerichtet, und zugleich legitimieren sich beide, Oben und Unten, gegenseitig. In dieser Anordnung durch Korrelation ist folglich auch die Moral enthalten: Es muß oben die Ausdehnung des *Yang* geben genauso wie unten die Verdichtung des *Yin*; oben die Rektion in der Vernunft wie

Himmel und Erde: Die moralische Hierarchisierung ist im natürlichen Prozeß inbegriffen

103

unten die Aktualisierung in der Leidenschaft und so weiter. Keines der beiden darf ausgegrenzt werden, und ebensowenig ist eines wichtiger als das andere, auch wenn sie hierarchisch gegliedert sind: Das Höherwertige und das Minderwertige tragen zu gleichen Teilen zum Lauf des Prozesses bei.

# VIII.

## Von der Regulierung der Welt –
## Sinn oder Kohärenz

Es mag schon sein, daß die Chinesen ihre Konzepte nicht dem großen Gegenüber von Mensch und Gott untergeordnet und an ihm ausgerichtet haben: Sie haben Gott nicht als Urheber der Welt gesetzt, und folglich als Verantwortlichen für die Fehlbarkeit des Menschen, entwachsen aus dessen Niedergang sowie aus Übel und Leid. Ja, es mag sogar sein, daß sie von der Wechselwirkung zwischen natürlichen oder politischen Wesen kein sich auf »Rechte« berufendes Ideal der Gerechtigkeit abstrahiert haben, zur Gründung einer Gemeinschaft, sei sie mit Menschen, Göttern oder Geistern gebildet. Um in das Leben einzustimmen, müssen ihre alten Weisen also nicht ständig neue Argumente erfinden und die Sache Gottes verteidigen – man stellt sich vor, wie sie auf ihrem langen Zopf sitzen, kaum ein Wort austauschen, mit ihrem Atem die ununterbrochene Erneuerung des »Himmels« verspüren, welche die Tage und Nächte gliedert und je nach Jahreszeit die Dinge wachsen oder schwinden läßt.[62] Sollte sie die Tatsache, daß man sich bloß, in einem diskreten *no comment*, ohne Wortgewirr und Zusätze, der Immanenz dessen öffnen muß, was, ohne jemals zu versiegen, »von sich aus so kommt« (*ziran* 自 然 ), vor jeglicher Beunruhigung schützen? »Die Jahreszeiten folgen ihrem Lauf, alle Wesen entstehen (…).« Könnte die Tatsache, daß sie eine gewisse existenzielle Zerrissenheit im großen gleichmäßigen, so allumfassend kohärenten Fließen des »Lebens« nicht als Figur des »Ungerechten« verzeichnen und niemanden haben, *bei dem* sie sich darüber beklagen könnten, daran hindern, trotzdem eine solche herauszustellen? Es mag schon sein, daß sie nicht voll und ganz der vom Sündenfall abhängigen und daher zu stark religiös eingefärbten Gottverlassenheit des Menschen beigepflichtet haben. Doch wie hätten sie denn nicht, inmitten dieser großen Aufstellung, welche die Welt unerschöpflich – zwischen »Oben« und »Unten«, Himmel und Erde – wie ein großer »Blasebalg«[63] hin und her bewegt, wenigstens ein klein wenig den verschanzten und sich sogar bewußt entziehenden Status eines »Ich« Subjekts für sich in Anspruch nehmen sollen?

Von wo kann das Denken ausgehen?

Oder welchen Abstand könnte das Denken der Menschen, in seiner Art und Weise, sich zuerst »auf« etwas zu beziehen oder sich etwas »zu«-zuwenden, einnehmen, um Denkbares zu gestalten und dem Menschlichen einen Platz einzuräumen? (Und kann man im Nachhinein, und wie weit kann man, vom *späten* Gesichtspunkt der Philosophie aus, vor

Verzweigungen:

diese ersten Verzweigungen zurückkehren, die ersten Handhabungen des Denkens erkennen und somit Möglichkeiten erneut eröffnen?) Wir dürfen nicht zuerst das Reale *zurechtbiegen*, gemäß dem Gegensatz von dem, was »ist«, und dem,

vom Sein (Erkennen)

was nicht »ist«, der automatisch dazu verleitet, die Frage nach dem, was »wirklich ist« *(ontos on)* – das heißt, was wesentlich, formal und ideal ist – zu stellen, woraus dann im Gegenzug jene geheimnisvollen Mischwesen entstehen, die, weil sie die Griechen mit ihrer Vieldeutigkeit faszinierten, sie auf die Philosophie gebracht haben: Denn was soll man dann mit dem Simulakrum, dem Bild und dem Schein anfangen? Oder auch mit der Meinung, dem Werden oder dem Sinnlichen? Alles Ebenen, denen sich das »Menschliche« nunmehr zugeordnet weiß (und vor denen sich wiederum die Philosophie in Sicherheit bringen will). Und wir sollen auch

vom Andern (Lieben)

nicht das Bewußtsein auf sich selbst zurückwerfen, denn es stellt sich hier selber als ein anderes dar, aufgrund der Filiation, die Gott mit den Geschöpfen verbindet: In der Bibeltradition wurde dabei die religiöse Innerlichkeit dazu gebracht, sich in die Doppeldeutigkeit der personalen Beziehung zu vertiefen, worin sie sich zugleich verloren und wiedergefunden hat, so daß dort, aus tiefstem »Fürchten« und »Zittern«, die unendliche Liebe – sie allein läßt uns existieren – zum Vorschein kam. – Wir wollen uns vielmehr der Welt nähern, indem wir allein dieser in ihren Lauf eingebrachten »Fähigkeit« folgen, so wie sie sich endlos vor unseren Augen ausbreitet (diese Wahl wurde in China getroffen: der *De*-Begriff 德), niemals aussetzend oder versiegend und sich also aus sich selbst heraus auf »Dauer« entfaltend (ohne daß es eine tragische Zeit oder erträumte Ewigkeit gäbe): jene überall in der Welt vorhandene Fähigkeit, die dazu führt, daß es eine »Welt« *gibt*, die »sichtbar ist, ohne sich zeigen zu müssen«, die »verändert, ohne sich bewegen zu müssen«, »entstehen läßt, ohne handeln zu müssen«[64]... Aus ihrer Beständigkeit entsteht Konsistenz, sie erzeugt das Geschehen allein durch die bestehenden Wechselwirkungen. Der Himmel »überdacht« und die Erde »trägt«: Ihre »Tugend« ist so stark, daß eine »Welt«, gleich ihnen, aufgrund von ihnen, ihren Lauf nimmt und zu Werke geht – und der Weise wirkt dabei im Stillen mit.[65] Aber man kann diese »Bahn des Himmels und der Erde« nur wegen ihrer »sich von weitem entfaltenden« wie auch »sich in die Länge ziehenden« Regulierung rühmen, man kann dieser großen Harmoniekraft, von der die »Wesen« unendlich »beauftragt« und in-formiert (*tian-ming* 天命) werden, nur Folge leisten, solange die individuellen Verhaltensweisen durch Einfügung, das heißt durch Beachtung der Regulierung der Riten, darin einbezogen sind: solange ein *Subjekt* nicht damit anfängt, sich davon abzutrennen und sich in sich »zurückzuziehen«.

Doch mit der Blüte der verschiedenen Denkschulen, die einhergeht mit der Zerstörung des alten Zusammenhalts und dem Kampf auf Leben und Tod zwischen den Fürstenhäusern, lösen sich die Zugehörigkeiten in China wie auch andernorts am Ende der Antike auf, denn die ethische Substanz liegt in China in der von diesen »Riten« verkörperten Kodifizierung der Vorgehens- und Verhaltensweisen und nicht in

vom Prozeß (Regulieren)

Prozeßhafte »Fähigkeit« und die sich daraus ergebende »Bahn« (*de* und *dao*)

Sich durch »Riten« darin fügen

107

der Staatsbürgerschaft. Von nun an löst und sondert sich ein
Blickwinkel ab, ein Auseinanderklaffen des Geistes vollzieht
sich, Fragen kommen auf und infolgedessen auch Klagen.
Eine *Stimme* kommt hervor, ein »Ich« spaltet sich ab, das
seine eigene Lage aus dem Fluß der Erscheinungen heraus-
löst und bemängelt:

*Sobald wir mit unserer körperlichen Beschaffenheit ausgestat-*
*tet wurden, kommen wir nicht mehr (aus ihr) heraus, bis es*
*zu Ende ist. Mit den Wesen draußen stößt man zusammen,*
*bekriegt sich gegenseitig, der Wettlauf endet wie im Galopp-*
*tempo, ohne daß irgendetwas ihn aufhalten könnte: Ist das*
*nicht beklagenswert! Sein ganzes Leben ist man dabei, sich*
*zu plagen, ohne jemals Erfolg zu haben; bis zur Erschöpfung*
*bemüht und unterwirft man sich, ohne zu wissen, wohin das*
*alles führt: Ist das nicht jämmerlich! Die Leute nennen es*
*»nicht tot sein«, doch was gewinnt man dabei? Unsere körper-*
*liche Beschaffenheit wird immer schlechter, so ist es auch um*
*den Geist bestellt: Ist das nicht eigentlich das Allerjämmer-*
*lichste? Ist das Menschenleben durch und durch verworren?*
*Oder bin ich der Einzige, der es ist, und meine Mitmenschen*
*nicht?* [66]

Hier kommen uns die Worte eines Denkers aus dem alten
China (Zhuangzi) plötzlich *direkt* (wie man auch von einer
»Direktübertragung« spricht) zu Gehör, ja sie sprechen uns
unvermittelt an, ohne im geringsten durch die Andersheit,
sei es der Kultur oder der Epoche, abgeschwächt oder gar ab-
gemildert zu werden. Da gibt es nichts mehr zu interpretie-
ren, keinen Kontext mehr anzuführen – diese Worte schießen nackt hervor, als seien sie der Geschichte und selbst der
Sprache entkleidet, trans-linguistisch und trans-historisch:
Läßt sie die *Klage* so nah erscheinen? Nein, nicht nah, ich
muß das verbessern, sondern *allgemein*, ja einstimmig (ohne
daß man dabei gleich von einem »ewigen Menschen« oder ei-

108

ner »Natur« ausgehen muß). Es tritt einfach (logisch), mit der (durch die) Äußerung der Klagen, ein Bewußtsein auf (nicht: Das Bewußtsein »steigert den Schmerz«, *scientia auget et dolorem*, wie diese immer wieder aufgegriffene Volksweisheit besagt, sondern zunächst, im Umkehrschluß: Das Klagen läßt das Bewußtsein sich entfalten). Die Konstruktionen des Glücks können unendlich verschieden sein (hatten die Chinesen überhaupt einen abstrakten Begriff vom »Glück«?), erst durch sein Klagen entzieht sich das Subjekt, ursächlich und notwendigerweise (hierin liegt keinerlei Dolorismus und auch kein Humanismus), der Prozeßhaftigkeit der Dinge, entreißt sich dem großen Schweigen der Natur und, im Aufbegehren gegen dieses Verbergen, *hat zu* sprechen und bildet sich heraus. Erst dadurch, daß ein Existenzielles sich vom Phänomen des Lebens abhebt, setzt sich nach Autonomie verlangend Menschliches ein und kommt in seinem Fordern zur Bestimmung seiner selbst.

Man weiß, daß China nicht vom Recht, sondern von der Macht beherrscht wird. Darum wird die Klage dort seit der Antike thematisiert (und konfisziert), so wie die des von ehrlicher Treue erfüllten Vasallen (Qu Yuan), der darüber jammert, daß sein redliches Verhalten mit den verräterischen Verleumdungen am Hofe des Fürsten zu kämpfen hat. Daraus wird unter dem chinesischen Autoritarismus der immer geschickter verhüllte Ausdruck eines unglücklichen Bewußtseins, das sich der in der Staatsmaschine – Maschine des Gehorsams – vorhandenen Immanenz nicht entziehen und also keinen Bruch mit der Ebene der Vorgänge, die auch die der Kräfteverhältnisse ist, vollziehen kann, durch Errichtung eines der Welt äußerlichen Absoluten, in dessen Namen es Anklage erstatten und sich einen fordernden Weg hin zur Freiheit schaffen könnte. Wie man zudem weiß, gleichen die Chinesen diese politische Unterwerfung mit Hilfe der Moral aus und machen die Moral sogar zu ihrem bevorzugten Zugang zum Unbedingten (dem »Himmel«). Liebe ich meine

*Warum sich in China die Klage im Politischen eingekapselt hat (und sich der Freiheit in den Weg stellte)*

Mitmenschen und bezeugen diese mir gegenüber nicht dieselbe Zuneigung, so muß ich, sagt Menzius, in mich gehen und mich fragen, ob ich genug Menschlichkeit besitze.[67] Anstatt über das mir von meinen Mitmenschen zugefügte Böse zu klagen, beschuldige ich mich selbst. Wenn man mit seinem Verhalten »leer ausgeht« (nicht das Resultat erhält, das sich daraus in der Welt ergeben müßte), »muß man ständig in sich gehen, um den Grund dafür zu suchen«. Menzius muß nämlich beweisen, daß einer, der Gutes tut, in dieser Welt belohnt wird, denn es gibt ja keine andere. »Fürst, habet der Tugend viel!«, und die anderen Völker »werden von selbst Euch ihre Tore öffnen«, auf jeden Fall werdet Ihr ein großes Reich erringen. Im Unterschied zu all den anderen Welten (der griechischen, indischen, islamischen und europäischen) haben die alten Chinesen, da sie von Gott abfallen und sich keine Seele als eigene Entität, und also keine Unsterblichkeit, erdacht haben, nicht über die bequeme Lehre vom Paradies verfügt. Sie können also nicht auf eine Belohnung nach dem Tod zählen, was seit Platon das äußerste Argument der Theodizeen ist. – Nun meine ich aber, wenn ich in mich gehe, daß ich zu dem mich Mißhandelnden menschlich war und mich ihm gegenüber anständig verhalten habe – »Geht nochmals in euch«, beharrt Menzius, und sagt euch, daß ihr wahrscheinlich eure guten Gefühle nicht voll entfaltet habt... Menzius hält am längsten – am hartnäckigsten – stand, um nicht über dieses nicht zu Duldende zu stolpern: Wenn ich aber finde, das ich »meine guten Gefühle voll entfaltet habe« und mein Mitmensch »mich trotzdem weiter mißhandelt«?

Wenn der Umweg über China für die Theorie zweckmäßig ist, so liegt das zunächst an folgenden *Gegebenheiten*: Die chinesischen Denker der Antike – im Unterschied zur Vermutung, die man stets bei den Denkern Indiens oder des Islams hegen kann, welche mit der europäischen Welt durch Sprache und Geschichte in Verbindung standen – haben sich

Menzius in die Enge getrieben (in Abwesenheit eines Jüngsten Gerichts)

Heterotopie

110

in einer Sprache ausgedrückt, die völlig abseits der großen indoeuropäischen Sprachfamilie steht und keinerlei Einflußbeziehung, noch nicht einmal eine indirekte, zu uns unterhält (»zu uns«, dem »abendländischen« Wir, das sich nach und nach globalisiert hat). In dieser Hinsicht ist ihr Unternehmen des Abbaus des Bösen und des Aufsaugens des Übels weniger exemplarisch in seiner Radikalität, als es zunächst wegen seiner Äußerlichkeit gegenüber Europa eine experimentelle Kraft besitzt: Somit bringt es eine Denkgemeinschaft zum Vorschein, deren logische Dimension hier deutlicher erscheint; und gleichzeitig ist die Trennungslinie zwischen Seelenheil und Weisheit besser auszumachen und bestätigt sich vor allem durch die Überlagerung der Vorstellungen und die Kraft der Überschneidungen. Im alten (vorbuddhistischen) China wird das Seelenheil entkräftet und die Weisheit entfaltet. Denn Menzius begegnet zwar bereits dem, was wir Ungerechtigkeit nennen, aber sieht dennoch wohlweislich davon ab, auf diesem Weg voranzugehen, und läßt dieses nicht zu Rechtfertigende beiseite, das ihn sonst dazu verleiten würde, das Nachdenken über den »Himmel« zu vertiefen – man bemerkt, daß er manchmal dazu versucht ist –, um dort eine dem Weltprozeß äußerliche Transzendenz zu suchen, eine, die ihn persönlich mit seinem Scheitern versöhnen könnte.[68] Vom Gesichtspunkt der »Vernunft der Dinge« und ihrer »Grundlage« (*ben* 本) aus betrachtet, so sagen in seiner Nachfolge (zur Song-Zeit) die chinesischen Schriftgelehrten, in ihrer Weigerung, Gut und Böse in Frontalstellung zueinander zu bringen (deshalb wird auch dem bis vor die Tore Chinas gelangten Manichäismus der Zutritt verweigert), ist das Gute unsere (grundlegende) Natur, wohingegen das Böse (sekundär) aus dem Naturell stammt, das diese Natur gemäß einer affektiven Spezifizierung in ein individuelles Temperament verlängert. Anstatt es frontal in einem Argumentationsgang (den man immer widerlegen kann) beweisen zu wollen, wird es global in einem seit Men-

Der Fall Chinas liefert die Urform der Kohärenz der Weisheit

111

zius ununterbrochen weitergesponnenen Bild entwickelt, um von innen heraus diese Verschiedenheit an Stufen und Aspekten miteinander zu verbinden, mit dem Ziel, deren Zusammenhalt enger zu schnüren (bis sich hier wiederum eine Denkschablone herausbildet, die zur Song-Zeit genauso überkommen war wie später unsere Theodizeen). Die menschliche Natur ist ursprünglich ebenso gut wie das Wasser ursprünglich rein ist. Doch wie Wasser, wenn es fließt, mehr oder weniger trüb wird, kann das Naturell eines jeden einzelnen mehr oder weniger verderben und nach Reinigung verlangen: Man muß nun keinesfalls das Badewasser wechseln oder auch nur das trübe Wasser wegnehmen, sondern man muß einfach, indem man die Leidenschaft ruhen läßt, das Naturell dazu bringen, sich wieder auf seine Natur zu besinnen, wobei es sich abklärt und rein wird.[69]

Denkschablonen der Schrift-gelehrten

Gibt es da nun nicht etwas phänomenologisch Erhellendes, weil *Selbst*-erhellendes (bezüglich der Bestimmung des Menschlichen), wenn man so reihenweise diese Überschneidungen zwischen einander unbekannten Denkern auf beiden Seiten des großen Kontinents verfolgt? Das Menschliche reflektiert sich hier in sich selbst, allein aufgrund der Wirkung der Montage, »Reflexion« im eigentlichen Sinne, und ohne daß es Manipulationen erfordert, oder jedenfalls, indem es so wenig Manipulation wie möglich erfordert, da diese Weichenstellungen des Denkens auf beiden Seiten sich selbst gegenseitig *anschauen*. Allein aus dem Grund, daß sich diese Anordnung aus zwei Quellen, der chinesischen und der europäischen, speist, bestätigen sich die Kohärenzen und ergibt sich eine Tiefenwirkung. Wie Plotin und Augustin im Abendland gesagt haben, werden auch die chinesischen Schriftgelehrten sagen, daß das »Böse«, oder eher das Nicht-Gute, die »Verdummung – Stumpfsinnigkeit«, bloß daher kommt, daß man sich vom Guten »abgeschnitten« und ausgeschlossen hat; und damit hat man sich »Gewalt« angetan und sich selbst »vernachlässigt«.[70] Die Moralität, wie auch die Stoiker

Selbstreflexion des Menschlichen

durch gegenseitige Anschauung der Kulturen

zuerst behauptet haben, besteht nun darin, zu erkennen, daß die gesamte Welt – »Himmel und Erde und alle Seienden« – ein Ganzes bildet: die »zehntausend Wesen« *(wan wu)* und jedes Einzelwesen gehört diesem Ganzen an, ohne daß ihn irgendetwas auf der Welt nicht betreffen würde – wodurch ihm Verantwortung zukommt.[71] Auch findet man in China dieselbe Vorstellung vom Bösen als nicht wiedergutgemachter Verirrung wie im Stoizismus wieder. Ja die Chinesen legen sogar noch mehr Nachdruck auf die Wachsamkeit, die hinsichtlich noch der kleinsten Abweichung geübt werden soll, welche aus ihrer anfänglichen Unbedeutsamkeit heraus, uns selbst unbewußt, schließlich zu den schlimmsten Ausschweifungen führen kann; wie auch auf der weiterhin bestehenden Möglichkeit, zu seiner Grundnatur zurückzukehren und diese wiederherzustellen.[72] Der Himmel, den Menzius anruft, personifiziert sich allmählich und man sieht, wie er sich logisch der Vorstellung vom Unglück als Tugendübung annähert: »Wenn der Himmel sich anschickt, jenem Menschen einen Auftrag zu erteilen, muß er ihn zunächst in seinem tiefsten Innern auf die Probe stellen, ihn bis ins Mark hinein Mühe und Schmerzen fühlen lassen, ihn Hunger und der Armut aussetzen, wie auch alles vom ihm Unternommene zu Fall bringen, so daß sein Geist angeregt und seine Natur widerstandsfähig wird, wodurch er an dem, wozu er zuerst nicht fähig war, wächst.«[73] (Und auch: So wie der *Logos* das Böse braucht, um tätig werden zu müssen, ist »der Mensch, der nicht gut ist«, Kapital–Material–Quelle – *zi* 資 – des guten Menschen, stellt an einer Stelle der *Laozi*[74] fest).

Das chinesische Denken wendet sich von der (dramatisierenden) Erzählung ab, doch widmet es sich dafür, und zwar seit den Anfängen, der Beschreibung des Ordnungsgefüges der Welt, das sich aus der prozeßhaften Tugend (*de* 德) ergibt, die ihr Konsistenz verleiht:

Logische Überschneidungen (zum Abbau des Bösen)

In China werden sie auf die Prozeßhaftigkeit gegründet

113

*Tatsächlich ist der Himmel*
*(nur) jene Unmenge an Licht, die über unseren Augen*
*zu sehen ist,*
*doch in seinem unendlichen Ausmaß*
*sind Sonne, Mond und Sterne daran aufgehängt,*
*und alle Seienden werden davon überdacht:*
*Tatsächlich ist die Erde*
*(nur) jene Unmenge an Staub, die man in die Hände nehmen*
*kann,*
*doch in ihrer Größe und ihrer Konsistenz*
*trägt sie die Berge Hua und Yue, ohne daß diese auf ihr*
*lasten,*
*enthält sie die Flüsse und die Meere, ohne sich entleeren zu*
*lassen,*
*und alle Seienden werden von ihr getragen (...).*[75]

Es ist dieselbe Grundfähigkeit, die, indem sie sich vom kleinsten bis hin zum größten Maßstab erstreckt, sich endlos vertieft, in der Nähe, von ihrer materiellen und konkreten Natur aus, bis sie »unergründlich« und darum »geistig« (*shen* 神 ) wird, wobei sie in ihrer Unendlichkeit die Welt in ihrem Ganzen überdachen oder tragen kann: So gibt es »zwischen Himmel und Erde« und bis zum »Gewächs vor dem Fenster« nichts im Gefüge der Einzelwesen, das nicht in jedem Punkt und je nach seinem Ort die »Feinheit« des »ordnenden Flusses«, der sich durch sie hindurch ergießt und sie existieren läßt, aufscheinen läßt.[76] Der Mensch hat zwar sein eigenes Schicksal, das ihm eine höhere Würde verleiht und ihn sogar zum »Dritten« neben Himmel und Erde macht, doch warum sollte er diesen Lauf der Dinge *gesondert* auffassen? Darum wurde auch jene Klage, die man am Ende der Antike bei einigen chinesischen Denkern aufkommen sieht, im Keim erstickt, konnte sich kaum zu einer breiten Bewegung entwickkeln und löste sich stattdessen auf in der Erfassung der sich bis auf die kleinste Aktualisierung erstreckenden Gesamt-

*Vom Winzigen zum Unendlichen*

*Daher Auflösung der Klage in der Immanenzlogik*

114

funktionalität, die pauschal als »Himmel« bezeichnet und deren »beharrliches Fortlaufen« (oder *Verfahren*)[77] gefeiert wird. Dieser »Himmel« läßt sich nur begrenzt und gelegentlich personifizieren: Der Gesichtspunkt des Subjekts, der allmählich hervortrat, zieht sich also vor dem des prozeßhaften Verfahrens (in der Tradition des *Buchs der Wandlungen*) zurück, oder verschwindet in der harmonisierenden Undifferenziertheit (bei Zhuanzi). Auf die eine oder andere Art weicht das Geltendmachen eines *Sinns* der Erhellung einer *Kohärenz*, und der allgemeine Charakter der Aufspaltung wird dadurch bestätigt.

Sinn / Kohärenz

Daß, vom moralischen Gesichtspunkt aus betrachtet, das Böse mit der Entwicklung des Denkens der Schriftgelehrten nicht mehr für bloß nebensächlich gehalten wird und nicht mehr bloß den Stellenwert einer Verirrung besitzt, oder daß von einem eher kosmologischen Gesichtspunkt aus betrachtet das Gegenteil des Dualismus, wo das Gute und das Böse tragisch miteinander im Kampf liegen, hier als Polarität vorkommt, in der positiv und negativ, *Yin* und *Yang*, einander gegenüberstehen und zusammenwirken: das sind im Grunde alles Züge, die, den typologischen Kriterien vom Abbau des Bösen und Aufsaugen des Übels zufolge, China sofort als einen Extremfall im Spektrum der Weisheit auftreten lassen. Dennoch ist das *Yin* der Schatten, die Verhärtung und auch das Leidenschaftliche und neigt als solches zum »Undurchsichtigen«, während das *Yang* das Leuchtende, die Ausdehnung und auch die wesentliche Natur ist und als solches zur »Klarheit« neigt. Sie sind jedoch miteinander verbunden wie Nord- und Südhang, und wenn eines die Oberhand bekommt, kann man sicher sein, daß das Andere deswegen noch nicht verschwindet, sondern seine Rückkehr vorbereitet. »Einmal *Yin* – einmal *Yang* (bald *Yin* – bald *Yang*), das ist die Bahn«,[78] diesen Grundsatz stellt das *Buch der Wandlungen* in einer immer wieder aufgegriffenen Formulierung auf, die mit ihrer unbestimmten Integrationskraft das Wer-

Negativ und positiv fügen sich wie *Yin* und *Yang* zusammen

den des schriftgelehrten Denkens besiegelt. Das Wichtige steht mehr noch in der anschließenden Formulierung: »Damit weitermachen, das ist das Gute« (und »Geschehen machen, das ist die Natur«). Anstatt sich wie das menschliche Subjekt mittels der Moral von der Naturordnung und der dazugehörigen Funktionsweise zu befreien und somit seine Autonomie hervortreten zu lassen, beläßt es der Weise dabei (oder: verzichtet nicht darauf), diese zu verlängern und zu fördern: Sein Lebenswandel ist wie der Lauf der Gestirne angelegt, deren Regulierung als alleiniges Ideal dient. In der steten Aufeinanderfolge von *Yin* und *Yang* erhält der niemals abirrende Himmel eine Beständigkeit im Wandel aufrecht, wodurch er unerschöpflich »geschehen macht« und (sich) erneuert. Genauso bringt der Weise dadurch, daß er sich vor jeder Parteilichkeit hütet, sein Verhalten in die Balance, und indem er sich je nach der Gunst der Stunde einbringt oder heraushält, »macht« er selber »geschehen«, zur gleichen Zeit wie die anderen, ohne daß sein Weg je versperrt ist. Noch nicht einmal der Tod, anders, als uns tragisch zwischen dem Geheimnis und dem Absurden hin- und herzureißen, entzieht sich der Einbeziehung und also der Auflösung in dieses regulierende (atmende) Aufeinanderfolgen: Der Tod ist Heimkehr, Rückkehr und Ruhe, und als solcher bildet er das Gegenstück zur Entstehung und Entfaltung des Lebens.[79] Selbst jene alten chinesischen Wörter, die zuvorderst dazu dienen, den Geist der Toten zu benennen, drücken letztlich allein diese Variation aus: »Aufschwingen« – »Zurückziehen«, oder eher: »Zurückziehen« – »Aufschwingen« (*guishen* 鬼神).[80] Das Leben ist nicht trügerischer als der Tod, alle beide gehören vielmehr zu einem Gesamtkreislauf, der sich als solcher selbst genügt und in dem sich der Energieatem (der *qi* 氣) durch Aktualisierung und Entaktualisierung endlos ausbreitet.

Dadurch ist in China noch mehr als in Europa der Wille zur Kohärenz verknöchert, denn er nimmt und löst alles sofort

Das Ideal der Regulierung des Laufs (der Welt oder des Lebenswandels)

Leben / Tod / Konzentration / Zerstreuung (des »Energieatems«: *qi*)

auf, so daß für das Denken Gefahr besteht, sich im Kreis zu drehen (ja im Leeren zu laufen, wenn doch kein Ereignis und Existenzielles mehr erscheinen und ihm widersprechen oder zumindest etwas »Korn« in seine Theoriemühlen kippen kann). Da es auf die religiöse Dramatisierung verzichtet, welche die Unruhe nährt und den Geist unentwegt zum Suchen nach einem Auswegs zwingt, wird das Denken der Schriftgelehrten wegen der Bequemlichkeit seiner Evidenz schließlich selbstgefällig. Darum geht der chinesische Weise letztlich auch weiter als der stoische Weise, der die Prüfung für eine »Gelegenheit zur Tugendhaftigkeit« hält. Weil sich in jedem Moment im Weltprozeß die Behauptung des einen und der Rückzug des anderen vollzieht, dieses andere jedoch zur Wiederkehr bestimmt ist – da sich der sich behauptende Faktor dadurch erschöpft und sich der sich zurückziehende dadurch wiederherstellt, kann der chinesische Weise, genau in dem Moment, in dem das Negative siegt, die Wiederkehr des Positiven spüren, das im allergrößten Unglück, zwischen den Trümmern, unmerklich von neuem zu arbeiten beginnt (vgl. das Hexagramm *fu*, die Wiederkehr: ein *Yang*-Strich erscheint unter den *Ying*-Strichen ☷ ). Darum wird er auch nicht verzweifeln, denn alle Momente besitzen in sich ihre mal eher latente, mal eher offenbare »Tugend«, und dazu gehören auch jene, die man für die ungünstigsten hielte, wie die des Niedergangs, des Rückzugs oder der Auflösung. Bevor die Figur des Aufschwungs ihren Höhepunkt erreicht, weiß ich bereits, daß »es keine flache Ebene gibt ohne eine darauffolgende Steigung«, die schwerer zu bewältigen ist (Hexagramm 11); genauso weiß ich, bevor die Figur des Niedergangs zuende ist, daß dieser Niedergang bereits »gestoppt« ist, er anschließend »umgekehrt« und sein Negatives entschärft wird, und man erneut mit einer gut verwurzelten Vegetation »verbunden« ist (an der man sich festhalten kann; Hexagramm 12). Anstatt tragisch eins gegen das andere zu stellen, vor einem zu flüchten und dem anderen nachzutrau-

Kohärenzmaschine

Im Stadium des Negativen den Auftakt zu einer neuen Positivität erkennen

ern, ist weise, wer erkennt, daß das eine nicht ohne das andere geht und hinter dem einen *schon das andere hervorkommt*: Das eine enthält in sich das andere, um existieren zu können. Darum wird auch das, was das philosophische Unternehmen Europas – in seinem Festhalten an einer stabilisierten Bestimmung der Wesenheiten, wie sie der gegliederte Aufbau der verschiedenen Wissenschaftszweige verlangte – lange Zeit kaum geahnt hat, weil es hier in einen gefährlichen Grenzbereich seines Denkens gerät, von den Chinesen, die einfach den Parallelismus ihres Satzbaus spielen lassen (worin jeder Begriff einen anderen für seine Bedeutung braucht), monoton wie eine Evidenz entfaltet – bis wir dessen überdrüssig werden?

*Das eine impliziert das andere*

*Kein Drama mehr*

*Langeweile?*

118

# IX.

## Der legitimierte Widerspruch
## (Ende der Theodizee)

Denn konnte man anfangs überhaupt anders verfahren? »Anfangs«: Worin bestünde diese erste, rein operative und noch nicht vom Wettstreit der Bedeutungen beeinflußte Art und Weise, die Kohärenz zu gestalten? Der Vorhang hebt sich von der Bühne des Geistes, und sein Denken nimmt sich aus nächster Nähe desjenigen an, das als erste Artikulation den Ausgangspunkt für das Ordnen von Denkbarem bildet. Nur – wäre es denn überhaupt möglich gewesen, nicht erst einmal hier und da in die allgemeinste der Operationen einzuwilligen: das Gegeneinanderstellen und Zusammenbringen? Anders zu beginnen als über die gleichzeitige Setzung des einen und des anderen, wodurch sie einander entgegenwirken, sich aber auch eins in Bezug auf das andere verstehen und wechselseitig »funktionieren«? Anders als von der Meinung ausgehend, daß Gegenteiliges aus Gegenteiligem erzeugt wird, wie die Griechen sagten, so wie in China *Yang* aus *Yin* entsteht und *Yin* aus *Yang*? Auf dieser Stufe ist die Frage nach dem Sinn noch nicht aufgekommen. Als Aristoteles diese Gegenteile zu »Anfangsgründen« *(archai)* erhob, erkannte er gleichzeitig in ihnen den Verständigungspunkt oder kleinsten gemeinsamen Nenner aller Philosophen, von wo aus sich erst (anschließend) die Philosophie auseinanderentwickeln kann.[81] Der eine geht von einem Gegensatzpaar aus, der andere von einem anderen: Parmenides vom Heißen und Kalten, Demokrit vom Vollen und Leeren. Aber in jedem Fall besitzt die Erzeugung des Erzeugten wie auch die Zerstörung des Zerstörten als ihren Ausgangs- und Endpunkt diese Gegenteile oder ihr Mittleres, die dem Werden als Orientierungspunkte dienen. Aus dieser Wechselseitigkeit im Gegen-

»Bei dem Gegenteiligen«: einzig möglicher Anfang

teiligen hatte Platon sogar einen ersten Beweisgrund für die Unsterblichkeit der Seele gezogen, oder zumindest hat er sich daran versucht, indem er sich an folgendes ausgleichendes Wechselspiel hielt: Wird jedes Gegenteil aus seinem Gegenteil erzeugt, so wie aus dem Leben der Tod wird, *muß* aus dem Tod auch das Leben werden. Platon wägt ab, wie sehr dieses abgeleitete »Muß« zunächst einzig von der Logik eines ausgleichenden Pendelns abhängt: Dem Sterben und Dahinschwinden entspricht ein gewisses »Weiterleben« oder Wiederaufleben, das in umgekehrter Richtung abläuft, so daß es nicht nur von der Hoffnung genährt und getragen, sondern berechtigterweise auf die Finsternis projiziert wird, weil es ihr formales Gegenstück bildet.[82]

Das griechische Denken (und zuvorderst Platon in seinem *Phaidon*) läßt es bekanntlich nicht bei diesen natürlichen Regulierungen bewenden. Denn aus dem einem wie dem anderen, aus jedem der beiden gegeneinanderstehenden und zusammengehörenden Gegenteile, zwischen denen sich unentwegt Neues ereignet, hat sie ein *Ansich* gezogen: ein »an und für sich« *(auto kath' hauto),* sagt das griechische Denken nachdrücklich, das heißt etwas, das nur für sich selbst betrachtet werden kann, das als Selbstreflektiertes nur noch auf sich selbst schaut, und, da es jeder der Erscheinungsformen seiner Existenz »unterstellt« (vorausgesetzt, »hypothesiert«) ist, seine Konsistenz aus seiner »Form« (Idee) bezieht.[83] Mit dieser Überhöhung eines der wechselnden Veränderungen der Erscheinungen entzogenen Ansich beginnt sich der Abstand zu China herauszubilden. Und das, was man so gut über diese der Ontologie zugrunde liegende Verfahrensweise der Philosophie weiß – die ich hundert Mal »bis zum Überdruß wiederholt habe«, sagt Sokrates noch an seinem letzten Tag, wobei er es zu einer Vorbedingung macht –, wird plötzlich wieder fremd; es erscheint da eine Verzweigung im Denken. Denn *Yin* und *Yang* haben nicht zu einer solchen Selbsteinsetzung eines jeden von ihnen geführt und

Das Gegenteil wird zum *Ansich* erhoben (in Griechenland)

oder die Gegenteile sind nicht abstrakt und werden für untrennbar gehalten (in China) behalten also ihre Beziehung und Wechselwirkung als grundlegend und konstitutiv bei. »Osten – Westen« (eine Beziehung) dient auf Chinesisch dazu, die »Sache« zu benennen (es ist kein einzelner Ausdruck, er entsteht vielmehr aus der Koppelung der Gegensätze); oder »Berg – Wasser« (hoch und tief) die »Landschaft«. Ist letztere nicht tatsächlich zugleich vertikal und horizontal, fest und flüssig, undurchsichtig und durchscheinend, unbeweglich und bewegt...? Umgekehrt wird bei Platon, da jedes Gegenteil seine eigene Essenz besitzt, die aus ihm selber kommt, womit es sich auf sich selbst zurückzieht und in sich selbst verschanzt, alles Konsistente, das sich von der aus der Polarität erwachsenen wechselseitigen Erzeugung abhebt, zur *Selbst*-Konsistenz. Davon hebt sich eine ideelle und logische Ebene des Seins und Denkens zugleich ab, auf der nun das eine, anstatt mit dem anderen zu interagieren und sich darin zu verkehren, es nunmehr völlig ausschließt. Denn wenn aus der gegenteiligen Sache eine ihr gegenteilige Sache entsteht, das Kältere aus dem Wärmeren oder das Wärmere aus dem Kälteren, so nimmt Platon den Faden wieder auf, um diesem von ihm selbst zuvor vorgebrachten Argument zu entgegnen, kann doch das Gegenteil selbst, so wie es in sich selbst ist (Warm oder Kalt), oder dasjenige, dem es wesentlich angehört (Feuer, Schnee), auf keinen Fall in seiner Bestimmtheit ausgehöhlt werden oder gar in sein Gegenteil übergehen. Oder: man ist zuerst klein und wird dann groß, »groß« und »klein« stellen jedoch in sich selbst – und genau dieses »in sich selbst« ist entscheidend – einander widersprechende Essenzen dar. Sobald ein solches Ansich, »groß«, gesetzt ist, kann dieses Ansich nicht zugleich es selbst und sein Gegenteil sein und auch nicht dieses Andere in sich aufnehmen: Entweder »entschwindet es und macht Platz«, wenn das Kleine vorrückt, oder aber es hört genau aufgrund dieses Vorrückens auf zu existieren, wenn es »sich weigert, etwas anderes zu sein als es eben ist«.[84]

Der gegenseitige, dramatische Ausschluß der Gegenteile macht einen Theoriebau notwendig

Platon kann anstelle der Tragik noch so viel Humor in diese Begegnung der hier zu Gegnern erklärten Gegensätze mischen (und selbst »Begegnung« ist hier noch zu viel gesagt, da es sich nunmehr um eine prinzipielle Unvereinbarkeit handelt); die Inszenierung kann trotzdem nicht vergessen machen, welche Folgen diese wie eine Evidenz dahingestellte Beendigung und Ausschließung auf die Art und Weise hat, in der wir die »Existenz«, ausgehend vom unerschöpflich fortlaufenden und diffusen Ergießen des »Lebens«, begriffen und *gespannt* haben. Und wenn ich auf den Abstand zurückkomme, den das chinesische Denken hier unauffällig eröffnet, indem es im Denken des *Yin* und *Yang* keine solche Abstraktion von Ebenen durchführt, so weil man daran besser erkennt, wozu diese Operation logischerweise in der Philosophie führt. Denn die Tatsache, ein *An-und-für-sich* abstrahiert zu haben, gründet eine Bestimmung, legt diese fest und sondert sie zugleich ab, deren Grenzen, die vom Denken sorgfältig gezogen werden müssen, von Anfang an unüberwindbar erscheinen; über sie hinaus ist kein Selbst mehr und dieses Selbst stößt sein Gegenteil von sich; nunmehr werden das Prinzip der Widerspruchsfreiheit und die Kraft seiner Alternativen herrschen. Man kann sich (von China aus) die Frage auf eine etwas weniger naive Weise stellen: Wird das (»existenzielle«) Drama, dem sich das Abendland so gern hingegeben hat und das zum Teil die Erhabenheit der Philosophie ausmacht, nicht im wesentlichen von dieser Erhärtung der Gegenteile in Entitäten geschaffen? Entitäten wie Gegenwart / Abwesenheit, Gut / Böse, Tod / Leben... Auch wenn natürlich das eingesetzte Ansich in erster Linie der Konsistenz und Dauerhaftigkeit eines *Sich* (»Seele«, Ich, Subjekt) zugute kommt. Und auch selbst wenn Platon aus eben diesem Widerspruch, den er logisch im Sein verankert, zunächst einen weiteren Beweis für die Unsterblichkeit der Seele zieht, der diesmal eine ontologische Definitionsklarheit besitzt: Da die Seele niemals das Gegenteil desjenigen in sich aufnehmen kann, was sie durch sich selbst stets mit sich bringt und ihr wesentliches Attribut ist, das heißt das Leben, und so mit diesem Ansich dem Tod widerspricht, kann die Seele an sich nicht sterben...[85]

Wenn man so aus der Ferne aus betrachtet, wie das Schicksal der Philosophie sich abzeichnet, sieht man, daß es sich in diesem Vorgang der Bestimmung (des Widerspruchs) wie von seiner Rückseite aus entscheidet; stolz hebt sich der von ihrer Erfindungsgabe gezogene Höhengrat ab, sollte man jedoch deswegen den Schatten unbeachtet lassen, der dadurch geworfen wird? Oder um es in Begriffen von Gewinn und Verlust (von kühner Eroberung und Verdrängung) auszudrücken (zumindest als Bild): man sieht genau, wie dieser *Abschluß der Bestimmung* die Entwicklung des abendländischen Wissens ermöglichte, aufgrund seiner praktischen Verwendbarkeit als Werkzeug zur Definition und Abstraktion, und zum Aufstellen von Hypothesen (und Europa hat ja daraus die »Wissenschaft« entwickelt, die seitdem den ganzen Erdball erobert hat). Dadurch, daß er die verschiedenen Seiten der Dinge, von nun an als Essenzen projiziert, voneinander abtrennt und in Gegnerschaft zueinander bringt – zuvorderst gut vs. böse, Leben vs. Tod –, hat er jedoch die stetigen und kaum merklichen Wendungen des Lebens versteift und läßt nun zwingend die Frage nach dem Sinn aufkommen (ein Sinn, der die »Existenz« zur *Geltung* bringt und aus dem Absurden herausholt, indem er ihr einen Endzweck verleiht; nur hat das Leben keinen »Sinn«). Kann man sich denn im Abendland überhaupt noch in annehmbarer Weise, anders als wissenschaftlich (biologisch), auf das »Leben« berufen? Denn stets jagt ihm religiös (heilbringend) das Phantom des *an sich* »wahren« Lebens hinterher. Erfüllt von ihrer Idealisierung durch Auseinandertrennung, hatte die Philosophie ihrerseits bald nicht mehr mit dem Leben, sondern mit der Moral zu tun. »Seine Seele nähren«, sagt Platon in Analogie zur Ernährung des Körpers, damit die Seele zu ihrer Erhe-

> Der gegenseitige Ausschluß der Gegenteile hat das Leben *steif* gemacht

»Sein Leben näh-
ren« (weder Seele
noch Körper)

Die Sinnfrage
verblaßt dabei

Aus der Ausein-
andertrennung
der Gegenteile
entsteht jedoch
die zwingende
Frage nach dem
Sinn (der Glaube)

bung gebracht wird. »Sein Leben nähren« (*yang sheng* 養生),
sagt aber gemeinhin das chinesische Denken (Zhuangzi),
wobei es nicht weiter auf diese andere Trennung (Seele und
Körper) eingeht und die Meinung vertritt, das ganze Leben
gehe allein in seinem Lebenspotential auf und verwirkliche
sich vollkommen darin, wobei die »Kunst« (der »Bahn«, *tao*)
nun darin besteht, durch Abstimmung aller Funktionen aufeinander, was man durch Offensein und Konzentration erreicht, dessen volle Leistungsfähigkeit zu entfalten, ohne daß
also eine höhere Zielsetzung hinzukommen muß. Denn
diese, wie auch immer sie geartet sei, könnte nur über das
Phänomen des Lebens hinausgehen und folglich dessen
Fähigkeiten verkümmern lassen.

Darum hat auch die (europäische) Philosophie, nach dem
Auftreten des Bruchs in den Ebenen, nur wieder zu sich
kommen und die beiden »Seiten« miteinander verbinden
können, indem sie den Apparat der Metaphysik konstruiert
hat (und den der Theologie: was Platon zumindest im *Phaidon* exemplarisch betreibt). Das Einstimmen in das Leben
und in den Tod wird dort verwandelt in eine Notwendigkeit
der Vernunft, welche untermauert – aber auch kompensiert
– wird vom Rückgriff auf den Glauben, der allein den letzten,
auf eine andere Welt verweisenden Sinn verleiht: Um sich
vor dem Bösen zu retten, welches sonst hoffnungslos ungerecht wäre, und um dem Tod zu entkommen, welcher nun
das Nichts ist, verlangt die Seele ihr Recht auf Unsterblichkeit (nochmals Kant, dessen religiöse Postulate nicht nur ein
beiläufiges Zugeständnis sind). Welche existenzielle *Auseinandertrennung* könnte denn noch einschneidender und dra-
matischer sein als die von »Leben und Tod«? Ist es nicht die
am weitesten verbreitete? Allerdings sollten wir auf diesem
anderen Schauplatz des Denkens zum Vergleich in Erinnerung behalten, daß die Chinesen keinen Anlaß zum Denken
der Unsterblichkeit der Seele fanden – sie hatten weder Bedarf danach noch die Mittel dazu; und da sie weder diesen

124

Träger des Ansich (welcher der »Seele« eine fortdauernde Konsistenz garantiert) entwickelt noch vom Phänomen des Lebens eine andere Ebene ideeller Art abgehoben haben, haben sie den Tod selbst nicht als Bruch und Ende aufgefaßt, sondern eben als einen gleichfalls prozeßhaften und phänomenalen »Wandel« (*hua* 化), der über Entindividualisierung und Rückkehr zum undifferenzierten Urgrund abläuft. Die *Bejahrtheit* ist jetzt dieser mittlere und als solcher wesentliche Begriff (nicht mehr unter dem Gesichtspunkt des Sinns, sondern der Kohärenz), der für die stufenweise und kontinuierliche, folglich natürliche Überleitung zwischen den Gegensätzen sorgt und den Einschnitt zwischen ihnen verkleinert: Das Leben, so Zhuangzi, »erschöpft« uns, die Bejahrtheit »entspannt« und »lockert« uns, und der Tod läßt uns »ausruhen«[86] (auch Montaigne richtet seine Aufmerksamkeit, jedoch auf tragischere, da noch in der Sprache des Seins verwurzelten Weise, auf diese »Abwandlung« des Alters, das uns »an seiner Hand (...) auf einem flachen und kaum spürbaren Hang Stufe um Stufe allmählich« hinabführt: Denn »der Sprung vom Schlechtsein zum Nichtsein ist so schwer nicht, wie der von einem sanften und blühenden Sein zu einem schweren und schmerzvollen«[87]). Und schließlich, genauso wie die Chinesen sich kaum um die Frage des Ursprungs gesorgt, sondern diese im tiefen Grund der Vergangenheit, in einer »Urvergangenheit« (*shang-gu* 上古) ersticht haben, lassen sie, nicht eigentlich aus agnostischer Bedachtsamkeit, alles jenseits des individuellen Lebens Befindliche sich auflösen und aufsaugen im »Zerfließenden« der energetischen Ströme, die unentwegt die Welt erschaffen und unentwegt zwischen dem Sichtbaren und Unsichtbaren, zwischen »Gibt es« und »Gibt es nicht« hin- und herwechseln – und somit ohne Ewigkeit auskommen.

Ein Beispiel für den Nicht-Ausschluß der Gegenteile (zwischen dem Leben und dem Tod): die Bejahrtheit

Daß der Abschluß der Bestimmungen jene Geste ist, mit der die Metaphysik eingeleitet – jene Geste, die Nietzsche verurteilt hat[88] – und ebenso die Existenz dramatisch *gespannt* wird, lud zu folgender Gegenoperation ein: *Aufschließen* der Bestimmungen, um unter dem großen Gestell der Philosophie die inhärente und kohärente Bewegung im Leben wiederzufinden, an der (durch die) das Leben »hängt« – Kohärenz im eigentlichen Sinne: wodurch das Leben alles miteinander verbunden hält (das »Böse« *mit* dem »Guten«, den »Tod« *mit* dem »Leben«). Wenn man nicht gerade das Jenseits objektiviert und bequem von Hinterwelten träumt oder diese wenigstens voraussetzt, ist das programmatische Anliegen klar, und ich sehe diesbezüglich eine neue Analogie (auf die Gefahr hin, sie bald wieder auflösen zu müssen), zwischen dem chinesischen Denken, von Europa aus neu gelesen, und unserer Moderne aufscheinen: Sie besteht darin, zur Wiedererlangung der verlorenen Einheit hinter den Gegensätzen zunächst auf der Kehrseite jener Auseinandertrennungen zu arbeiten, die sprachlich vorgenommen und

vom Gebrauch erhärtet wurden und auf die sich die Metaphysik (im Abendland) letztlich gegründet hat. Was soviel heißt wie: wenn es einen Ausweg gibt (aus dem »Drama« des Lebens: ein Drama deswegen, weil es so gerade kein Leben mehr ist), nicht durch phantasierendes Vorausblicken auf irgendein Jenseits, sondern einen Ausweg im *Innern* des auf seine eigenen Kraft vertrauenden Denkens, dann dadurch, daß man durch das Denken selbst auf dessen eigentliche Inhalte zurückkommt, verknöchert, wie sie sind, um sie neu über sich hinaus zu öffnen. Oder: wenn man nicht zum *Konstruieren* gezwungen sein will, ausgehend von den Bestimmungen eines Ansich (man legt sich fest, die Metaphysik), so muß man in deren Vorfeld zurückkehren und den umgekehrten Weg einschlagen, im Hinblick auf die Legitimierung ihres *Widerspruchs*: jeden einzelnen Gegensatz seiner Festlegung und Absonderung zugleich entreißen und versuchen, unter seiner oberflächlichen, vereinseitigenden Unabhängigkeit und Unbeweglichkeit die innere Bewegung wahrzunehmen,

Das ausstehende Vorhaben: Aufschließen der zum Ausschluß führenden Bestimmungen

die ihn in sich selbst über sich hinaus trägt und seinem Gegenteil zuwendet.

Denn weiß man nicht *auch* – entsprechend diesem radikaleren »man«, nicht der *Unter-*, sondern der *Infra*philosophie, das von der Philosophie überdeckt, aber nicht aus der Erinnerung vertrieben werden kann –, daß der Tod ständig im Leben am Werk ist und das Leben durchzieht? Das Gute ist »selbst« nicht in das Gute eingeschlossen und zurückgezogen, sondern leidet an seiner Dualität mit dem Bösen und wird von seinem Mangel verfolgt. Nicht dadurch, daß man sich in einen mystischen, halbwegs grenzauflösenden Irrationalismus stürzt, entkommt man also der metaphysischen Rationalität und ihrer Logik der Brüche, sondern durch eine gewissenhaftere Vernunft. Diese erkennt, wie die Gegenteile selbst zusammenwirken und sich miteinander vereinigen; sie erinnert jedes Gegenteil, das zu einer der beiden Seiten geworden ist, daran, daß es das andere zum Existieren und (in zweiter Linie) zum Sich-Absetzen davon braucht. Gerade die Herausbildung unabhängiger Entitäten (»Entitäten«, weil unabhängig) *verstößt gegen die Logik*; sobald man das »Böse« oder den »Tod« an sich (einseitig) benennt, knüpft sich unweigerlich ein Drama – das nach Sinn verlangt, um aufgelöst zu werden. Allein es gibt nicht »den« Tod, sondern einfach nur *Tod* oder eher noch Sterben in ununterbrochener (prozeßhafter) Wechselwirkung mit dem *Leben*, mit Lebendigem (Zellen sterben ab der Geburt). Es reicht, diese Gegensätze am Kommunizieren zu halten, ihren Austausch aufrechtzuerhalten, anstatt sie sich auf sich »selbst« zurückziehen und in sich einschließen zu lassen, und schon braucht man keinen Sinn mehr einzusetzen, der, sei er offenbart oder konstruiert, immer dem aufgepfropft ist, was zur »Existenz« wird: Hinter den festgefahrenen Entitäten wird man die »Flüssigkeit« (des Lebens) wiederfinden, an die die Kohärenz hinreichend gebunden ist.

Die die Gegensätze zusammenhaltende Kohärenz wiederfinden

Logik des Lebens oder der Prozesse

In der westlichen Welt ist Heraklit der erste, der diesen die Entwicklung der Metaphysik von vornherein durchkreuzenden Weg beschreitet. Dadurch, daß er die Gegenteile ohne vermittelnde Instanz füreinander öffnet und sie, ohne Abstimmung aufeinander, gegensätzlich miteinander verknüpft, ergreift er offen für diesen Einbruch Partei und läßt

»Gott ist Tag Nacht, Winter Sommer...«

die grundlegende Einheit aufscheinen, die vom allgemeinen Diskurs nur verschleiert (und mit der Errichtung der Metaphysik verewigt) wird: »Gott ist Tag Nacht, Winter Sommer, Krieg Frieden, Sattheit Hunger«.[89] »Tag Nacht« und nicht »Tag und Nacht«. Denn nicht dadurch, daß man auf der einen Seite den Tag und auf der anderen die Nacht sieht, auf der einen Seite den Winter, auf der anderen den Sommer, wird man jene Einheit in gegenseitiger Abhängigkeit erfassen, für die Heraklit den Namen »Gott« gewählt hat. Tag – Nacht: Man darf sie nicht einzeln einer nach dem anderen aufsagen, wie es »die Vielen« tun, die nicht »wach« sind und diese Untrennbarkeit nicht einsehen, den Frieden getrennt vom Krieg oder die Sattheit getrennt vom Hunger begreifen, sondern sie zusammenhalten. Tag – Nacht, Winter – Sommer, Krieg – Frieden, Sattheit – Hunger: Da ist kein »Sinn«,

Heraklit muß unter dem Blickwinkel der *Kohärenz* und nicht des Sinns gelesen werden

in der eigentlichen (selektiven) Bedeutung des Wortes, sondern die Kohärenz der Gegensätze wird direkt im Diskurs aufrechterhalten (ich entferne mich also hier von den klassischen Lesarten, zu denen noch die von Gérard Lebrun gehört, die Heraklit unter dem Blickwinkel des Sinns lesen wollen, der dann aber unausweichlich »paradox« wird). Denn in der genannten Serie scheint zwar die eine Hälfte der Begriffe positiv zu sein: Tag – Sommer – Frieden – Sattheit (während die andere negativ wäre: Nacht – Winter – Krieg – Hunger), in der Satzstruktur zeigt sich jedoch umso deutlicher, wie die Kommentatoren zu bemerken pflegen, daß die an die Achse des Widerspruchs gehefteten göttlichen Prädikate automatisch ihre Stellung wechseln (+ – – + / – + + –). Daraus folgt, daß der manichäische Bruch zwischen dem Guten und dem Bösen bloß ein menschlicher Bruch ist, der auf relative und adversative (willkürliche) Weise die tatsächliche Gleichheit auseinandergenommen hat: »Für Gott ist alles schön und gut und gerecht; die Menschen aber haben das eine als ungerecht, das andere als gerecht angenommen.«[90]

Das heißt aber deshalb nicht, daß das Negative illusorisch sei. Seine Funktion besteht vielmehr darin, das Leben, das sich uns sonst als ewig gleichförmiges entzöge und nicht mehr als Leben spürbar würde (nicht mehr »Ereignis« wäre), wahrnehmbar zu machen, und das ist die Ebene, die »Gott« entgegensteht und eigentlich menschlich ist. »Krankheit macht Gesundheit angenehm und gut, Hunger Sattheit, Mühe Ruhe.«[91] Anstatt sich bei jener Banalität aufzuhalten, wonach der Mensch, ist er niemals krank, nicht das Angenehme an der Gesundheit und, hat er niemals Hunger, nicht das Angenehme am Sattsein verspürt, soll festgehalten werden, daß das Subjekt der Aufzählung hier dreimal das Negative ist, wodurch die Rollenverteilung zwischen den Gegenteilen ungleich ausfällt und der Umkehrschluß (das Gute bringt das Böse zur Geltung) nicht möglich ist. Positives erscheint nur im Kontrast zu Negativem, tritt nur als dessen Gegensatz auf und ohne das Negative bliebe es unbemerkt: »Des Rechtes Namen würden sie nicht kennen, wenn es dieses (wir wollen unter diesem Plural im Neutrum alle möglichen Formen der Ungerechtigkeit verstehen, an denen sich die Menschen Tag für Tag stoßen) nicht gäbe.«[92] In der Gegenüberstellung dieser Ausdrücke besteht die Funktion der Sprache also nicht darin, auseinanderzutrennen und entgegenzustellen, wozu sie auf realistische und durch die Metaphysik gerechtfertigte Weise, geneigt sein müßte, sondern darin, durch die von diesen Gegenteilen geschaffene Spannung, die Eigenschaft des Gemeingrundes heraustreten zu lassen: ohne die Nacht hätte der Tag keinen Namen (Hesiod kannte nicht ihre Einheit). Heraklit wählt das widersprüchliche Sprechen:

*Unsterbliche Sterbliche – Sterbliche Unsterbliche: das Leben*
*dieser ist der Tod jener, das Leben jener der Tod dieser.*[93]

Buchstäblicher
Widerspruch, die
Gegensätze fügen
sich aneinander
In jeder dieser beiden in einen Chiasmus eingefaßten Gruppen hat ein Substantiv die gegenteilige Eigenschaft inne, und beide öffnen sich vollkommen aufeinander, kehren sich um und spiegeln sich ineinander: Nicht weil die Unsterblichen sterblich wären oder die Sterblichen unsterblich (es wird hier nicht an die Unsterblichkeit des Menschen geglaubt), sondern weil die Unsterblichen eben den Tod der Menschen brauchen, um sich unsterblich zu wissen, und die Sterblichen mit dem Tod ein Leben verloren haben, bei dem sie in sich spüren, daß es, so wie dasjenige, das sie den Unsterblichen zuschreiben, eigentlich niemals vergehen dürfte. Ein unsichtbares Band, das »stärker (ist) als sichtbare (Fügung)«,[94] hält zusammen, was, auseinander getragen, »mit sich selbst im Sinn zusammen geht«:[95] »Knotenpunkte: Ganzes und Nichtganzes, Einträchtiges Zwieträchtiges, Einklang Zwieklang«.[96] Wenn ich den Gott des Lebens, Dionysos ehre, so ehre ich auch gleichzeitig den Gott des Todes, Hades – sie sind »das Gleiche«; der eine wird erst über den anderen begreiflich.[97]

Deswegen hat Heraklit den Beinamen der »Dunkle« getragen, nur drückt er sich denn »geheimnisvoll« aus (wie er über Apoll sagt)? Oder wäre es nicht vielmehr so, daß er, indem er die Gegensätze nebeneinanderstellte, wohl keinen Sinn erzeugte, aber doch die Kohärenz aufrechterhielt – denn ein Sinn kommt nur in der Vereinzelung und also auch durch Bevorzugung zum Ausdruck? Und enttäuschte selbst alle Erwartungen auf Sinnvollzug, indem er den Vorgang des Auswählens und Ausschließens unterband, der gewöhnlich den Diskurs herbeiführt und voranbringt – ihn »vorbringt« (wie man auch sagt »eine Idee vorbringen«, wobei man sich zugleich in deren Parteilichkeit einschließt). Ein einsames

130

Unterfangen, das ihn von Anfang an und auf alle Zeit den »Vielen« gegenüberstellte. Ja, war die von ihm eröffnete Möglichkeit nicht sogar umso weniger akzeptabel, als sie, trotz ihrer bequemen Eingliederung in die Philosophiegeschichte (wo er Parmenides gegenübergestellt wird, um im Vergleich zum Denken des Seins den typischen Vertreter der Allbewegtheitstheorie abzugeben), weiterhin die Disziplin im ganzen gefährdet? Verführt, zersetzt und gefährdet: So unaufhörlich hat seitdem diese ein für alle Mal, wie in einem olympischen Wurf, hingeworfene Verpflichtung die buchstäblich hervorsprießenden Widersprüche durch immer tiefere Überlegungen zu rechtfertigen, die noch so strengen Konstrukte der Philosophie umschlichen, wobei sie diese tatsächlich in Versuchung führte, aber nicht als Preisgabe, sondern gerade als Vertiefung der Vernunft. Obschon Platon die Herrschaft des Ansich begründet, erahnt er, gezwungen, die Trennungen des *Phaidon* zu überwinden, die Notwendigkeit, über den Widerspruch zu verfahren, denn es bleibt ihm nun bekanntlich nichts anderes übrig, als bei seiner Verfolgung des Sophisten anzuerkennen, daß das Falsche auch real ist, anders gesagt, daß das »Nichtsein« ist[98] (bevor er sich entschließt, die Dialektik zu einer von den verschiedenen Gattungen untereinander organisierten und beherrschten Gemeinschaft zu drehen). Die gleiche Notwendigkeit sah man ebenfalls bei Plotin zutage treten, als er über das mehrdeutige Wesen der Zeit nachsann und dazu kam, momentan die Maßregel auszusetzen, nach der das eine niemals dem andern entsprechen kann; wie man sie auch am anderen Ende der Philosophie bei Kant wiederfindet, da jener ja dazu kam, in den Antinomien der reinen Vernunft, auch wenn er sie verurteilen mußte, die formale Identität von Vernunft und Widerspruch zu erkennen.

Denn dieses Denken des *inneren Widerspruchs*, des notwendigen Widerspruchs, der in sich wie ein gordischer Knoten die Kohärenz und den Zusammenhalt des Ganzen ver-

*Den legitimen Widerspruch denken*

*Am Beginn großer Philosophie: sich vom Prinzip der Widerspruchsfreiheit frei machen?*

*Widerspruch des »Verstands« oder der »Vernunft«*

knüpft, wurde bekanntlich nichtsdestotrotz in Europa ge-
zügelt und gezähmt oder besser gesagt verdrängt, unter der
entgegengesetzten Rechtsinstanz eines äußeren, formellen,
vom »Verstand« herrührenden Widerspruchs, wie er seit Aristoteles vom *Nicht*widerspruchsprinzip definiert und unmiß-
verständlich ausgeschlossen wird. Demnach kann man nicht
gleichzeitig sagen: A ist B und A ist nicht B; oder, wie Aristoteles sagt, »niemand kann behaupten, daß eine selbe Sache
ist und nicht ist, wie einige aus dem Munde Heraklits zu hören meinen«.[99] Dieser Widerspruch, der unmittelbar von Heraklit aufgestellt wurde, womit er in das Zentrum des allgemeinen Diskurse einbrach und die Gegenteile auf Anhieb
miteinander zusammenbrachte, als Hegel ihn schließlich
vermittelt, setzt er darum auch weniger der Metaphysik ein
Ende (Kant hat dies bereits besorgt), als daß er den Diskurs
auflöst, der sie durch anhaltende Nebeneinandersetzung und
Trennung der Gegensätze ermöglicht hat. Worin Hegel direkt
an Heraklit anknüpft, denn bei diesem war »das Negativitäts-
moment« bereits »immanent«, und deshalb geht es bei ihm
»um den Begriff der Philosophie als Ganzen«, heißt es in den
*Vorlesungen zur Philosophie der Geschichte* (und das, auch
wenn bei dem griechischen Denker, wie Hegel feststellt, das
Denken der Allbewegtheit sich noch nicht als Denken des
»Prozesses« gewahr wird). Doch von daher schließt Hegel genauso an den ersten deutsche Philosophen (Theosophen)
Böhme an, der, entwickelte er auch keine abstrakte Vorstellung, darum bemüht war, »in der Idee Gottes auch das Negative zu begreifen«: so sehr hat er versucht, in Gott die Einheit
der Gegensätze zu denken, gegen den Dualismus (Manichäismus) also, der seit jeher das religiöse Denken bedroht hat.
Denn Gott ist zugleich Finsternis *und* Licht, Liebe *und* Zorn
und so weiter.[100] Darum, ob man nun diese oder jene Ent-
wicklungslinie verfolgt, die des griechischen *Logos* oder die
des deutschen Mystizismus, ob man sich nun auf diese oder
jene Morgendämmerung des in der Frische seines Erwachens

**Nochmals die Philosophiegeschichte durchlaufen (von Heraklit bis Hegel: zwischen den entgegengesetzten Begriffen *vermitteln*)**

**Oder Böhme: Gott bezieht auch das Negative in sich ein**

noch nicht von der Unfruchtbarkeit der Ausschließungen beeinträchtigten Geistes bezieht, besteht jetzt die dem Begriff wesentlich zufallende Aufgabe darin, sichtbar zu machen oder vielmehr sichtbar werden zu lassen, daß der Widerspruch, anders als daß man ihn scheuen sollte, in jedem bestimmten Gehalt mitgedacht werden muß. Denn indem er *sich selbst negiert*, anstatt sich nur dem anderen (äußerlich und zweitrangig) entgegenzustellen, wird dieses schließlich in seiner Entwicklung, in seiner Konkretheit und seinem vollen Ausmaß zugleich gedacht – wozu das Bewußtsein logisch gelangt, logisch, das heißt dialektisch, indem es durch das Überschreiten des Verstandes auf dem Weg zur Wahrheit höher steigt.

Dialektik

Während dieses vorgezeichneten Fortschreitens des Bewußtseins, jenes Fortschritts, dessen Notwendigkeit von der *Phänomenologie des Geistes* dargelegt wird, sieht man nämlich, wie die Negation von einer Etappe zur anderen sich immer mehr nach innen verlagert und engere Kreise zieht: vom einfachen, äußeren und sinnlich vermittelten Gegensatz im Gehalt, wo auf der Stufe des unmittelbaren Meinens vom »jetzt ist Tag« zum »jetzt ist nicht Tag (sondern Nacht)« übergegangen wird, zum gegenseitigen Ausschluß der Eigenschaften, die das Ding in seiner Eigentümlichkeit auszeichnen (rund oder eckig, salzig oder süß), bis zum eigentlichen Widerspruch, wo jeder der Gegensätze sich bei sich selbst, unter ein und demselben Blickwinkel, als sein eigenes Gegenteil entdeckt. Schon auf der Stufe der Wahrnehmung ist das Ding selber nur durch den Gegensatz zu anderen Dingen, und, wesentlich aus dieser Beziehung bestehend, negiert es sich selbst in seinem »Ansich«: »für sich, insofern es für anderes, und für anderes, insofern es für sich ist«[101] – man kann somit sagen, daß jedes Ding ein einmaliges Ding ist und gerade deshalb nicht einmalig ist, sondern identisch mit den anderen: das Ding »an sich« ist Widerspruch. Oder weiter noch: auf der Stufe der Vernunft, wo vom Ding zur Bezie-

Gegensatz, Ausschluß, Widerspruch, und seine Überwindung (das Bewußtsein auf dem Weg zur Wahrheit)

133

hung übergegangen wird, ist, sofern man eine positive Elektrizität setzt, ebenfalls an sich eine negative Elektrizität notwendig, nicht weil die Elektrizität als Doppelwesen positive und negative Elektrizität vereinte, sondern weil »das Positive nur als Beziehung auf ein Negatives« ist und also *an sich selbst* der »Unterschied von sich selbst«[102] ist. Den Widerspruch zu verstehen heißt also, die Reflexion selbst an ihren Endpunkt zu führen: zu verstehen, daß der Gegensatz nicht nur eines von zweien ist, sondern das andere unmittelbar an sich selbst hat;[103] anders gesagt, die Negation grenzt nicht mehr die Bestimmung nach außen hin ab und kennzeichnet so, was nicht dazu gehört, sondern sie ist ihr selbst zu eigen; und folglich ist das »Sich« nicht mehr das ontologische Ansich, sondern dasjenige, das, wenn es als Bestimmung auftritt, sich selbst in sein Gegenteil verkehrt und somit sich selbst negiert oder *sich widerspricht.*

Das »Sich« widerspricht sich selbst

Am Ende ist die Erscheinung selber *Negativität*, Unterschied seiner selbst mit sich selbst; oder, um noch genauer den endgültig logifizierten Ausdrücken Hegels zu folgen, sie »negiert« diese erste Negation, die sie wegen der sie automatisch charakterisierenden Bestimmung ist, und überwindet diese. Darum ruft Hegel auch dazu auf, diese Bestimmungen, die der gemeine Verstand nur abstrakt, das heißt als feststehende und vereinzelte erfaßt, und die er zu gegensätzlichen, dauerhaften und gefestigten Entitäten erhebt, erneut beweglich zu machen und in ihnen zu entdecken, wie sie sich in ihrem Innern von sich selbst abstoßen und in ihr Gegenteil übergehen. Da hat es die Logik schließlich geschafft, die Existenz (von der Existenz) zu befreien und befreit sie damit unter anderem vom Glauben an ein Jenseits, da das »Jenseits« von nun an nicht mehr von der Sinnenwelt getrennt ist, sondern vollkommen in der Entwicklung der Erscheinungen offenbar wird. Denn dies beginnt im Naheliegendsten, mit der kleinsten Bestimmung. Das *Aufschließen* der Bestimmung führt nämlich dazu, in ihr wieder zu jener »Unendlichkeit«

Negativität am Werk in jeder Erscheinung (und sie macht diese prozeßhaft)

Selbstbewegung

zu stoßen, die, indem sie die Bestimmung davon abhält, sich mit einer gegebenen Spezifizierung zu begnügen, und sie dazu bringt, sich in ihrem anderen aufzuheben, den absoluten Begriff oder die »Weltseele« darstellt (»das allgemeine Blut (...), welches allgegenwärtig (ist)«.[104] Absoluter Begriff oder Begriff des Begriffs, der eben derjenige ist, der das »Leben« denkt – »Reines Leben zu denken ist die Aufgabe«[105] –, dessen Bewegung, als Selbstbewegung, darin besteht, sich im Gegensatz zu sich selbst zu entwickeln und sich damit selbst wiederzufinden; wie er auch erlaubt, den (geistigen) »Tod« zu denken, der von Außen zu kommen und das Ergebnis einer fremden Negation zu sein scheint, jedoch eigentlich aus dem Lebendigen selbst kommt: Stirb und werde! Im ganzen genommen erlaubt er, das »Leben als Prozeß« zu denken, einen Prozeß, der als Aufhebung aller Unterschiede, woher seine Eigenschaft allgemeiner »Flüssigkeit« rührt, das »sich entwickelnde und seine Entwicklung auflösende und in dieser Bewegung sich einfach erhaltende Ganze (ist)«.[106]

Hinter den gegensätzlichen (feststehenden und abgesonderten) Entitäten »die Flüssigkeit« im Prozeß wiederfinden

Mit diesen beiden maßgeblichen Schritten, der Hervorhebung der Rationalität des Widerspruchs und, wichtiger noch, der Einbeziehung des Negativen als einen Moment der dialektischen Bewegung, setzt Hegel meisterlich der Thedodizee ein Ende; er vollendet und beendigt sie zugleich; er löscht mit einem Streich ihre Möglichkeit und ihre Notwendigkeit aus. Von nun an kann die Versöhnung nicht mehr von einer anderen Welt erwartet werden, sondern ereignet sich durch sich selbst nach Abschluß eines jeden dialektischen Prozesses, der als solcher zur Erreichung des Absoluten beiträgt. Nun gibt es nämlich keine andere Welt mehr, oder die andere Welt ist vielmehr phänomenal in dieser hier gegenwärtig, die zugleich sie selbst und ihr anderes ist. Es gibt auch im eigentlichen Sinne keine Vorsehung mehr, da nunmehr keine Äußerlichkeit Gottes in bezug auf seine Verwirklichung in der Welt verbleibt. Anstatt wie die Alten die Weisheit Gottes

Beendigung der Theodizee

135

durch die Beschreibung der Formen und Gestalten der Natur zu bewundern, verkündet Hegel feierlich in seinen *Vorlesungen zur Philosophie der Geschichte,* sollen wir betrachten, wie sie sich durch die Entwicklung der Vernunft im Wechsel der Völker und ihrer Schicksale offenbart. Diese Betrachtung der Geschichte ist die einzig mögliche Theodizee, »eine Rechtfertigung Gottes, welche Leibniz metaphysisch auf seine Weise in noch unbestimmten, abstrakten Kategorien versucht hat«.[107] – Aber lohnt es sich noch, diese Zeilen zu lesen, wo die Virulenz und Unerträglichkeit des Bösen auf allzu selbstgefällige Weise von der Kategorie eines klar und endgültig definierten Negativen niedergewalzt wird, das vollkommen dem Affirmativen untergeordnet ist und zugleich von ihm »aufgehoben« wird? So steif und fest wird hier jetzt behauptet, daß das Böse, das Übel in der Welt eingeschlossen, nur noch aus Negativem besteht, dazu bestimmt, sich in der Idee des Fortschritts aufzulösen (»Fortschritt«: die große europäische, nie völlig laizistisch gewordene Idee zum Errichten und Subsumieren des Sinns durch Kodifizierung). So nachdrücklich wird hier versichert, daß alles Negative, angesichts dessen, »was in Wahrheit der Endzweck der Welt (ist)«, der sich jetzt selber in der Welt verwirklicht, und trotz des immer wieder neu aufkommenden Jammerns und Klagens, sich frisch-fröhlich aufgibt.

Es gehört sicherlich zu den hervorstechendsten Merkmalen unserer Moderne, uns vor folgende Aporie zu stellen: Wir können jetzt nicht den Schlußfolgerungen und Projektionen des sich in einen metaphysischen Idealismus verkehrenden Rationalismus Hegels beipflichten, können jedoch ebensowenig Theodizeen verfassen und unter dem Deckmantel Gottes die Welt, so wie sie ist, rechtfertigen; diese mit Platon aufgekommene Gattung, die das Weisheitskapital der Philosophie darstellt, das von jener unaufhörlich von einem Denker auf den anderen verfrachtet wurde, Kant noch miteingeschlossen, stirbt mit Hegel endgültig aus – aber was ist

*Von der Natur zur Geschichte*

*Eine Maschine zur Legitimierung der Geschichte*

*Moderne*

andererseits heute noch die Idee der Dialektik wert, nachdem sie den alleinigen, phänomenologischen Weg des Bewußtseins verlassen hat? Wir können, wenn wir auf dem von uns bereits beschrittenen Weg bleiben, diese notwendige Überprüfung von zwei Ecken aus angehen. Zunächst: Ist denn den Chinesen nicht deswegen, weil sie im Denken des Widerspruchs nicht weitergegangen sind, weil sie es zwar getragen, aber wohlweislich nicht zugespitzt haben, weil sie es also nicht problematisiert und auch weder ausgegrenzt haben noch also dazu veranlaßt wurden, es zu rechtfertigen – ist ihnen dadurch nicht jene maßgebliche theoretische Spannkraft unbekannt geblieben, durch die bei uns die Moderne, welche die Möglichkeit der Metaphysik wie auch der Theodizee zu Grabe trägt, hervorgebracht wurde (und mußte China nicht deshalb auch *unsere* Moderne übernehmen)? Andererseits erscheint es mir, läßt man die Frage außer acht, ob die dialektische Versöhnung nun wirklich das letzte Wort des Hegelschen Denkens ist, d.h. womit das Absolute Wissen seinen Abschluß findet, daß die dialektische Bewegung für sich selbst betrachtet die Gegensätze füreinander und zugleich gegenüber der Zweckmäßigkeit öffnet; sie schließt jene also mit einer einzigen Geste in folgende, an sich unabhängige Begriffe ein: das Ganze und der Zweck. Noch bevor man der Hegelschen Geschichtsphilosophie die Schuld zuschiebt, stellt sich also eine Frage: Hat Hegel nicht fahrlässig die Logik der *Bestimmung* (welche der religiösen Logik der Offenbarung entspringt) mit der des *Be-greifens [com-prehension]* vermischt (wobei ich diesem *be-*, das heißt eigentlich dem lateinischen *cum*, der Vorsilbe von Ko-härenz, die starke Bedeutung des Zusammen-Erfassens und der Vereinigung der Gegensätze gebe)? Wir werden das noch genauer am Beispiel Chinas sehen, wo man feststellt, daß das eine entwickelt wurde, ohne sich das andere vorzustellen. Hat der Apparat der Hegelschen Dialektik nicht auf zu bequeme Weise diese beiden meiner Ansicht nach rivalisierenden Logiken

Zwiespältigkeit der Dialektik: zwischen Sinn und Kohärenz

des Sinns und der Kohärenz miteinander verknüpft, von denen letztere doch wohl bei näherer Untersuchung als Alternative und Ablösung der ersteren dienen könnte (denn diese Logik des Sinns – wie man uns überall sagt – löst sich in den berühmten »Sinnkrisen« der Gegenwart auf)? Hegel hätte somit zumindest – um zu den anfänglich von uns gebrauchten Begriffen zurückzukehren – auf *ideo*-logisch zweifelhafte Weise das Denken des Seelenheils und das der Weisheit miteinander gekreuzt.

# X.

## Parallelgeschichten –
## Gegenteiligkeit, Widerspruch, Entgegenführung

Geduldig und hartnäckig – war das nicht in gewisser Weise
seit den Anfängen der Philosophie so? (Und hat nicht auch
die in ihrem Hintergrund überdauernde Weisheit seit allem
Anfang darin bestanden?) – wird versucht, das Böse aus seiner dramatischen, das Religiöse stärkenden Absonderung
herauszuholen und es mit dem Guten zusammenwirken zu
lassen. Recht unverbunden und durch ständiges Umkehren
auf dem Weg, wurde hier und da vom Boden der Erfahrung
all das aufgelesen, wodurch möglicherweise – jenseits der
Zerrissenheit durch »Ungerechtigkeit«, »Tod« und »Leiden«,
aus der sich die Litanei aller Erzählungen zusammensetzt –
die Existenz mit dem Leben versöhnt werden könnte. Genau
gesagt wurde verlangt, daß unter den unvermeidlich immer
wieder aufplatzenden Wunden sich das zusammenhaltende
Bindegewebe des Lebens jedesmal neu schließt und zusam-
menwächst. Da kommt es nun aber, nachdem wir durch die
Theodizeen hindurch kontinuierlich an diesen inkonsistenten Lehren entlanggezogen sind, plötzlich dazu, daß die Figur des Negativen, mit ihrer Einsetzung als Begriff der Bewegung oder vielmehr Selbstbewegung, das Böse umschnürend
und in die Schranken verweisend, dieses durch die vollkom-
mene Unterordnung, in der sie sich selber befindet, für die
Zukunft um jegliche »eigene Gültigkeit« bringt, ohne einen
Überrest zu lassen und somit auch keinen Grund mehr, und
schon gar kein Recht zur Klage. Am Anfang seines Werks
*Vom Widerspruch* verkündet Mao Tse-tung folgende Lehre, <sub>Mao</sub>
die auf Hegel zurückgeht und, wie er zumindest glaubt, auch
von Marx und Lenin vertreten wurde: Wenn das noch in Finsternis getauchte Zeitalter der Metaphysik in die neue Mor-

genröte der Dialektik übergeht, macht es der zum Gesetz erhobene »Widerspruch« ganz allein möglich, die qualitative Entwicklung einer jeden Erscheinung zu erleuchten, worin sich unmittelbar und endgültig die Logik ausdrückt, nach der die Welt geschieht. Durch diesen Umspannungseffekt ist die Artikulation der ablaufenden Vorgänge nun intern, eindeutig und genügend – selbstgenügend –, und ihre Funktion systematisch. Der hier eingeflossene Menschheitsbegriff ist keiner mehr, in dem sich die Individualitäten der Völker und Schicksale gegeneinander sträuben, sondern eine vollkommen gleichförmig gewordene Masse im gesellschaftlichen Wandel. Ihren Halt findet sie nicht mehr in einem bekennenden Glauben, unter dessen Schutz sich ein Einstimmen in

Ein einziges Räderwerk

das Leben einschleicht und versammelt, sondern ihr Räderwerk kündigt sich als dessen Kehrseite an und tritt wie die Wissenschaft selbst auf, nur noch unduldsamer: die Sinnmaschine der Geschichte. Könnte denn die Philosophie für ihren Teil bei der Behandlung der »Frage nach dem Bösen« nur zwischen Herumtasten und Gewaltakt schwanken: zwischen der nur angedeuteten Bemerkung, die das Beiseite-Sprechen der Weisheit darstellt, und, andererseits, der Versteifung auf eine prinzipielle Bestimmung, die, ob sie sich nun dem Glauben oder der Wissenschaft zuordnet, ob sie die Gestalt des Fortschritts oder der Vorsehung (wird letztere

Von der Vorsehung zum Fortschritt

nicht von ersterem abgelöst?) annimmt, doch stets ihre Orthodoxie durchsetzt? Zwischen einem im *sensus communis* oder guten Menschenverstand verstreuten Sinn und einem hypostasierten Sinn? Denn sie kann sich nur dadurch einer leiernden und gleichsam a-historisch bleibenden Redeweise (die den Grundschatz der Theodizee ausmachenden Argumentationsstücke variieren bekanntlich kaum) entkommen, daß sie ins herrische und als solches für jede Hochstapelei offene Aufstellen von Postulaten umkippt, darüber, was zur unwandelbaren Finalität auserkoren wurde: darüber, was beschlossen wurde, als den zur *ultima ratio* erhobenen Sinn allen Sinns festzuschreiben und mittels Verabsolutierung durchzusetzen.

Aber was bezeichnet denn Mao eigentlich mit dieser univoken Artikulierung im »Widerspruch«, oder, um jenes chinesische Binom mit etymologisch-symbolischer Bedeutung aufzugreifen, das ihm zur Übersetzung seiner abendländischen Anleihe dient, mit der Beziehung, die hier die »Lanze« mit dem »Schild« verbindet (*mao – dun* 矛 盾 )? »Schild« und »Lanze«, das eine dient zur Verteidigung, das andere zum Angreifen, bezeichnen die zwei miteinander kämpfenden und gleichzeitig voneinander abhängigen Gegenteile, das eine kann nicht ohne das andere gedacht werden, wie das traditionell in den Angriffs- und Verteidigungsstrategien mit Vorrücken und Rückzug, Sieg und Niederlage der Fall ist (oder jetzt auf die Rubriken des Marxismus-Leninimus ausgeweitet: + und – in der Mathematik, positive und negative Elektrizität in der Physik, Aktion und Reaktion in der Chemie; und in der Gesellschaft natürlich Ausbeuter und Ausgebeutete, Bourgeoisie und Proletariat). Das Interesse von Maos Analyse richtet sich eher auf die besonderen Bedingungen, durch die der Widerspruch, entsprechend der ihm eigenen hierarchischen Strukturierung, sowohl des Hauptwiderspruchs als auch des Hauptaspekts im Widerspruch, auf der dazu geeigneten Stufe seiner Entwicklung, d.h. im Übergang zur antagonistischen, ja heißen Phase dieses Antagonismus, im richtigen Moment zur »Entfachung« einer sich auf ganz China erstreckenden Revolution führen kann.[108]

Denn nachdem er Marx und Lenin angeführt und den Sinn der Geschichte verkündet hat, ist Mao auf dem gleichen Weg wieder nach Hause zurückgekehrt: Wir Chinesen haben in Wirklichkeit nie aufgehört, in den uns vertrauten Redewendungen auf diese die Gegensätze vereinende Gleichheit hinzuweisen; diese »enthielten« also in ihrem Innern die Dialektik, auch wenn diese vorab als primitiv und spontan bezeichnet werden muß (Mao hat anfangs sogar gesagt, daß es

*»Lanze – Schild«*
*(mao – dun)*

in der Geschichte der menschlichen Erkenntnis *immer schon* eine Art Kampf zwischen zwei Fronten, zwei Konzeptionen der Gesetze der Weltentwicklung gegeben hat: eine metaphysische und eine dialektische). Denn einerseits – die Parallelgeschichte der Auffassungen von der Erzeugung durch Gegenteiligkeit, bei den Chinesen und bei Griechen hat es bereits gezeigt – hat man in China *nie aufgehört*, alles Reale in Paaren komplementärer Gegensätze, die untereinander eine Polarität herausbilden, zu analysieren. Andererseits drückten diese alten chinesischen Redewendungen bereits sowohl die Ausgrenzung und den Kampf der Gegenteile untereinander als auch ihre wesentliche Einheit aus: Jeder der Aspekte setzt nicht nur den anderen voraus, sondern sie tauschen sich auch ineinander um.[109] Mao nimmt wieder auf, was man in China seit jeher über das *Yin* und das *Yang*, die beiden symbolischen Ausdrücke jeglicher Gegenteiligkeit, gesagt hat: *Yin* und *Yang*, die sich gegenseitig ausschließen, »besiegen« sich gegenseitig; aber im *Yin* gibt es auch *Yang*, wie es im *Yang* auch *Yin* gibt, da das *Yang* in das *Yin* »eindringt«, wie das *Yin* sich auch im Gegenzug an das *Yang* »bindet«; deshalb kann es im zur Entfaltung treibenden *Yang* zugleich *Yin* und *Yang* geben, wie: »Wenn der Frühling mild ist, bringt er dennoch kalten Regen« (so wie es im zum Sich-Zurückziehen treibenden *Yin* ebenfalls *Yin* und *Yang* geben kann, wie: »Wenn der Herbst streng, aber trotzdem nicht ohne warme Lüfte ist«); und wenn das *Yang* zu seinem Endpunkt gelangt, ergibt sich durch Umtausch und Umkehrung daraus das *Yin* (oder: wenn das *Yin* an seinen Endpunkt gelangt, ergibt sich daraus das *Yang*).[110] In der Formel, die das in der Kurzform darstellt: *yin er yang* 陰而陽 , wird das sämtlichen Vorgängen innewohnende Prinzip zusammengefaßt, denn man kann sie genauso *Yin* »aber« *Yang* wie auch *Yin* »so daß« *Yang* übersetzen, da das leere Wort *er* im Chinesischen, das hier als Mittelbegriff dient, ebenso den konzessiven wie auch den konsekutiven Bezug ausdrückt.

Rückkehr zu den zusammen-hängenden Gegensätzen: *Yin* und *Yang*

»*Yin* aber (so daß) *Yang*«

142

Gerade dadurch, daß man versteht, wie es *gleichermaßen* das eine und das andere (»aber« und »so daß«) bedeuten muß – und es genügt, selbst wenn man begreift, daß der Gegensatz und die Folge hier untrennbar sind –, kann man in das Spiel der Gegenteiligkeit hineinkommen, das die Logik eines jeden Prozesses erhellt: Das eine muß sich dem anderen entgegensetzen, wie auch *gleichzeitig* das eine sich aus dem anderen ergeben kann.

Man kann daraus schließen, daß trotz der allgemein für den Titel dieses Werks verwendeten Übersetzung *Vom Widerspruch (Mao dun lun)* in diesem geheimnisvollen Binom von Lanze und Schild eigentlich weniger der Widerspruch als die Gegenteiligkeit gedacht wird (in griechischen Termini: nicht *enantiologia*, sondern *enantiosis*): kein logischer Ausschluß zwischen zwei rivalisierenden Aussagen, sondern Wechselwirkung und Umwandlung, welche eine endlose Erneuerung der Erscheinungen gestatten. Trotzdem haben die alten Chinesen wohl erwogen, daß es in dem Ausdruck »Lanze und Schild« etwas Unvereinbares gibt, doch eben ohne den Versuch, dies weiter zu theoretisieren, oder vielmehr ohne die Absicht, daraus den Leitfaden und das Prinzip einer Selbstrechtfertigung des Sinns zu machen, die ihrerseits die Vernunft selbst begründen würde und an der die Gegenrede ihre Waffen schärfen könnte. In China wird er zweimal eingeführt, anekdotenhaft und zum Zwecke der Veranschaulichung (bei Han Fei im 3. Jahrhundert vor unserer Zeitrechnung[111]): Ein Mann aus dem Land der Chu verkaufte Lanzen und Schilder; er pries die einen an, indem er sagte: »Mein Schild ist so fest, daß nichts ihn durchbohren kann«, die anderen, indem er sagte: »Meine Lanze ist so scharf, daß es nichts gibt, was sie nicht durchbohrte!« Als jemand ihn fragte: »Was geschieht mit ihnen, wenn sie aufeinandertreffen?«, verschlug es ihm die Sprache. Daß ein Schild nicht zu durchbohren sei *und* daß es nichts gebe, was eine Lanze nicht durchbohrte, so schloß der Denker, »kann nicht gleichzeitig gesagt werden«. So wird auch in der politischen Theorie ein Widerspruch auftauchen zwischen der These der nicht zu unterdrückenden Wirkung, die von der Person des Weisen ausgeht, und der These der absolut zwingenden Gewalt, die von dem Fürsten in seiner Obrigkeitsstellung ausgeübt wird (oder laut einer anderen Stelle, doch schon nicht mehr so kategorisch, zwischen der als vollkommen makellos angesehenen Herrschaft eines bestimmten Königs und der notwendigen Verbesserung seiner Schwächen durch den darauffolgenden).

Die alten Chinesen haben also klar erkannt, was ein logischer Widerspruch ist, namentlich jene Meister in der Kunst der Widerlegung, welche die Mohisten der letzten Generationen sind (die den mit dem ideographischen Zusatz »Sprache« versehenen Begriff *bei* 讠 definiert haben, zur Bezeichnung dieses aufgrund von Unvereinbarem in der Aussage »Illegitimen«). Gegen jene, die zur Befreiung von der Parteilichkeit der einseitig gewordenen Reden und Standpunkte das Recht auf Gegenrede bestreiten, behaupten sie beispielsweise: »Die Annahme, daß die Reden alle widersprüchlich sind, ist an sich ein Widerspruch«, das heißt, sie setzt sich sofort dem Widerspruch aus, da sie in sich ebenfalls einen einseitigen Standpunkt enthält.[112] Der Abstand zwischen dem Denken Chinas und Griechenlands – verfolgt man weiter ihre Parallele – besteht also nicht darin, daß man in China nicht zur formellen Logik fähig gewesen wäre, sondern vielmehr darin, daß dort diese Spur nicht weiter verfolgt und ihr Potential nicht ausgeschöpft wurde (im übrigen beschränkte man sich auf die Regel von der Unvereinbarkeit zwischen den Sätzen, anstatt die Logik im prädikativen Modus auszuarbeiten); die Denker im alten China haben es lieber bei einer solchen vereinzelten Wendung belassen und kein Gebäude darauf errichtet (selbst die Mohisten begründen keine Schule und geraten bald in Vergessenheit). Entscheidender als das, was man denkt (was einem als denkenswert vor Augen erscheint: natürlich darf man den alten Chinesen keine geringeren logischen Fähigkeiten unterstellen oder meinen, sie wären eher »praktisch veranlagt«), ist, was das Denken antreibt – was etwas Fruchtbares an ihm entdeckt und es dazu aufruft, in diese Richtung weiterzuarbeiten und sich einzubringen. Es zählt nicht so sehr, wovon das Denken eine *mögliche Idee* besitzt, sondern zentraler, woraus es einen *Nutzen ziehen* kann. Allerdings hat dieses Nichtwiderspruchsprinzip, obschon seine Stichhaltigkeit bekannt war, die Denker im alten China nicht nur kaum interessiert, sondern sie haben, jedenfalls die tiefsinnigsten unter ihnen, eher Sorge getragen, von ihm loszukommen, und zwar weniger es zu wiederlegen als es vielmehr aufzulösen; und das, um mit seiner Entschleierung jenen Gemeingrund zum Vorschein zu bringen, durch den – das ist der kommunizierende *Tao*, die »Bahn« – die Gegensätze miteinander verknüpft sind und sich gegenseitig austauschen: in dem (durch den) das Leben / der Tod, gut / böse, dadurch daß sie ihre Bestimmungen aufschließen, ihre Zerrissenheit preisgeben. Der *Aufschluß der Bestimmungen*, von dem wir die Befreiung von jenen Ausgrenzungen erwarten, welche die Existenz dramatisch gespannt haben, um dahinter die Kohärenz des Lebens wiederzufinden, geht in China nicht auf heroische Durchbrüche zurück, kennzeichnend nur für die Morgenröte oder die Dämmerung der Philosophie, welche der langen Herrschaft des Seins entweder vorausgehen oder ihr ein Ende setzen (Heraklit – Hegel), sondern sie ist dasjenige, was die Taoisten unentwegt mit ihrem Denken über den *Tao* beleuchtet haben, und bildet einen *gewöhnlichen* – und den einfachsten – Weg zur Weisheit.

Die Chinesen haben das Kommunizieren durch Aufschluß der Gegensätze erkannt

Die Taoisten können in der Tat ganz bequem einen Begriff gegenüber dem anderen öffnen und sich eine Übereinstimmung der Gegensätze denken, denn in ihren Augen sitzt das *Gibt es nicht* an der Quelle des *Gibt es*. Am Seinsdenken vor-

Außerhalb der ontologischen Auseinandertrennung (im Taoismus): das »Gibt es nicht« an der Quelle des »Gibt es«

145

übergegangen, hat das chinesische Denken nicht mit jener Trennung zu kämpfen, auf der sich die Ontologie gegründet hat und von der alle anderen ausgehen: Sein / Nichtsein. Von Anfang an wird dadurch das Denken des Negativen regelrecht und mit aller Kraft auf den Kopf gestellt: Dem »Gibt es« (*you* 有), das sich durch die endlosen Differenzen, welche Wesen und Dinge ausmachen, offenbart und individualisiert, gegenübergestellt, ist das (negative) Stadium des »Gibt es nicht« (*wu* 无) nicht mehr das des Nicht-Seins, sondern des *Un*-aktualisierten und *Un*-differenzierten. Es benennt dieses »Ohne Namen« *(wu ming)*, das als *Wurzelgrund*, Ursprung und Boden zugleich (*fons* und *fundus*), dient, aus dem unaufhörlich alle Differenzen entspringen, wie sie auch unaufhörlich darin zurückkehren.[113] Zugleich Urquell und letzter Grund. »Die Klingen abstumpfen, die Stränge entwirren, die Lichter einander angleichen, die Staubkörner vereinigen«:[114] Diese Formulierungen des *Laotse* bekräftigen sich gegenseitig, sie sind sich gleich und drücken so die Gleichheit dessen aus, was nicht mehr hervorstechend, bestimmend und beansprucht ist, sondern durch Undifferenzierung im gemeinsamen Grund verschmilzt. Auf dieser Stufe verschwinden und verfliegen alle Auseinandertrennungen und auch Begrenzungen, von denen die Existenz zerrissen wird. Unendlich weit davon entfernt, auf dramatische Weise ein Nichts oder bloß ein Fehlen zu sein, wie man sofort zu denken geneigt sein könnte, solange man nicht aus dem Seinsdenken herausgekommen ist (um in das Prozeßdenken einzudringen: darum gebe ich den Gegensatz von »Gibt es« und »Gibt es nicht« durch einen Gegensatz von Stadien, nicht von Zuständen wieder), ist dieses »Gibt es nicht« der »Bahn«, das die »unergründliche« Gemeindimension (*xuan* 玄) ist, aus der jegliche Dualität, sich äußernd in Gegensatzpaaren – wie man so sagt: Leben vs. Tod, Gut vs. Böse –, auftaucht, dasjenige, worin alle Bestimmungen zugleich die Möglichkeit ihrer Entstehung und den Grund ihres

Den undifferenzierten Grund (*tao*) wiederfinden, der die Gegenteile miteinander kommunizieren läßt

Verschwindens haben. Oder: um den zuvor benutzten, die Möglichkeit der Gegenteiligkeit erhellenden Begriff wieder aufzugreifen: Es macht gleichzeitig die Einheit und Gleichheit der Gegenteile möglich, die gemeinsam die Grundlage für ihre Wechselbeziehung und ihren Austausch untereinander bilden: »Das *Gibt es* und das *Gibt es nicht* erzeugen sich gegenseitig, das Schwere und das Leichte bringen sich gegenseitig hervor«[115] usw.

Wir wollen aber auch auf der Hut sein vor dieser anderen, alternativen Versuchung, den entdeckten Abstand vorschnell in unsere Kategorien einzuordnen: Dieses »Gibt es nicht«, in steter Wechselwirkung mit dem »Gibt es«, ist genausowenig mystisch wie ontologisch (es bringt durch seine »Leere« keinerlei Bruch gegenüber dem Ablauf der allgemeinsten Prozesse mit sich): Da es im Gegenteil dasjenige ist, woraus alle Vorgänge ihre Funktion beziehen, so daß diese niemals zum Erliegen kommt, stellt sich dieses Un-aktualisierte darum auch als Un-erschöpfliches heraus. Wenn man sich in den *Laotse* vertieft, stößt man ständig auf Redewendungen aus dem Bereich der alltäglichsten Erfahrungen: Im »Gibt es nicht« der Leere der Radnabe »gibt es« die Nutzbarkeit, durch die das Rad des Wagens sich drehen und der Wagen vorankommen kann[116] (genauso: im »Gibt es nicht« der Leerheit des Tontopfes »gibt es« die Nutzbarkeit, durch die diese Leere etwas aufnehmen und der Topf dienen kann; oder auch: im »Gibt es nicht« der Türen und Fenster in den Wänden des Zimmers »gibt es« die Nutzbarkeit, durch die das Zimmer bewohnbar wird). Die am Ende dieser Vergleiche aufgestellte Schlußfolgerung drückt es klar aus: Was im (bestimmten) Stadium des »Gibt es« als (besonderer) »Gewinn« gilt, gilt im Stadium des »Gibt es nicht« radikaler als die Möglichkeit zum in einem undifferenzierten Modus ablaufenden »Funktionieren«, da den Bestimmungen der Dinge so ihre ausschließende Undurchsichtigkeit genommen und das Kommunizieren über ihre Gegenteiligkeit hinaus ermöglicht

Funktion (durch Pervasivität) der indifferenzierten Leere

wird. So wie die Unbestimmtheit die Grundlage jeder Bestimmung ist und dieser herauszustechen erlaubt oder wie etwas
Undiskutables implizit als Hintergrund jeder Diskussion

dient und den Opponenten sich zu verständigen erlaubt (auf
einer präjudikativen Stufe), damit sie sich dann ostentativ
auseinandersetzen können, stellt auch die Entleerung der
Fülle dasjenige dar, wodurch die so entsättigte Fülle ihre
volle Wirksamkeit erfüllen kann. Dieses die Leere aushöhlende Negative des »Gibt es nicht« ist das, was letzten Endes
allein wirklich *erfüllen* kann. Oder wie Wang Bi (im 3. Jahrhundert) kommentiert: »Wünscht man sich, das ›Gibt es‹
vollständig zu machen« (was, so wollen wir hier anmerken,
das genaue Gegenteil einer Weltentsagung in Askese darstellt), »muß man zum ›Gibt es nicht‹ des Grundlegenden zurückkehren«.[117]

Dadurch, daß der *Laotse* sich an diese Kraft zur *Ent*-
bestimmung, wie sie dem Negativen zukommt (das mit dem
*Wu*-Begriff im *Laotse* verabsolutierte Negative), anlehnt,
das heißt klar auf der Kehrseite jenes Erlahmens und In-
Beschlag-Nehmens durch Bestimmungen arbeitet, zu dem
die Sprache zwingt und in denen das Denken sich fest-
machen und fesseln läßt, will er dem Leben seine »Flüssigkeit« und »Unendlichkeit« zurückgeben, um es in Hegels
Worten auszudrücken, die hier über andere Wege plötzlich
wieder ganz nah erscheinen; wie er auch dem Geist sein

Der Ansatz der
Taoisten: *Ent*-
bestimmen (um
die Bestimmtheit
wieder gegen-
über ihrem Ge-
genteil zu öffnen)

*Offensein* zurückgeben möchte (im Modus einer inneren
Leere: durch das Entleeren von den fleißigen Anstrengungen
seines Verstandes sowie durch das Ablassen von seinem ver-
bissenen Handeln). Dadurch, daß er die Bestimmungen auf
den Boden ihrer selbst, die grundlegende Unbestimmtheit
des »Gibt es nicht«, zurückbringt, zieht er sie aus ihrer Vereinzelung und Unbeweglichkeit und läßt inmitten der Bestimmung die zu ihrem Gegenteil führende Bewegung aufscheinen. So verstehe ich folgende Formulierung:

*Alle finden das Schöne schön,*
*Und längst ist es das Häßliche;*
*Alle finden das Gute gut,*
*Und längst ist es das Nicht-Gute.*[118]

Die sich ausbreitende (durchsetzende) Bestimmung ist jetzt auf dem Weg, sich zu verlieren und zu verkehren. Darum ist es, um die Ausgrenzungen außer Kraft zu setzen und so die Existenz zu befreien, auch ausreichend, die Gegensätze *auf-*
*zuschließen* und zu erkennen, wie stark jeder Aspekt *bereits* mit seinem Gegenteil kommuniziert, da er von seinem pro-
zeßhaften Verlauf geleitet wird. Denn eines gilt zuvorderst für das Für und Wider, gut / böse:

Die Ausgrenzun-
gen außer Kraft
setzen

*Einverständnis und Mißbilligung,*
*welcher Abstand besteht zwischen ihnen?*
*Gut und böse,*
*welcher Abstand besteht zwischen ihnen?*[119]

Der Abbau des von den Bestimmungen künstlich projizier-
ten Abstands ist sogar der einzige Weg, um die sie zusammenhaltende Ko-härenz des Grundlegenden (erneut) erfahr-
bar zu machen, aus der sich die Möglichkeit eines jeden Prozesses ergibt, denn dieser impliziert das Zusammenwir-
ken der Gegensätze. Darum empfiehlt es sich auch, hinter dem, was wie ein Paradox erscheinen mag, jedoch bloß das Produkt jener Zwänge ist, die jede einzelne Sprache mit ihren Bestimmungen ausübt, zu erkennen, daß eine Eigen-
schaft, die sich nicht von ihrer Bestimmung löst, sondern darin erstarrt, sich in ihrer eigenen einengenden Bestimmung verliert und verendet. Unendlich weit von einer selber auf der Subsumierung einer Essenz beruhenden Bestim-
mungslogik entfernt und deren Auswirkungen gewissenhaft entgegenarbeitend, hebt der *Laotse* in seiner Urfassung folgendermaßen an:

Die Kohärenz des
Grundlegenden
wiederfinden

*Die höhere Tugend ist nicht tugendhaft,*
*darum besitzt sie Tugend;*
*die niedere Tugend vernachlässigt nicht die Tugend,*
*darum ist sie tugendlos.*[120]

Der buchstäbliche Widerspruch (im *Laotse*) muß also als Befreiung vom Niedergang durch Bestimmung verstanden werden

Der Bezug auf die Moral erlaubt es, dies auf die allgemeine Erfahrungswelt zu übertragen: Jene Tugend (oder Fähigkeit), die ihre Tugend (oder ihrer Eigenschaft) nicht überwinden will, sondern, sich hartnäckig auf sie versteifend, eifrig alle ihre Vorzüge zusammenzählt, ist nicht wirklich tugendhaft; sie erlahmt in ihrer Bestimmtheit, besitzt keinen Schwung und daher auch keine Tragweite. Wohingegen die höhere Tugend, die sich nicht pedantisch (pingelig) zur Tugendhaftigkeit zwingt, sondern sich wenig um die Tugend schert, so wie auch die ausgereifte Beredsamkeit sich wenig um die Redekunst schert, im Vorfeld der kleinlichen Gegensätzlichkeiten zwischen dem, was als »tugendhaft« anerkannt ist oder nicht, verbleibt. Anstatt sich dahinter einzuschränken und sich im Stadium des eingrenzenden »Gibt es« einzusperren, dem der punktuellen und herausgehobenen Wirkungen, die ihr Lob einbrächten, aber auch, anstatt sich von ihnen Grenzen setzen zu lassen, verbleibt sie an der stillen, noch nicht unterteilten Quelle der Wirkung; und sie kommt in ihr noch in den Genuß der zur Entfaltung bringenden Unendlichkeit des Undifferenzierten (des »Gibt es nicht« des Grundlegenden).

Geübt, wie die chinesische Sprache im Spiel der Parallelsetzung ist, welche die Gegensätze zueinander in Beziehung setzt, und frei, wie sie auch von jeder unterordnenden Konstruktion in der Syntax ist, wobei sie in der Morphologie nicht einmal Deklination und Konjugation kennt, besaß sie am Ende des Altertums eine besondere Veranlagung zum Ausdrücken der Koexistenz sowie der Umkehrbarkeit der Gegenteile – Zhuangzi macht sich ein Vergnügen daraus. Der taoistische Denker greift auf die Begriffe »positiv« und »negativ« zurück, die vom chinesischen Denken bei der Herausbildung seiner Auffassung der Gegenteiligkeit frühzeitig als Urteile abstrahiert worden sind (solche wie »das ist (so ist es) gut«, »ich bin dafür« und »das ist es (ist so) nicht«, »ich bin dagegen«: *shi* und *fei* 是 非) und kann so leicht aufzeigen, um sich aus dem Streit zwischen den verschiedenen Schulen herauszuhalten, daß, sobald etwas Positives heraussticht, Negatives auftritt; sobald man eine These vertritt, verlangt diese nach ihrer Widerlegung, und diesem Zwang unterliegt von nun an die Philosophie: ein jeder zieht sich auf einen parteiischen Blickpunkt zurück, indem er befürwortet, was er bei sich vorfindet, und bemängelt, was er nur bei den anderen vorfindet (die Konfuzianer behaupten, was von den Mohisten bestritten wird, und *vice versa*). Allerdings verkehren sich die beiden voneinander abhängigen Begriffe ineinander und tauschen ihre Stellung: »dieses« ist auch »jenes« und »jenes« »dieses«, diese Seite kann zu jener werden so wie auch jene zu dieser.[121] Die Weisheit besteht folglich darin, sich nicht mehr von diesen rivalisierenden Positionen und ihrer Einseitigkeit abhängig zu machen, sondern durch Ablassen von ihrer unfruchtbaren Gegenüberstellung ihre »Gleichwertigkeit« (*qi* 齊), die Übereinstimmung des Grundlegenden, ans Licht zu bringen (von daher ist diese Auffassung, obschon sie ähnliche Argumente verwendet, weder relativistisch noch skeptisch). Das ist der »Dreh- und Angelpunkt«, der auf die »Bahn« *(tao)* der *Lebensfähigkeit* führt und es erlaubt, sich vom »Zentrum des Kreises« aus sowohl zur einen als auch zur anderen Seite zu drehen und somit *gleichermaßen*, also in unerschöpflicher Weise, für beides offen zu sein; das ist auch das *Offen-sein* des Weisen, nach seinem Vorbild geschaffen, der mittels des *Öffnenden* dieses Aufbrechens die Frontstellung zwischen den Positionen verläßt und dem Ansuchen einer jeden von ihnen »nachkommen« kann, indem er zu der jedem »So« innewohnenden

Spiel der Verkehrungen zwischen dem Positiven und dem Negativen (im *Zhuangzi*)

Offensein durch gleichartige Öffnung gegenüber dem einen wie dem anderen

151

(immanenten) Logik zurückkehrt: indem er im Zusammenhang begreift (*com-prehensio*, mit dem *cum* wie in Kohärenz), mittels Öffnung seines von den Starrheiten von wahr oder falsch, gut oder schlecht befreiten Geistes, wie jedes »So«, »von sich ausgehend« (*ziran* 自 然 ), das heißt der legitimierenden Bewegung seiner Entstehung entsprechend, nun einmal »so« ist.

Darum habe ich mich vielleicht auch, als ich weiter oben, den typologischen Kriterien vom *Abbau des Bösen* und *Aufsaugen des Übels* entsprechend, China eine Extremposition im Spektrum der Weisheit zuwies, wieder vorschnell der Illusion einer Parallele hingegeben: denn ich habe den Abstand mittels einer noch immer zu *uns* gehörenden Topik eingebunden. Zwischen einander fremden Kulturzusammenhängen kann dieser nämlich nur durch Entassimilierung und schrittweise Umgestaltung ermessen werden – da bedarf es ebenfalls des Prozeßhaften: Durch Überschneidungen läßt man einen Rand erscheinen, der einen Bezugspunkt darstellt, geht aber gleich anschließend über ihn hinaus. Wir wollen also über die Unterwerfung des Bösen unter das Gute, auf die bei uns die Theodizeen hingearbeitet haben, hinaus gehen. Denn anstatt zu wollen, daß das Böse auf den alleinigen Stellenwert einer Schattenseite des Guten, keinerlei Sein noch Konsistenz mehr besitzend, reduziert wird, oder aber aufzuzeigen, daß das Böse, der Tod und das Leiden ihren Platz im Gemälde des Lebens besitzen und legitime Teile davon darstellen (diese Beziehung zwischen dem Teil und dem Ganzen liegt dem griechischen Denken zugrunde), betreibt der taoistische Denker die Auflösung der Gegensätze: Er öffnet die Gegensätze füreinander, bringt sie auf ihren undifferenzierten Urgrund zurück und läßt sie miteinander in einem fortdauernden Prozeß (*Tong*-Begriff 洞 ) kommunizieren, bei dem er niemals die Globalität aus den Augen verliert (denn in China besteht der Gegensatz eher zwischen dem Globalen und dem Lokalen).[122] Es gibt keinen Bruch mehr

Wo die Chinesen die von der Theodizee erstellte abendländische Topik verlassen

Aufsaugen der Gegensätze in der sich endlos erneuernden Fortdauer des Prozesses

152

zwischen dem Leben und dem Tod, da es eine wechselnde Atembewegung zwischen der Phase der »Konzentration« (der Energieatem: das »Leben«) und der seiner »Zerstreuung« (des Todes) braucht, und also »was mich mein Leben gut finden läßt, mich auch meinen Tod gut finden läßt«. Genauso sollte man besser den Gegensatz zwischen Yao, dem »guten« Herrscher, dessen Loblied über viele Jahrhunderte hinweg gesungen wurde, und Jie, dem »schlechten« Fürsten, dessen schreckliches Bild auf ewig in den Köpfen eingegraben ist, fallenlassen (»vergessen«) und, so Zhuangzi weiter, durch sie den harmonisierenden und als solchen »vollkommen ausreichenden« Einheitsprozeß wiederfinden, aus dem »durch Umwandlung« unablässig das Leben kommt.[123] Ich muß mich also zu nichts anderem bekehren, meinen Blick nicht auf eine andere (himmlische oder ideale) Welt richten, um dort die hier fehlende Harmonie zu finden, sondern es reicht, wenn ich, indem ich die Gegensätze von ihrer ausschließlichen Bestimmung befreie, mich nicht mehr von einem von ihnen in Beschlag nehmen lasse und mich zwischen ihnen »hin und her bewege«, »nach Belieben« – so lautet der wichtigste und einfachste Begriff der Weisheit.

Sich im Element des Lebens hin und her bewegen (*you* 逰 : der Weise »bewegt sich im *Tao* fort« wie »der Fisch im Wasser«, wie es in diesem überaus einfachen Bild heißt[124]) ist das Gegenteil von *existieren*, das die Philosophie, vom Religiösen ausgehend, dramatisch in den Vordergrund gestellt hat: Sowohl die Gottverlassenheit des »geworfenen« Seins wie auch sein Vorausblicken hin zu einer Finalität, dieses *zu* des »Seins zu« (und zuallererst des »Seins zum Tode«: Heidegger), das nach einer Richtung für dieses Durchqueren verlangt, werden von nun an völlig vergessen. Da die Negation, über den Gegensatz hinweg, der Bestimmung von innen heraus dasjenige nimmt, was an ihr stets als blockiert und beschränkt oder auch bloß gezwungen erscheint, kann ich nach dem Wortlaut des *Laotse* »handeln, ohne zu handeln«,

*(Marginalien:)* »Sich hin und her bewegen« / Existieren

»Nach Belieben« oder dramatisch

»Handeln ohne zu handeln«

»schuften ohne zu schuften« oder »das Geschmacklose schmecken«.[125] Ich versage mir weder durch Verzicht kategorisch das Handeln, noch lasse ich mich von seinen Gegenstand nötigen oder fesseln. Oder: ohne mich von der Bestimmung eines bestimmten Geschmacks, dieses und keines anderen, beschränken zu lassen, lasse ich das »Fade« in ihm sich entwickeln, seinen noch undifferenzierten Geschmack vor den Trennungen (mild / scharf, salzig / süß), was es mir erlaubt, mich nach Belieben »hin- und her zu bewegen« und das Schmecken unbegrenzt fortzusetzen. *Sich hin- und her bewegen* ist daher das Verb des von den starren Zuweisungen befreienden Offenseins: Ich lasse nicht mehr das »Ich bin dafür« (oder »Ich bin dagegen«: Bildung einer kategorischen, harten Position) wirken, sondern »beherberge« alles, was kommt (ohne es jedoch zurückzuhalten), »in seiner Nutzbarkeit«, wie Zhuangzi es wunderbar ausdrückt, und lasse es »kommunizieren« mit anderem, wie es die Umstände *mit (cum)* sich bringen. Jener Klageruf, den Zhuangzi über den Unsinn der Existenz ausgestoßen hat und der als ein für das gesamte Menschengeschlecht geltender Schrei verstanden wurde, sich über die Unterschiede der Kulturen und Zeitalter hinweghebend, wurde da nicht etwa erstickt oder von einer neuen sinnverheißenden Offenbarungsbotschaft besiegt, sondern läßt sich unter der Wirkung jener – hinreichenden – Kohärenz auflösen, die sich allein durch den Aufschluß der Gegensätze andeutet.

Ob es sich nun um die »höhere Tugend« handelt, die, weil sie »nicht tugendhaft ist«, nicht namentlich oder bestimmt tugendhaft, »Tugend besitzt«, oder um das Geschmacklose (das Fade), das, weil es sich nicht durch Differenzierung gegenüber den anderen zum wechselseitigen Ausschluß der Geschmacksrichtungen hinreißen läßt, umso schmackhafter ist –, die Negation befreit hier die Bestimmung, indem sie diese in ihrem Innern daran hindert, mit sich selbst übereinzustimmen, von jenem schwerfälligen Versinken in sich selbst, die zu ihrem Erlahmen führen würde; wie sie auch, indem sie die Bestimmung aus ihrer ausschließenden Abgrenzung von den anderen herausholt, diese in ihrem tiefsten Innern die verborgengehaltene Kohärenz wiederfinden läßt, mit der sie zur harmonischen Entfaltung gebracht wird. Was hält nun den taoistischen Denker – er, der die Wechselbeziehungen und die Umkehrung ins Gegenteil versteht – davon ab, auf seinem Weg den (Hegelschen) Widerspruch und dessen Fruchtbarkeit zu entdecken, wenn doch die beiden Denkweisen nebeneinander herlaufen (daher die Analogien), jedoch nicht aufeinandertreffen? Von der Verzweigung aus, die bei der Urgegenteiligkeit auftrat, erkennt man, daß es hier auf der chinesischen Seite an der Hervorhebung eines Ich-Subjekts »fehlte«, an jenem griechischen *autos*, durch das die Gegenteile ihre wechselseitige Erzeugung überwinden und sich jeder zu einer Wesenheit erheben, dem Selbst, zugleich das Ich und das Selbe (Selbstheit und Identität): Die Chinesen hatten also keinen Begriff von der Hegelschen Bewegung des *sich* in sich »selbst« Widersprechens oder des sich selber Widersprechens zwecks Selbstwerdung, wobei jede Bestimmung des Selbst dessen erste Negation darstellt, die vom Selbst negiert werden muß, damit es aus der Substanz sich zum Subjekt erheben kann. Bei dieser Gelegenheit wollen wir im Gegenzug erklären, wodurch dieser Abstand im Vorübergehen unbemerkt bleiben konnte. Ich habe weiter oben folgendermaßen übersetzt: Wenn das *Yin* zu seinem Endpunkt gelangt, »ergibt sich daraus das *Yang*« (gemäß jenem leeren vermittelnden Wort *er*: »aber« / »so daß«) und nicht: wird *es* zum *Yang*. Ich glaube, daß, so wie die Chinesen am Sein vorübergegangen sind, sie auch keine eigentliche Vorstellung vom Werden besaßen – jenes Werdens, das nur im Schatten des Seins, weil durch Gegenüberstellung mit ihm denkbar wird (*einai / gignesthai*; das Chinesische verwendet seinerseits Ausdrücke, die man eher mit »wechseln«: *yi* 易 , »verändern«: *bian* 變

Überwindung (bei Hegel) oder Auflösung (bei den Taoisten)

oder »umgestalten«: *hua* 化 übersetzen kann, welche allesamt Prozesse bezeichnen). Denn in der Idee vom Werden war und ist widersprüchlich, aber irreduzibel die Forderung nach einem Subjekt (einer Qualität) inbegriffen, wonach diese(s), um fortbestehen zu können, erst an sich selbst zugrundegehen und sich von sich ab-wenden (lat. *de-venire*, vgl. mit franz. *devenir* für »werden«) muß.

Nachdem ich so parallel diese Entwicklungen des Denkens verfolgt habe, ziehe ich zur Erklärung mindestens drei Schlußfolgerungen: 1. Die Chinesen haben die Lösung der Gegensätze als deren Auflösung (und Rückkehr zum Undifferenzierten) gedacht und nicht als deren Überwindung (jenseits von These und Antithese). 2. Die Chinesen haben in der Rückwendung auf das Grundlegende die Gelassenheit der Weisheit erfaßt, aber nicht das tragische Absolute, das sich, um absolut zu sein, selbst zerreißt (wie in der christianisierenden Deutung Hegels, an der Jean Hyppolite festhielt: Gott ist nur wirklich Gott, wenn er zum Menschen wird und den Tod und das Schicksal der Menschen teilt, um diese schließlich zu überwinden und Geist zu werden); darum haben die Chinesen auch nicht den (historischen) Fortschritt gedacht sondern den (naturhaften) Prozeß durch Variation, zugleich Veränderung und Dauer (*bian-tong* 變 通 ). 3. Die Chinesen haben infolgedessen die modernen Aspekte ihrer Lehre im Abendland zusammensuchen müssen (daher übernahm Mao zum Denken der Revolution den dialektischen Widerspruch, wenn er auch dabei wieder in den Bereich der Gegenteiligkeit zurückgebracht wurde).

Fortschritt / Prozeß

In China hat man sich dagegen dafür interessiert, zuallererst im *Laotse*, herauszufinden, um einen Nutzen daraus zu ziehen, worin die manipulatorische Verwendbarkeit einer solchen Gegenteiligkeit läge. Weil die Weisheit (oder Strategie: die Logik ist dieselbe) darin besteht, hinter der Dualität der Gegenteile zu erkennen, wie das eine vom anderen abhängt und dazu bestimmt ist, sich darin zu verkehren, wird

156

geraten, anstatt direkt und namentlich ein als Ziel gestecktes »Dieses« erreichen zu wollen, sich lieber in das Stadium seines Gegenteils zu begeben, um durch die eigentliche Logik der laufenden und die Lage nach und nach verändernden Vorgänge von diesem Gegenteil auf *dessen* Gegenteil gebracht zu werden. Da jede Bestimmung der Dinge sich bekanntlich auf ihr anderes hin abwandelt, das »Lokale« auf das »Totale«, das »Krumme« auf das »Gerade« oder das »Leere« auf sein »Ausfüllen«, soll man nicht von Anfang an das Totale, das Gerade oder das Volle wollen (diese können sich dann bloß noch selbst auflösen: sich zerstückeln, verbiegen, entleeren), sondern sich vom Stadium des Lokalen, Krummen oder der Leere aus in die entgegengesetzten Stadien der Fülle ziehen lassen.[126] Oder im Gegenteil: Wenn wir den Rückzug des Anderen wollen, verdeutlicht nochmals der *Laotse*, muß es zunächst »ureigentlich« (auf das Ureigene der Situation bezogen: *gu* 固, d.h. seiner Immanenzlogik zufolge) entfaltet werden, oder, wenn sie es schwächen wollen, gefestigt, oder, wenn wir es ausschalten wollen, gefördert werden[127] (will man einen Tyrannen stürzen, fügt Wang Bi in seinem Kommentar hinzu, ist es nutzlos, seine Bestrafung zu suchen, man soll ihn einfach weitermachen lassen und er wird selber seinen Untergang herbeiführen). Man soll sich selber nach hinten (in den Hintergrund) stellen, um nach vorne gebracht zu werden, denn die anderen werden uns dann von sich aus holen kommen.[128] Hinter dem, was uns bloß als eine mehr oder weniger gezwungene Methode erscheinen könnte, muß man einen »scharfen Verstand« sehen, der nicht jener dialektische (d.h. im Diskurs wirkende: von Platon bis Hegel) des Widerspruchs ist, sondern vielmehr die *strategische* Intelligenz des *Entgegen-führens*: der nicht auf der Ebene des Sagens, sondern des Führens oder vielmehr des Folgerns, des In-duzierens (*ducere* und nicht *dicere*: wie man auch von In-duktion spricht) wirkt. Der *Laotse* deduziert so aus der Wechselbeziehung der Gegenteile die Mög-

Manipulatorische Verwendung der Gegenteiligkeit, die von selbst zu ihrem Gegenteil führt (Laotse)

Um vorangebracht zu werden, sich in den Hintergrund stellen

Widerspruch und Entgegenführen

157

lichkeit, die Wirkung *a contrario* zu induzieren. Da »die Bewegung des *Tao* in der Umkehrung besteht«[129] (oder da die Lage »sich gerne in ihr Gegenteil verkehrt«), erzielt man Wirksamkeit nicht dadurch, daß man direkt auf eine Wirkung aus ist, was stets teuer kommt und dem Zufall überlassen bleibt und auch Risiko und Verausgabung einschließt, sondern indem man von einer Situation des Mangels (oder der Leere) Gebrauch macht, der dann abgeholfen werden muß; und da die Logik des induzierten Vorgangs von selbst tätig wird, »funktioniert« sie »sanft« – man muß sich nicht besonders anstrengen und läuft auch nicht Gefahr, eine Gegenwirkung hervorzurufen.

Revolutionäre Dialektik gegen politische Strategie

Haben es nicht alle großen Politiker schon immer auf die eine oder andere Weise gewußt? Lassen wir Mao ganz außen vor und erwähnen Deng Xiaoping, vor sowie nach der Kulturrevolution, wie er nach dem Versiegen des revolutionären Aufbegehrens auf eine unvermeidbare Rückkehr der ökonomischen Logik zählte (oder De Gaulle, der sich nach Colombey zurückzog und darauf wartete, daß die wachsende Ohnmacht des Parteiensystems eine Verfassungsänderung ermöglicht, – anstatt dabei seine Autorität ins Wanken zu bringen). Wir müssen dennoch anerkennen, daß wir in Europa kein Theoriemodell dafür entworfen haben: Ein großer Mann wäre nicht derjenige, der sich selbst nach vorne drängt, indem er der Sache die Stirn bietet und versucht, sich sofort durchzusetzen, und in sich heroisch die Subjektfunktion hervorhebt – das wäre seine Initiativmacht, die ihm Ruhm einbringt (die ihn aber auch im Handeln ermüdet, denn dieses schafft Belastungen und läßt ihn auf Widerstand stoßen). Sondern es wäre vielmehr derjenige, der es wie der Weise im *Laotse* verstünde, sich vorübergehend und unbemerkt in den Hintergrund zu begeben, so daß der die Lage bestimmende Hang, ausschließlich über Schwächung und Umkehrung der Faktoren wirkend, zu einem tragenden Element – einem treibenden Negativen – wird und ihn »rufen« kommt.

Dafür sorgen, daß man von der Situation aufgesucht wird

158

# XI.

## Das treibende / lähmende Negative

Am Ende kreist alles um den Hauptbegriff des treibenden Negativen; und infolgedessen kristallisiert sich an ihm das Denken zu einem neuen Punkt höchster Anforderungen. Wir wollen nun deshalb von seiner strategischen Verwendbarkeit – die von den Chinesen schon seit langem erkannt und genutzt wurde – zu seiner theoretischen Ausarbeitung übergehen, mit der die europäische Moderne entstanden ist. Denn der Widerspruch beschränkt sich in seiner Legitimierung nicht auf den Nachweis, wie das Negative am Prozeß der Dinge mitwirkt und wie es infolgedessen eine – relative – Positivität innerhalb des kohärenten Ganzen an sich entdeckt. Gerade dadurch zwingt die Dialektik, mit ihrer revolutionären Einführung der Geschichte, zum Bruch mit der großen, so lange unbeweglich gebliebenen Traditionslinie der Theodizeen: Mittels seiner inneren Unangepaßtheit an die Bestimmtheiten verhindert das Negative, daß diese sich mit ihrem gegenwärtigen Dasein zufriedengeben, holt sie aus ihrer Vereinzelung und Unveränderlichkeit heraus und wird so zur treibenden Kraft in ihrem Prozeß; die Vermittlung des Negativen erscheint somit als das Zentrum oder der Kern des Positiven. – Wir wollen zum Ausgangspunkt Hegels zurückkehren, ja uns seine Begriffe zu eigen machen, da die Frage des Fortschritts durch das Negative nunmehr untrennbar mit seinem Denken verbunden ist. Als Negation der Negation, was an sich jede Bestimmung ist, denn letztere, wie man seit jeher weiß, kann nur mittels Gegenüberstellung tatsächlich bestimmt werden, schafft das Negative (der Dialektik) eine erneute Öffnung auf dasjenige andere, das die Bestimmung zu ihrer eigenen Bestimmung negiert hatte. Somit entdeckt es an der Bestimmung, daß diese sich nicht mit sich selbst

*Wichtiger Wendepunkt: der Fortschritt über das Negative*

*Unerschöpfte Kraft der Hegelschen Idee: Die Ungleichheit seiner selbst mit sich selbst bringt das Selbst dazu, über sich hinauszugehen und sich zum Subjekt zu erheben*

zufriedengeben kann oder ein Anderssein in sich trägt, und führt sie dazu, sich von sich loszulösen – zugleich aus sich heraus und von sich selbst – und trägt sie zu ihrem Jenseitigen. Diese *Ungleichheit*, oder diese Nichtübereinstimmung seiner selbst mit sich selbst wie auch seiner selbst mit seinem Gegenstand, kann als Mangel angesehen werden, bemerkt Hegel,[130] und derart wird sie ja auch zuerst empfunden, auf jeden Fall ist sie schmerzlich – Ach! Der »Schmerz« und die »Geduld« und die »Arbeit« des Negativen! –, doch gerade sie bringt das Selbst dazu, von sich abzulassen um voranzuschreiten, und ist also im wesentlichen fruchtbar und nützlich.[131] Denn nur unter diesen Umständen beschränkt sich die »Substanz« nicht bloß darauf, eine inhaltslose Subsistenzform in einer statischen und also sterilen Gleichartigkeit mit sich selbst zu sein, sondern, insofern sie sich selbst negiert oder widerspricht, sich zur Selbstfindung in Stücke reißt und in ihrer Selbstabstoßung dazu getrieben wird, über sich hinauszugehen, erhebt sie sich zum *Subjekt*, das niemals ist, was es ist. Das einzige Absolute ist nunmehr diese Unruhe, *Un*-ruhe im wahrsten Sinne des Wortes, Nicht-ruhen in sich selbst, welches somit den Weg zum Werden öffnet.

Wir verdanken Hegel den Nachweis, wie das Negative durch seine Verinnerlichung und Selbstreflexion zum *Bewegenden* wird, das das Prinzip des Selbst darstellt – doch kann man denn zugleich verkennen, wie sehr diese verschiedenen Momente, wenn man sie jetzt von jenem chinesischen Außen aus betrachtet, von bestimmten theoretischen Weichenstellungen abhängen, mit denen die europäische Vernunft sich herausgebildet hat? Denn während es eines der tiefgreifendsten Merkmale des chinesischen Denkens ist, jedweden Bruch mit der Welt zu vermeiden, indem es lehrt, stets in Harmonie und »in Kontakt« mit ihr zu sein, wird das am Anfang des Selbstbewußtseins stehende Negative von Hegel zunächst aufgefaßt als eines der *äußeren Wirklichkeit* gegenüber dem Bewußtsein, das als natürliche Begierde zutage

*Von China aus betrachtet*

*Verinnerlichung (und Fortschritt) vom Negativen im Selbstbewußtsein:*

160

tritt, wobei dieser äußere Gegenstand nicht geachtet werden soll, sondern verbraucht und negiert werden muß, damit das Selbst in dieser Negation des Andersseins seine eigene Einheit mit sich selbst schaffen und sich als »Selbst« setzen kann (1). Dann (jenes *dann* der Herausbildung des Selbstbewußtseins analog zur vorhergegangenen Herausbildung des Bewußtseins in Beziehung zum Gegenstand), wenn dieses »Andere« selbst als einzelnes auftaucht, ohne dabei immer schon als komplementäres Gegenteil oder wie ein Partner (das chinesische *Yin* und *Yang*) in eine bestimmte funktionale Beziehung eingebunden zu sein, sondern gesetzt als ein sich selbst wie das Selbst in sich selbst Reflektierendes, wird das Negative zu diesem anderen (Lebendigen) des *anderen Bewußtseins*, dessen Selbst nach Anerkennung verlangt, da es nur für sich sein kann, insofern es für ein anderes ist, dem es also die Stirn bieten muß – jeder verlangt es umgekehrt vom anderen –, wobei es das eigentliche, unmittelbare Leben des Selbst riskiert und negiert (2). Daher rührt der Kampf auf Leben und Tod zwischen einem Bewußtsein und dem anderen (doch sollen wir nicht diese Sequenz getrennt von der Gesamtheit der Dialektik betrachten), der zum Gegensatz von Herrschaft und Knechtschaft führt, und dieser wird sich nunmehr so im Innern eines jeden Bewußtseins reflektieren (3). Dieses Moment ist noch stärker kulturell geprägt, da es eine Inkarnation des Göttlichen (in der Gestalt von Christus) voraussetzt, die dem Bewußtsein als Vermittlung mit sich selbst dienen und es das Nichts des »Selbst« spüren lassen kann. Denn da das Negative sich nun *im Innern des Selbst* einrichtet und dieses gegen sich selbst stellt, wird jedes Selbstbewußtsein in seiner Verdopplung zu einem gebrochenen Bewußtsein, das das Unwandelbare (als Wesentliches) jenseits seiner selbst stellt und sich selber negiert, wobei es sich gegenüber dem gottgewordenen Unwandelbaren als Unwesentliches (»unglückliches Bewußtsein«) setzt. So opfert es seine Subjektivität, um sich zu sich »selbst« zu erheben; und

(die äußere Wirklichkeit von der Lust negiert)

(das andere Bewußtsein wird im Kampf um die Anerkennung negiert)

(das Selbst negiert sich selbst im Namen des vergötterten Unwandelbaren) aus dieser Selbstnegation macht es eine Vermittlung mit sich selbst.[132]

Kann die Hegelsche Bewegung des Selbstbewußtseins von den geschichtlichen Ereignissen in Europa getrennt werden?

Das Problem, vor das uns die *Phänomenologie* jetzt stellt, besteht darin, daß sie im Modus einer logischen Allgemeingültigkeit etwas als Erfahrung »jedes Bewußtseins« geltend macht, das eigentlich das besondere Werden des europäischen Bewußtsein darstellt; und man kann dieses die Negation austreibende Verfahren, das von Hegel auf die Betrachtung von Geschichte und Kultur übertragen wird, insbesondere nicht von der Entstehung der griechischen Polis (wo der schmerzliche Verlust der Freiheit erkannt wird) und des Römischen Reiches (wo die Allgemeinheit des Rechts eingeführt wird) trennen, oder von der Entstehung des Judentums und des Christentums (wo zuerst der Graben zum Jenseits vertieft und dann langsam nach einer Versöhnung mit ihm gesucht wird) oder der Entstehung der Aufklärung in Gegnerschaft zum Aberglauben usw. So als ob die Zivilisation sich nicht andernorts parallel weiterentwickelt hätte, oder als ob die Geschichte außer in Europa überall früh zum Stehen gekommen wäre und das Weltschicksal nur aus diesem einzigen Weg bestünde. Durch das Erzwingen eines Verzichts auf die glückliche Unmittelbarkeit des Ursprünglichen (des Naturhaften: jenes der »schönen ethischen Substanz«, das dem griechischen Glück zugrunde liegt) täte sich somit vor *der ganzen Menschheit* dieser so weite Weg der Negation und Vermittlung auf, der beim Skeptizismus (Griechenlands) beginnt, mit dem Exodus der Juden jedoch abgründig vertieft wird – jener Weg der Selbstvermittlung durch Selbstnegation oder der Selbstüberwindung durch Selbstentgegnung –, so daß der sich zum Absoluten Wissen hinbewegende Geist zur Selbstfindung unaufhörlich sich entfremdet, zur Selbstüberwindung (Selbstaufhebung) sich entäußert und in seinem ständigen Fliehen vor sich selbst zu dem wird, was er ist: »Geist«, aber immer noch ein sich verneinender Geist.

Beispiel: Hat sich in China ein unglückliches Bewußtsein entwickelt? (Oder ist China nicht ganz anders strukturiert?)

Haben sich in China keine modernen Theorien entwickelt, weil dort nicht die Bewegung der Selbstnegation bekannt war?

So wie wir seit den Anfängen der Philosophie von dem versöhnenden, wenn auch noch zersplitterten Gestus der Theodizeen geführt wurden und durch Hegel jetzt einheitlich und logisch dazu geleitet werden, uns das Negative als etwas vollständig Einbezogenes vorzustellen, das den Prozeß fördert und aus dem sich aller Fortschritt und folglich alle Positivität ergibt, könnten wir fast vergessen, uns folgende, nichtsdestotrotz grundlegende Frage zu stellen: Gibt es ein Negatives, das zu nichts »dient«, das absolut nicht zum Positiven gewendet werden kann und unrettbar negativ ist – kurzum ein *negatives* Negatives? Nur wissen wir seit langem schon, daß dies weder der Tod (ohne den wir uns des Lebens nicht bewußt wären) noch der Unfrieden, das Leiden, die Krankheit usw. (ohne die wir Ordnung, Geruhsamkeit, Gesundheit usw. nicht empfinden könnten) sein kann, auch nicht der so verrufene Krieg (er schafft ja einen neuen inneren Zusammenhalt vor dem Gegner), ja nicht einmal das Böse (es wird dazu gebraucht, um das Gute in seiner Arbeit anzuregen) usw. All diese Übel, über die der Mensch, angesichts eines ihn nicht erhörenden Gottes, unentwegt klagt, wurden vor langem schon von den Theodizeen zum Positiven gewendet, indem sie sie in eine Großkomposition, die Weltsyntax, einfügten, welche die Harmonie im Gesamtbild herstellte, und sie haben an ihnen sogar eine Finalität entdeckt. Konnten die Theodizeen auch wegen des in uns verbleibenden (widerstehenden) Rests an Individualität, von Ereignisfaktur und mit einem anmaßenden Verlangen nach Existenz, nicht völlig überzeugen, haben sie dennoch die Vorstellung hinterlassen, eine Rechtfertigung sei möglich, denn sie haben, wenn schon nicht einen Plan, so doch zumindest etwas Zusammenhaltendes und Verbindendes in allem Lebendigen ans Licht gebracht. Gibt es also ein unrettbares Negatives, ist es zweifellos geheimer und subtiler, ja es ist nicht zu erkennen – sonst hätte die Rechtfertigungsmaschine der Theodizeen es bearbeitet – und es verbirgt sich.

Auf der Kehrseite von Hegels Negativem

Gibt es ein unrettbares Negatives (absolut Negatives)?

163

Wie ich glaube, wird es zunächst auf der Kehrseite von Hegels Negativem, dessen Anspruch ich zunächst in Erinnerung rufen mußte, sichtbar, wo es sich als ein nicht mehr treibendes, sondern *lähmendes* Negatives versteckt: wenn die Bestimmung, eben weil sie nicht mehr der Negation ausgesetzt ist, sich nicht mehr schmerzlich von sich selbst löst, um sich ihrem anderen gegenüber zu öffnen, sondern bequem in ihrer Spezifizierung erstarrt, in ihr schwerfällig versinkt, sich verknöchert und verdinglicht. Auf der Kehrseite des mitwirkenden und fördernden (aber zerreißenden) Negativen liegt das auflösende und zum Stehen bringende (also lindernde) Negative; es ist das Negative einer sich langweilenden, einschlafenden und gleichförmig werdenden Positivität: Es kommt dann zum *Niedergang* einfach durch ein *Sich-Ausbreiten*; oder: dieses Negative ist zwar verborgen, doch nicht etwa an einem geheimen Ort, an dem es mehr oder weniger unheilvoll lauern würde, sondern inmitten all desjenigen, woran keiner mehr Anstoß findet und das an seiner Selbstverständlichkeit zugrundegeht.

Es würde um so mehr der Mühe lohnen, sich ein wenig bei dieser Kehrseite aufzuhalten und sie zu beschreiben, als das Negative hier nicht mehr hervorsticht, sondern sich unvermutet und friedlich verkriecht. Während das Negative des Widerspruchs durch seine Vermittlungstätigkeit die Dinge unter Spannung setzt und von sich aus eine Weiterentwicklung hervorruft, nimmt dieses zum Erlahmen bringende Negative durch Abdämpfung den Schwung aus der Konstellation – macht sie durch Angepaßtheit unproduktiv: In ihm wird das Werden gehemmt, die Möglichkeiten schrumpfen zusammen, dieses Negative führt die sich in sich selbst zurückziehende Struktur zur Trägheit und macht sie kraftlos. Denn eine Fähigkeit ist ihrer selbst beraubt, sobald sie sich in sich selbst bestärkt und keiner Gefahr mehr ausgesetzt ist. Ein Negatives der Stasis oder schlimmer noch der Stagnation, derart ist die Zurücknahme der Intensität *von sich aus* schon

164

ein Verderben. Man würde jedoch kaum daran denken, diese einfache Wirkung der Dauer oder vielmehr der *Dauerung*, wie ich es nennen will (sie ist wie jene stille und aushöhlende Umwandlung durch Einsinken und Erlahmen) zu verdächtigen, da sie sich ja überaus gleichmäßig ausübt, durch fortschreitende Ablagerung und Abtragung zugleich, unbemerkt selbst von denen, die davon betroffen sind, weshalb man sie auch kaum im Griff hat. Darum könnte man auch dazu gebracht werden, sie unbeachtet zu lassen, wenn das Negative nicht plötzlich mit aller Wucht wiederkehren würde, da es aus dem Zustand, in dem es sich vereinzelt aufgestaut hatte, auf heftige, ja explosive Weise entweicht und uns einholt (die berühmte »Rückkehr« des Negativen); oder wenn es nicht dazu neigen würde, sich in sein Gegenteil zu verkehren, jedoch immer heimlich und unvermutet, wie es das 20. Jahrhundert in großem Maßstab erlebt hat: Die Revolution vollzog mit ihrer Erstarrung durch Erstarkung eine Wende und verwandelte sich nach und nach in einen diktatorischen und reaktionären Apparat, von dem eine neue Unterdrückung ausging; die Gewerkschaftsbewegung, die die Emanzipation der Arbeiterklasse angeführt hatte, wandelte sich mit ihrer Institutionalisierung zu einem Sumpf von Korporationen mit starren Interessen, usw.

Unzählige Romane haben folgende schrittweise sich vollziehende »Veränderung« zwischen Liebenden beschrieben: Manchmal breitet sich ein Schweigen aus, nicht mehr aufgrund von Verbundenheit, sondern wegen einer unbestimmbaren Verlegenheit; an ihren Sätzen bemerkt man das Schwinden ihrer Vertrautheit, jedenfalls wird darin nicht mehr ganz dasselbe innige Verständnis spürbar, und manchmal hat man sich gar nichts mehr zu sagen, auch wenn alles »wie früher« zu sein scheint – die Liebesgesten müssen deutlicher werden, etwas weicht vor ihrem Nachdruck zurück; da kommen unvermutet die unangenehmen Seiten des anderen zum Vorschein, auf einmal fallen überraschend harte

*Verknöchernde Wirkung der Dauerung*

*Heftige Rückkehr des aufgestauten Negativen*

*oder allmähliche Umkehrung*

Worte und man läßt alles heraus (siehe *Anna Karenina*,
Michel Butor usw.; bildete sich diese Logik nicht bereits im
Übergang von der höfischen zur bürgerlichen Liebe zwischen den beiden Teilen des *Rosenromans* ab?). Hier braucht
man keine Moralpredigt zu halten und auch keine Psychologie zu betreiben, auf »Subjekte« verweisend, und es wäre sogar ziemlich töricht, auf diese Art hierüber zu sprechen (der
»Egoismus« des anderen Menschen oder ein bestimmter Cha-
rakterzug an ihm – das sind allenfalls Folgeerscheinungen),
es kann in diesem Fall noch nicht einmal wie üblich die be-
rüchtigte »zerstörerische Kraft der Zeit«, als verweltlichte
und auf ein Minimum reduzierte Figur der Transzendenz im
Prozeß der Dinge, angeführt werden (oder in ihrer humani-
sierten Ausformung das »Altern«), denn diese Ausdrucks-
weise erweist sich selbst als zu aktiv, da übermäßig attribu-
tiv und recht mythisch (die »Zeit« wird als großer Aktant
dargestellt: Kronos frißt seine Kinder...).[133] Hegel hatte zwar
bereits eine Vorstellung von diesem zum Stocken bringenden
Negativen, aber er beschreibt es ebenfalls, als ein »allmähliche[s] Zerbröckeln«,[134] auf noch zu äußerliche, faktische und
mechanistische Weise, trotz seines grundsätzlichen Organizismus. Drei Uhr nachmittags: Die Sonne verliert sich im Ze-
nit, und die Dinge in ihrem Dasein; das Licht ist gleichförmig
– Langeweile schleicht sich ein und kriecht über die Mauern,
hinterläßt ihren klebrigen Schleim, die ganze Welt gähnt. Sie
kann nur (künstlich?) gerettet werden durch eine glückliche
Wendung und den Einbruch des Abends.

Dieses zum Erlahmen bringende und zersetzende Negative,
das um so schleichender ist, als es normalerweise unbemerkt
bleibt, wenn es sich nach allen Seiten hin ausbreitet, muß
also ausgetrieben werden: denn man kann es nicht zum Arbeiten bringen; und dazu muß es, da es sich in seine Legiti-
mität zurückzieht, wohl hart angegangen werden. Hierzu
soll, zur Beendigung der Stagnation, in der die Bestimmung
versinkt, und solange keine Selbstnegation, d.h. aus sich

selbst erfolgende Negation, es besorgt, der von außen und fast dreist erfolgende *Einbruch* eines *Ereignisses* dienen. Es wird neben vielen anderen möglichen Verkörperungen abwechselnd die Form des Festes (zum Aufbrechen der Gesellschaftsstrukturen), der Revolte (zum Aufbrechen der politischen Strukturen: der Mai '68 war eine Revolte und keine Revolution), des Orgasmus (oder des Streits: um in der Struktur des Paares aufzuräumen), des Rausches, der Ausschweifung, des Spiels oder der Verrücktheit (»verrücktspielen«: um in seiner psychischen Struktur aufzuräumen) annehmen. Voneinander verschieden und doch gleichwertig sind diese Riten, die eher noch zum Purgatorium als zur Katharsis gehören. Allesamt sind es nämlich Rituale, die darauf abzielen, das aufgestaute Passive zu entladen (anstatt einen Triebüberschuß, wie man meinen könnte), durch eine freie Willensentscheidung die in Gang befindliche Abnutzung unterbrechen und die von der Dauerung gefestigte Form ihrer Lähmung reinigen (tilgen). Zahlreiche anthropologische Analysen kommen nämlich, trotz der Unterschiede zwischen den untersuchten Zivilisationsformen, darin überein, daß viele der Orgien des Altertums, weit entfernt davon, irrationale, in ihren Ausschweifungen immer halbwegs unmoralische und sündige Entgleisungen zu sein, es zur regulären Aufgabe hatten, die auf Dauer sich einstellende Erschlaffung zu durchbrechen – und das bis hin zur kosmischen Ebene. Und wenn ich alle diese disparaten, unkontrolliert wirkenden Erscheinungsformen ebenfalls als Rituale betrachte, dann weil sie mir, trotz oder jedenfalls jenseits dessen, was man für ihren inneren und halbwegs unwillkürlichen Antrieb halten kann, allesamt wie eine List der Lebenskraft vorkommen, mit dem Ziel, dieses Erlahmen, das sich uns entzieht und uns zugleich zermürbt, wieder in die Gewalt zu bekommen. Von ihnen ausgehend kann man erneut Erzählungen gestalten, Dramen entwickeln unter Verweis auf gut und böse, Instanzen besetzen und Interesse zeigen: Es gibt

Gegen das schleichende Negative: das Feiern

167

erneut etwas, das hervorspringt, heraussticht und einschnei-
det, etwas, das vor uns geschieht.

Umweg über die
Psychoanalyse

Erlaubt man sich, die Psychoanalyse mit etwas Abstand zu
betrachten, scheint sie mir ebenfalls beides zu bezeugen: ein
treibendes *und* ein lähmendes Negatives. Wenn ich es aber
für nützlich halte, sie hier anzuführen, so vor allem, weil sie
uns einen neuen Schauplatz des Negativen entdeckt und dieses mit neuen Namen belegt: nicht mehr Unrecht, Krieg, Verleumdung, Irrtum, Missetat, Sünde, Reue, Leiden, Krankheit,
Tod, wie in den nahezu gleichbleibenden Aufzählungen der
Theodizeen; sondern etwas, das sie, indem sie allein hinter
der Krankheit sucht, als Zustand der Not oder Depression an-
sieht, als Trauma, Angst, Frustration; oder in spezielleren
Ausdrücken: als Verdrängung und Widerstand; Neurose (als
»Negativ der Perversion«), Spaltung, Todestrieb, Wiederholungszwang; oder spezifischer, wo dieses Negative explizit
(semantisch) erscheint: Verneinung, Verwerfung, Verleugnung, Abziehung; und zuvorderst im *Un-* des Unbewußten,
das, unendlich weit davon entfernt, das Nichts der Inexi-
stenz zu bezeichnen, und mit einem gewissen Anklang an
das »Gibt es nicht« der Taoisten (*Wu*-Begriff), dazu einlädt,
*in* die Tiefe einzutauchen (vgl. frz. *in-conscient* für unbewußt), aus der jede Aktualisierung hervorgeht, und also wieder in jenes Vorfeld zurückzukehren, das den Urgrund der

Die Arbeit des
Negativen in der
*Psyche* (abseits
des moralisch
Bösen)

Vorgänge bildet. Denn es handelt sich eben in diesem Fall
ganz klar um Negatives und nicht um Böses; ja, der Begriff
des Negativen wird von der Psychoanalyse radikalisiert und
zugleich veranschaulicht, und dies aus folgenden Gründen:
1. Der Blickpunkt, den die Psychoanalyse einnimmt, ist nicht
derjenige der Moralität, der auf ein ideales Seinsollen verweist, sondern der der Funktionen und Vorgänge. 2. Sie
denkt nicht in einseitigen Dualitäten, sondern in Polaritäten,
die zusammenwirken oder sich gegenseitig ausgleichen, oder
aber miteinander Kompromisse aushandeln, in jedem Fall in
ständiger Wechselwirkung zueinander stehen, wobei die

herrschende Logik die eines allgemeinen Kreislaufs ist: zuvorderst von Bewußtem und Unbewußtem oder von »ja« und »nein« (weil man von Kindheit an, um zu sich selbst ja sagen zu können, dazu in der Lage sein muß, nein zum Objekt zu sagen, das idealisierte Mutterobjekt eingeschlossen), oder von Todestrieb und Lebenstrieb (beispielsweise in der Sublimierung). 3. Durch die Entwicklung des Begriffs der Arbeit des Negativen bricht sie mit der vorangegangenen Psychologie, ob es sich nun um die Traumarbeit (aufgrund der Verdrängung) handelt oder um die Trauerarbeit, weil diese ja nicht mehr als bloße allmähliche und natürliche Milderung jenes Schmerzes aufgefaßt wird, der nach dem Verlust eines geliebten Wesens auftritt, sondern als ein interner Vorgang, der ein tätiges Subjekt voraussetzt (und dies bekanntlich dadurch, daß man diesem Toten solange zusetzt, bis man ihn »getötet« hat).

In der Psychoanalyse finden sich also logisch und als Paar die beiden Figuren der *Rückkehr* und der *Umkehrung* wieder, die, wie man sieht, generell im Negativen enthalten sind. So wie man die unabwendbare und meist auch heftige Rückkehr des Negativen erlebt, das sich unauffällig in einem Zustand aufgestaut hat und sich zunächst von ihm aufsaugen ließ, muß man in der *Psyche* unbedingt mit der Rückkehr des Verdrängten als Symptom rechnen, denn angesichts der Unzerstörbarkeit der unbewußten Inhalte verschwindet es niemals. Andererseits ist einem Trieb unter vielen anderen Schicksalen dasjenige beschieden, sich in sein Gegenteil zu verkehren (Sadismus in Masochismus oder Liebe in Haß), beide sind so eng miteinander verbunden, daß es sich als unmöglich erweist, sie getrennt voneinander zu beschreiben. Bei der Erforschung des Vorgangs der Sublimierung kommt Freud daher dazu, von der Auffassung der Sublimierung als Sublimierung einer erotischen Triebkraft dialektisch zu der einer Sublimierung im Dienste gegensätzlicher Triebregungen überzugehen, anders gesagt, der »Narzißmus des Le-

*Rückkehr (des Verdrängten)*

*Umkehrung (der Liebe in Haß usw.)*

bens« verwandelt sich dabei in einen »Narzißmus des Todes«.[135] In seinen Beiträgen zur Psychologie des Liebeslebens
setzte sich Freud ab 1912 mit diesem für den Widerspruch
zentralen Negativen auseinander, also einem Negativen, das
ein Anderes im Selbst erscheinen läßt, als er entdeckte, daß
die Triebkraft alles andere als rein positiv ist, sondern die Negativität mit ihrem eigentlichen Funktionsprinzip zusammenhängt, unabhängig also von der Verdrängungsfunktion.
Denn er muß einsehen, auch wenn er diese Idee kaum wei-
terverfolgt, daß der Sexualtrieb der Wirkung eines ihm urei-
genen Faktors unterliegt, durch den er *sich selbst* seine volle
Befriedigung versagt.[136]

*Die Negativität im Trieb (Zusammenlaufen von Hegel und der Psychoanalyse)*

Dieser Punkt scheint mir von entscheidender Bedeutung,
weil er plötzlich und mittendrin wieder Aspekte eines Negativen aufscheinen läßt, das, anstatt einzig aus der Konfrontation mit äußeren Kräften hervorzugehen, von einer internen
und ursprünglichen Implikation herrührt. Hier sind wir auf
jeden Fall in die Fußstapfen der Hegelschen Vernunft zurückgekehrt und sind gleichzeitig unendlich weit von jenen
früheren Positionen entfernt, mit denen diese brach, und
welche ihre Weihen besonders von einer Philosophie wie
dem Spinozismus erhielten: Demnach ist das Positive prinzipiell unwandelbar, und das Negative stellt einfach nur die
quantitative und äußere Grenze der wirklichen Welt und
nicht das Kennzeichen eines Mangels dar, der *im Kern dieser
Wirklichkeit* eingeschrieben stünde. Da nämlich laut der Ur-
teilslogik, an die sich Spinoza hält, feststeht, daß das sich
Widersprechende nichtig ist, sind Krisen, Brüche oder Unei-
nigkeiten immer bloß der Wirkung äußerer Agenzien zuzuschreiben und dürfen niemals mit der Wesensart des von
ihnen Erschütterten in Zusammenhang gebracht werden
(sonst, so schließt die *Ethik*, »könnte es ja im Subjekt selbst
etwas geben, das es zerstören könnte, was absurd ist«).[137]
Nun hat gerade das Denken Hegels aufgezeigt, und hier haben uns auch die Ausführungen der Psychoanalyse, und vor

*Das Negative ist nicht bloß eine von außen ge-setzte Grenze, sondern wider-spricht dem Sein aus dem Innern heraus (Hegel gegen Spinoza)*

allem ihre in der Praxis gemachten Entdeckungen, maßgeblich geholfen, daß die Zerstörung, entgegen der klassischen Vorstellung, wo das Andere (Negative) immer nur unter dem beruhigenden Gesichtspunkt des »Äußeren« gesehen wird, gerade nicht auf äußere Ursachen zurückgeführt werden darf, sondern wesentlicher (grundlegender) auf die Selbstnegation, die das Selbe in sich trägt und durch die es zerrissen wird.

Wenn alles Schicksal sich aus der inneren, vom Negativen bewirkten Bewegung ergibt, und da das Negative selbst ambivalent ist, dann besteht das praktische Programm der Psychoanalyse nur noch darin, von einem zum anderen überzugehen: vom lähmenden Negativen aus, durch das die *Psyche* sich sperren läßt, ein treibendes Negatives wiederzufinden, das dem Subjekt eine neue Zukunft eröffnet. Anders gesagt, ein Negatives in ein anderes *umzuwandeln*, so wie sie auch von der Umwandlung von Unbewußtem in Bewußtes spricht. Denn sie hat ja berufsmäßig über ein traumatisches und klinisches, negatives Negatives zu befinden, namentlich wenn das Subjekt im Wiederholungszwang einen Lustgewinn sucht, anstatt die potentielle Angst durch eine Objektbildung zu bewältigen, und es so in ihm, hinter einer Fassade von Normalität, zu einer psychischen »Erstarrung« und »Lähmung« kommt – die Psychoanalytiker greifen selbst wieder auf diese Ausdrücke zurück –, die im Extremfall das Leben des Patienten in Gefahr bringen können (Winnicott). Dies bezeugt ebenfalls die negative therapeutische Reaktion, bei der das auf dem Weg der Besserung befindliche Subjekt das Leiden der Heilung vorzuziehen scheint. Aber sie hat, davon untrennbar, auch über ein umgekehrtes Negatives zu befinden, als Prinzip der Verwandlung und Verarbeitung, die erst nachträglich Sinn und Bedeutung erlangen (diese *Verarbeitung* ist neben der *Ableitung* die andere mögliche Lösung), wodurch von der Verdrängung aus die für die Herausbildung der psychischen Persönlichkeit unabdingbaren Identifizierungsvorgänge möglich werden. Wie auch als Prinzip der Sublimierung, wo bekanntlich durch die Arbeit des Negativen, die zu einer Entsexualisierung des Triebes (als »Neg-Sexualität«) führt, die Schöpfung von Kulturgütern möglich wird. Jenseits der Einzelschicksale unterzeichnet der Mord am Urvater, zumindest symbolisch, den Gründungsakt der Kultur. In den Theodizeen hat jeder ein Gebet, mit dem er Gott um den »rechten Gebrauch« von Leid und Krankheit bitten kann, wodurch der Patient Fortschritte macht. Nun beruft sich die Praxis der Psychoanalyse ebenfalls hierauf, wenn sie mit der Einführung der Abstinenzregel versucht, aus dem Negativen in methodischer Weise eine treibende Kraft der Analyse zu machen: Aufrechterhaltung des Frustrationsdrucks, d.h. Entzug der Ersatzbefriedigungen, und zwar »unerbittlich«, wie Freud betont, um den Analysanden dazu zu zwingen, in seiner inneren Erkundung voranzuschreiten.

Veranschaulichung der Ambivalenz des Negativen: das Unausgesprochene

Doch wollen wir nun unser Augenmerk von der Gesamtheit der psychischen Funktionen auf ihre Erscheinungsformen in der Sprache verlagern, oder vom Unbewußten auf das *Unausgesprochene*. Dort werden nun die beiden entgegengesetzten Werte des Negativen, treibend *oder* lähmend zu sein, in aller Klarheit bestätigt. Denn das Unausgesprochene in der Rede kann auf der Suche nach dem nicht Gesagten zu einer Überschreitung des Gesagten führen, und weiter zu einem Streben nach einer ersehnten Entgrenzung der Wörter, wodurch diese über sich selbst hinaus eröffnet werden und ihre Wirkung voll entfalten: Darin liegt die Kraft der *Anspielung*, in der das Unausgesprochene für Prägnanz sorgt und das zu Gehör bringt, was zu weitläufig, zu feinsinnig oder zu persönlich ist, um sich in irgendeiner Formel einfangen und einsperren zu lassen, und die somit das Sprechen in Verweisen, Andeutungen und einer *unendlichen Sinnvielfalt* fördert. Entgegen der verknöchernden Bestimmung, zu der die Sprache führt, wird auch hier der inneren, *aufschließenden* Bewe-

Fruchtbarkeit des Unausgesprochenen, das zur Überwindung des Gesagten veranlaßt

gung ein neuer Raum zuteil, die in der Folge das Treiben und »Fließen« wiederherstellt, jedoch in einem Modus, der nun nicht mehr dialektisch sondern dichterisch ist, nicht mehr begrifflich sondern emotional. Besonders die chinesischen Poetiker feiern unaufhörlich jene alten Gedichte, in denen, weil kein einziges Wort auf das gemeinte Gefühl verwendet wird, dieses immer und überall in der unbegrenzbaren »Leere« der »Wortzwischenräume« durchscheint, zugleich »hervorkommt« und »sich ausbreitet«. Aus der Aneinanderreihung der Nuancen, bis hin zum unbedeutendsten Klischee, entwickeln sich, »unerschöpflich«, wie der Kommentator sagt, eine Atmosphäre sowie Impressionen, und diese erweisen sich als unerschöpflich, weil sie zum *Gibt es nicht*, dem *Wu* der Taoisten, gehören, im Vorfeld jeglicher Zuweisung, Beschränkung oder Eingrenzung im denotierbaren *Gibt es*. So wird auf die Bitternis der Trennung »kein Wort verwendet«, doch »jedem Vers entspricht eine neue Gefühlswendung«: Die Wiederholung von »marschieren« im ersten Vers bringt die Niedergeschlagenheit zum Ausdruck, die im zweiten Vers erwähnte Entfernung die Einsamkeit des Verlassenen, und der jeden Tag »weiter werdende« Gürtel weist auf einen depressiven Zustand hin, wie auch das Bild der »verschleierten Sonne« eine leise Klage erklingen läßt usw. Darum behält auch der Leser, da jedes dieser Motive nur angedeutet ist, bis zum Ende des Gedichts das Gefühl, daß sein Thema »darüber hinausgeht«.[138] Das Sagen sagt stets wenig und mit seinem Anspruch, erschöpfend zu sein, schwächt es seine von vornherein beschränkende Aussagekraft und vernichtet also den Sinngehalt durch dessen Vollendung (so wie man sagt: »damit ist alles gesagt«, um auszudrücken: jetzt ist Schluß; man hat nichts mehr zu erwarten); umgekehrt ist jener begrenzte Stellenwert des Sagens die treibende Kraft einer unendlichen Vertiefung der Lektüre. – So verhält es sich auch mit dem Unausgesprochenen in der Liebe: Lucien Leuwen (im Salon von Madame de Chasteller in Nancy) wagt es nicht, ihr seine Leidenschaft zu gestehen, weniger vielleicht aus Rücksichtnahme auf den geliebten Menschen, zur Wahrung der Anstandsregeln oder aus strategischen Erwägungen heraus, als weil er gegen die nichtssagenden Plattheiten einen Argwohn hegt, zu denen sein Sprechen, allein dadurch, daß es spricht, genötigt wäre. Dagegen läßt, weil er nichts davon sagen möchte und nur Umschweife macht, alles darauf schließen.

Doch gibt es auch die umgekehrte Form des Unausgesprochenen, welche nicht aus Bedenken, sondern aus dem Stillschweigen entsteht, aus der *re-ticentia*, das heißt im eigentlichen Sinn aus dem der Ausdrucksmöglichkeit Entzogenen. Allein durch die Tatsache, daß man allmählich aufhört zu sagen, nichts mehr sagt, ist man zum Schweigen verdammt. Nicht weil es etwa unsagbar wäre (da transzendent und unbeschreiblich) oder unaussprechbar (da zu extrem), sondern schlicht weil man in der gegenwärtigen Lage keinen Halt oder keine Stütze mehr findet, um es anzusprechen. Kein anspielendes (suggestives) Unausgesprochenes, sondern ein einschränkendes im Gegenteil, ein hemmendes und schädliches (tödliches). Der zur Entfaltung des Sinnpotentials treibende Reichtum des Impliziten verkehrt sich darin in eine Vermeidungsmacht, die das Sprechen beherrscht und künstlich macht. Anstatt daß es eine Quelle für mehr Wirkung ist, stirbt in ihm die Kommunikation ab und wird zum falschen Schein – die Sprache schleicht darum herum, um die Gefahr zu umgehen, und wagt es nicht einmal, das Problem offen anzusprechen. So als wäre es auf ein im Verborgenen ausgeübtes Drängen hin zu einem stillschweigenden Abkommen gekommen, das zu diesem Verzicht verpflichtet. Dieses negative Unausgesprochene ist seinem Wesen nach weder Verstellung noch Auslassung oder Andeutung – alles Begriffe, die üblicherweise als Synonyme dafür angeboten werden –, da es nicht auf eine Absicht verweist, für die ein oder mehrere Subjekte direkt verantwortlich zeichneten, sondern

Auf der Kehrseite des suggestiven Unausgesprochenen: die inhibierende Kraft des Unausgesprochenen

174

strukturbedingt aus der Situation hervorgeht, so wie sie allmählich und unmerklich aufgekommen und nun zwingend
(hemmend) geworden ist. Um so hemmender, da nichts offen diese Veränderung anzeigt und diese nicht zugegeben
wird. Ich sehe beispielsweise, wie diese die Beziehung läh-
mende Kraft all des Unausgesprochenen, das sich in einer Situation sporadisch aufgestaut hat, manchmal unter Kollegen
am Werk ist, in jenem tiefen Schweigen, das auf dem lastet,
was gesagt, ja sogar breitgetreten wird, aber so gut wie nichts
aussagt, nur scheinbar gesagt wird und bloß noch aus Konventionen besteht – oder nur flüchtig und über Umwege gesagt wird; dieses Unausgesprochene ist *belastend*, es läßt bereits im voraus alles, was man sagen könnte, ins Stocken
geraten und in seinem Umfeld versinken. Was zwischen den
Liebenden noch an Sprache durchsickert, fließt umsonst und
trügt nicht, die Seele hat sich davon entfernt, wenn sich auch
nichts geändert zu haben scheint (wie in der *Kartause von
Parma*, zwischen Sanseverina und Fabrizio auf dem See,
nach der Episode in der Zitadelle). An der Seite des Kranken,
am Bettrand, wenn das Unausgesprochene auf den angekündigten Tod hinweist. Genauso gilt in der Politik: Je mehr The-
men nicht mehr in der öffentlichen Debatte zur Sprache gebracht werden können, je mehr List und Tücke man also
darauf verwenden muß, desto weniger gibt es eine wirkliche
politische Kultur und »Demokratie«. Ich würde daraus sogar
eine Gleichung aufstellen, die für alle Gemeinschaften gilt:
Diese verderben und erstarren proportional zu ihrem Erlahmen und Versinken im Unausgesprochenen.

# XII.

## Der Schauplatz des Bösen:
## Überschreitung oder Festlegung?

Der Bruch, den die Psychoanalyse in der europäischen Kultur darstellt, rührt vielleicht weniger von der Entdeckung des neuen, bislang verborgenen Kontinents des Unbewußten her als von der sich daraus ergebenden unterschwelligen Verschiebung in der Fragestellung: Die Psychoanalyse betrachtet die Verhaltensweisen nicht mehr unter dem Blickwinkel der Idealität, sondern unter dem der Funktionalität und kümmert sich folglich nicht mehr um ein Seinsollen, sondern allein um die Regulierung der psychischen Kräfte; sie interessiert sich also nicht mehr für das »Böse« zur Rettung aus der Not, es sei denn unter dem Aspekt der Verinnerlichung der von der Gesellschaft auferlegten moralischen Verbote (oder unter den rein klinischen Aspekten des Leidens und des »Pathogenen«). Sie begleitet dagegen die Arbeit des Negativen durch den Versuch, es von einem Sinn in den anderen umzukehren, von der Lähmung in die Umwandlung, den vielfältigen und maskierten Erscheinungsarten ihrer verschiedenen Prozesse zufolge. Denn, wie sie vorausschickt, ist die negativierende Verdrängung unvermeidlich und für die Strukturierung des menschlichen Begehrens sogar unbedingt notwendig. Da es jetzt aber keinerlei Kriterium mehr gibt, das es erlaubte, die genaue Trennlinie zwischen dem, was verdrängt werden muß und dem, was bewahrt werden kann, zu bestimmen, und man also – zwischen Neurose und Perversion – immer wieder Gefahr läuft, zu viel oder zu wenig zu verdrängen, gibt es nun keinen anderen Ausweg mehr als den, daß jeder für sich erforschend (tastend) herausfindet, welche Maßnahme im Rahmen dieser zusammenspielenden Erfordernisse als die *lebensfähigste* erscheint, woraus dann

Verschiebung der Psychoanalyse: vom Bösen zum Negativen

die das Ich strukturierenden Verknüpfungen entstehen und sich ein Ausgleich der Triebkräfte ergibt (ich übernehme hier den Ausdruck »lebensfähig« aus dem chinesischen *Tao*). Die Psychoanalyse läßt also den eigentlichen Anspruch der Moral in der Schwebe, ja sie läßt ihn außen vor; und nur weil das von der Sublimierung Erzeugte üblicherweise einen hohen Stellenwert in der Kultur genießt, heißt das noch lange nicht, daß die Erscheinung der Sublimierung an sich besser ist – sie wird dadurch eher noch verdächtiger. Zugleich, und darin besteht das Paradox, bleibt die Psychoanalyse auf befremdliche Weise von der europäischen Moral mit ihrer theoretischen Vorstellungskraft abhängig. Von ihr behält sie unter anderem, in der Zensur, den Stellenwert von Gebot und Verbot bei sowie die Topik der Innerlichkeit, in der das zuvor moralische und zwischen zwei entgegengesetzten Wegen gespaltene Ich (Herkules »zwischen Laster und Tugend«) nunmehr, inmitten der Anforderungen des einen und der Gebote des anderen, den Ansprüchen des Es und den Befehlen des Über-Ichs, mit den Antagonismen überfordert ist; außerdem die Dramatisierung in der Form des Konflikts, wobei letzterer nunmehr sogar als unausweichlich und für das Seelenleben grundlegend erachtet wird, und der Ausgang dieser Konfrontation erscheint immer noch einzig als ein »Schicksal«, wenn es auch jetzt ein »Trieb«-Schicksal ist. Wird auch das moralische Böse fallengelassen, so bleibt uns doch der große Schauplatz der Überschreitung und des inneren und schmerzlichen Zerwürfnisses, so wie er von Augustinus meisterlich gestaltet wurde, erhalten. Wenn Augustinus den nächtlichen Birnenklau beichtet, den er sechzehnjährig mit ein paar Freunden begangen hat, und damit ganz offensichtlich den Diebstahl des Apfels im Paradies neu auf die Bühne bringt, gilt sein Erstaunen und sein geistiges Augenmerk der Tatsache, daß er die Früchte nicht einmal zum Verzehr gestohlen hat – wie er sagt, besaß er in Fülle Birnen, die auch noch besser waren –, sondern ohne ersichtlichen Grund oder

Doch die Psychoanalyse ist von der Vorstellungswelt der europäischen Theorie abhängig

Das Böse als Überschreitung (Augustinus)

178

vielmehr allein aus Lust an der Übertretung: »Nicht an dem Gegenstand des Diebstahls wollte ich mich erfreuen, sondern an dem Diebstahl selbst und seiner Sünde.«[139] Das einzige Vergnügen ist die Verletzung eines Verbots; seine »Bosheit« ist unmotiviert, »die Bosheit selbst« ist sein einziger Beweggrund; kurzum: seiner Selbsterniedrigung, nicht dem Gegenstand seiner Erniedrigung, galt Augustinus' »Liebe«. Worin besteht jedoch dieses seltsame Gefallen am Mißfallen, der sich in diesem »Gefallen« am Bösen äußert? Mit dieser Missetat, die an sich verzeihlich ist, aber um so sträflicher, da durch keinerlei Vorwand zu entschuldigen, und die folglich erkennen läßt, daß sie um ihrer selbst willen, das heißt um des ihr eigenen Unrechts willen geschah (stets diese Suche nach dem »Ansich«, das sich allmählich ins europäische Denken eingräbt), angesichts dieser Tat, zu der er also allein dadurch verleitet wird, daß sie gegen das Gesetz verstößt (*contra legem*: aber woher kommt diese Lust?) –, wird Augustinus, der mit aller Kausalität am Ende ist, dazu gezwungen, die unmögliche und in Taumel versetzende Sinnfrage zu stellen; und er findet keinen anderen Ausweg, als sich an die Vorstellung der Absolutheit Gottes zu klammern, indem er in seiner Tat nur eine »Nachahmung« – nicht bloß eine verderbte, sondern eine »böse« – der Freiheit und Allmacht des Schöpfers vermutet. Dieser Verweis auf Gott hilft ihm ganz offensichtlich dabei, sich selbst als Ich-Subjekt zu setzen (der von den *Bekenntnissen* hauptsächlich erzielte Gewinn für die Theorie): Er habe den Traum gehegt, die Ursache und der Schöpfer aller Dinge zu sein, frei von allen Zwängen und Beschränkungen und noch der Kausalität enthoben, das zum unumschränkten Herrscher gewordene Es – wie »Gott«.

Nochmals die Frage nach dem Sinn

Das Abendland – denn von diesem Punkt aus betrachtet gibt es wohl ein »Abendland« – ist nach wie vor von etwas abhängig, das von Anfang an als ein Rätsel angesehen wurde, es vertieft sich nach Lust und Laune darin und holt daraus das faszinierende Schauspiel des menschlichen In-

Das Böse als Rätsel (unter dem Blickwinkel des Ich-Subjekts)

179

nenlebens hervor, dessen endlose Vielschichtigkeit es erkundet – erzeugt? – oder auf jeden Fall entfaltet, jenen »verschlungensten und unlösbarsten Knoten«, wie Augustinus sagt. Denn hier muß er nun mit Begeisterung dieser hinter der Gestalt des Bösen hervorgekommenen Frage ohne Antwort nachgehen und sie bis in ihren metaphysischen Kern hinein verfolgen, der Sinn und Subjekt miteinander verbindet und zwischen der Anziehungskraft des Nichts (das Böse besitzt keine Wesenheit, es ist ein »Fehlen«) und der Absolutheit der göttlichen Gnade schwanken läßt. So ist es um den großen Schauplatz des abendländischen Diskurses bestellt, der von der Kraft des Paradoxen – Gefallen am Mißfallen, Durst nach Trockenheit – für sich entdeckt und nutzbar gemacht wird (von Augustinus bis Lacan), wobei sie rhetorisches Können und dramatische Stärke zugleich vergrößert – Augustinus glänzte darin. Nun scheint mir hierbei wesentlich, daß man in China nicht daran gedacht hat (nicht daran denken *konnte*), dieses große Schauspiel des Inneren auf die Bühne zu bringen: Man hat dort nicht mit Begriffen wie »freier Wille«, »Entscheidung«, »Versuchung« und »Überschreitung«, also nicht unter dem Blickwinkel der Herausbildung eines Ich-Subjekts und auch nicht durch Eröffnung der Sinnfrage das »Ungute« erfassen wollen, sondern ging immer mehr dazu über, dieses Ungute, über dessen Wesensart auch dort ohne Unterlaß nachgedacht wurde, vor allem nach der Ausformung des Schriftgelehrtentums (während der Song-Dynastie im 11. und 12. Jahrhundert), in einer ganz anderen Vorstellungswelt anzusiedeln, in derjenigen des Laufs oder der »Bahn« *(tao)* im Sinne der Lebensfähigkeit, es also von einem rein funktionellen Standpunkt aus und der Logik der Vorgänge zufolge zu betrachten: mit den antonymischen Begriffen »Erlahmen« und »Stocken« (*zhi* 滯 ) sowie der *Lähmung* durch »Nichtkommunizieren« (*bu tong* 不通 ). Daher finde ich auf dieser Seite, jedoch zum Denken der Idealität der Moral benutzt, jene zum Prozeß und Funktionieren ge-

Das Böse wird in China als Lähmung und Festlegung aufgefaßt (unter dem Blickwinkel der Prozesse)

180

hörenden Ausdrücke wieder, die uns zuvor dazu gedient haben, das nicht zusammenwirkende und sich somit als unrettbar negativ erweisende Negative zu identifizieren. Der dramatischen Inszenierung der Überschreitung tritt also die Betrachtung des Bösen als reine Erscheinung des Nicht-Prozeßhaften oder der *Festlegung* entgegen, zu der das chinesische Denken gelangte.

Was haben wir denn eigentlich am moralisch Bösen anderes, sagt der chinesische Schriftgelehrte, als die Tatsache, daß meine innere Veranlagung abgestumpft ist und regungslos bleibt (beim Anblick der nicht zu duldenden Dinge, die meinen Mitmenschen zustoßen), so daß ich nicht mehr ergriffen werde? Die Schriftgelehrten der Song-Dynastie (namentlich Cheng Hao) verwenden bevorzugt Verweise auf den medizinischen Bereich: In der chinesischen Medizin bezeichnet man als Unempfindlichkeit, ja wortwörtlich als »Unmenschlichkeit« (*bu ren* 不 仁) die Tatsache, daß die Enden der Gliedmaßen, Hände oder Füße, taub werden und absterben, das heißt, daß die Lebensenergie sie nicht mehr durchströmt und mit dem Rest des Körpers verbindet.[140] Nur handelt es sich hier denn bloß um eine Analogie? Oder sehen wir nicht vielmehr an diesem Fall genauer, weil sinnlich erfahrbar, das Erfordernis der Strömung und des Kommunizierens zutage treten, durch die das Leben im allgemeinen gefördert wird? Unmoralisches Verhalten würde ebenfalls im wesentlichen daher rühren, daß die Innerlichkeit sich von der Welt abgeschnitten, abgesondert und verschanzt hat, also nicht mehr von ihr durchströmt werden kann und nicht mehr mit ihr »kommuniziert«, daß sie also gelähmt wird: So verknöchert das sittliche Bewußtsein und verfällt in Schlaffheit (oder »Unwachsein«, *bu jue* 不 覺) und Gleichgültigkeit. Hier liegt keine böse Absicht oder »Lust« am Bösen vor – denn woher sollte diese kommen? (es sei denn, man erliegt der Anziehungskraft des Rätsels, dann bedarf es einer metaphysischen Grundlegung der Moral) – und auch kein böser

Wille oder Boshaftigkeit, sondern eben die Lähmung von etwas, das regelrecht den Stellenwert eines »Organs« besitzt (das *Xin* 心 als Fähigkeit des Geistes, sich über diese gegenseitigen Abhängigkeiten »klar zu werden«, ist bei Menzius[141] eines der *Guan* 官 ), so daß es, weil nicht mehr mit der Ganzheit verbunden, zu der es gehört, außerstande ist, seine Funktion auszuüben, und es verkümmert.

Was sich somit als die spezifische Konzeption der Moral abzeichnet, konnte, man ahnt es bereits, von den chinesischen Schriftgelehrten nur in Verbindung mit einem Gesamtbild entwickelt werden, das diese trägt. Sie gehen nicht mit Seins- oder Wirksamkeitskategorien, jenen der Onto- und Theologie, an die Welt heran, sondern mit den zwei zusammengehörenden Begriffen *eingebrachte Fähigkeit* und *ablaufender Vorgang*, von ersterem abgeleitet (de 德 und *dao* 道 )

Rückkehr
zum Denken des
Laufs und der
Regulierung

und halten sich so, ohne eine andere Idealität zu erstellen, an das Grundmerkmal der Vorgänge, das darin besteht, abzulaufen und vorzugehen (voranzugehen), wie es auf höherer Ebene der »Lauf der Gestirne« veranschaulicht oder der Weltengang (*tian xing* 天 行 ), dessen Stärke darin besteht, niemals abzubrechen, weil er durch den ihn tragenden Wechsel unaufhörlich reguliert wird. Ebenso – aber dieses »ebenso« ist, wie man erneut sieht, mehr als nur Analogie – besteht eine verdiente Lebensführung darin, die Dinge (und sich selbst) in Gang zu halten, indem man den Erfordernissen des Augenblicks Rechnung trägt, also auf dem goldenen Mittelweg (*zhong* 中 ) für alles in den Gegensätzen Enthaltene gleichermaßen offen bleibt, ob man sich nun »einbringen« oder »zurückziehen« muß, man zu lächeln oder zu weinen, zu helfen oder zu strafen hat – darin liegt das Offensein des Weisen –, also ohne sich von Vorstellungen, Wünschen

wie auch des
Offenseins
des Weisen

oder Leidenschaften blockieren oder von Interessen festlegen zu lassen. Es gibt für die Moral keine andere Regel als die, sich mittels permanenter Angleichung in den Lauf der Dinge einzureihen (darum gibt es hier auch keine »Regeln«, sondern *Regulierung*). Gleich dem großen Weltprozeß, der sich nicht bei einem bestimmten gegenwärtigen Zustand anhalten läßt, wodurch er zum Erlahmen gebracht würde, sondern ohne Unterlaß weiter Dinge erzeugt und sich erneuert, ist es ebenfalls das Grundmerkmal des Weisen, sein Innenleben nicht in bestimmten Beweggründen zum Stehen zu bringen, die ihn lokal – zentral – binden und davon abhalten würden, weiter mit der in ihrer Kohärenz wahrgenommenen Gesamtheit der Welt zu kommunizieren und sich im Einvernehmen mit ihrem Prinzip fortzubewegen. Sich lahmlegen und blokkieren zu lassen, und folglich seinen Fortlauf und das Kommunizieren zu unterbrechen, wird zum einzigen Ausdruck für das Böse (von Gua Xiang, dem Kommentator des *Zhuangzi*, bis zu einem Denker wie Wang Fuzhi, der im 17. Jahrhundert alle Klassiker neu las). Man war völlig unempfänglich für die Moralität, so wie man bei uns von manchen Leuten zu sagen pflegt, sie hätten »ein Brett vor dem Kopf«. Denn wir sollen uns vor den Hypostasen der Moral noch mehr in acht nehmen als vor der Metaphysik. Auch eine uns als solche eigentlich lobenswert erscheinende Tugend ist genauer betrachtet, so der chinesische Denker, der Beginn einer Festlegung und stellt darum in seiner Starrheit bereits einen Mangel dar; dadurch, daß eine Tugend gegenüber den anderen heraussticht und so auf sich aufmerksam macht, hat sie bereits an Globalität verloren, welche die unbestimmte Angleichung an das Grundlegende gestattet: Denn wenn ich diese eine (und nicht jene andere) Tugend erlange, lasse ich in ihr bereits langsam meinen Lebenswandel zum Erlahmen kommen und mindere mein Offensein, das die innere Erfüllung ausmacht und mir allein erlaubt, mich in den Weltlauf mit seinem bewegten Auf und Ab einzufügen.[142] Das Besondere am Weisen ist laut Menzius, daß er, nachdem er es zur »Größe« gebracht hat, sich nicht damit begnügt, nicht dabei stehenbleibt, sondern »dies umgestaltet«.[143] Ich meine damit, daß er aus dieser ihm eigenen »Größe« keinen Zustand, keine

Auch eine Tugend ist der Beginn einer Festlegung

Eigenschaft macht, durch die er zu Ruhm und Ehre käme, und welche ihn charakterisieren würde (Konfuzius ist eben dieser Mann »ohne Eigenschaften«, ein Mann, »bei dem nichts möglich oder unmöglich ist«,[144] so wie ich auch, sagt der *Laotse*, den *Tao* nur »gegen seinen Willen« als »groß« bezeichnen kann).[145] Denn allein indem er an ihr festhielte, wäre diese Größe auch das, wodurch seine Fähigkeit zum unbestimmten Fördern blockiert, seine Persönlichkeit sich versteifen und sein Schwung abnehmen würde, kurzum das, wodurch seine Befähigung durch ihre Bestimmung, sei sie auch »groß«, eben langsam ihre Grenzen erreichen und sich nicht mehr weiterentwickeln würde.

Die Strukturierung nach »Taten« führte zum Denken der Entscheidung und der Freiheit (im Abendland)

Sobald wir in der Lebensführung die Gestalt einer »Tat« herausstellen, durch die sie ihre Einheit und ihre Qualität erhält, so wie es Augustinus macht, wenn er seinen Birnenklau erzählt, müssen wir dabei ausdrücklich als Grund oder Motiv von der Intention eines Subjekts ausgehen und folglich ein regelrechtes Theater des Innenlebens entwickeln, um diesem scheinbar bösen Verlangen Rechnung zu tragen. Nicht nur sind, wie Augustinus zugibt, die Fäden der Handlung hier erstaunlich »verworren«, sondern der Schauplatz selbst, da er nun nicht mehr leer bleiben kann, braucht (verbraucht) eine endlose Dramatisierung: eine Dramatisierung von »Entscheidungen«, die »Freiheit« voraussetzen und so beschaffen sind, daß sie stets, ob sie sich nun in Form von Taten äußern oder nicht, in ihrer Intention ein inneres Ereignis darstellen. Der europäische Geist hat damit, so meine Ausgangsthese, das Denken des Menschen vom Leben zur Existenz gelangen lassen: Weil er der Versuchung erlegen ist und vom Apfel gegessen hat, muß der sinnbildliche Adam nun wegen seines der bestehenden Ordnung zuwiderlaufenden Handelns zusehen, wie er plötzlich nackt in die Welt geworfen wird, »hinaus« (gemäß dem *ex-* in ex-istieren), wobei er sich von Gott verlassen fühlt und von einer Unzahl von Fragen gequält wird; da steht er nun und sucht nach einem Sinn (und findet keinen anderen Ausweg, als sich heroisch als Subjekt zu setzen und sein autonomes Bewußtsein zu fördern). Die Chinesen haben dagegen ein vitales (nicht vitalistisches) Verständnis für die Moralität behalten. Sie haben die Kanalisierung der Begierden und die interne Anforderung der Regulierung verstanden, sich aber nicht von der Faszinination des Verbotenen und Rätselhaften anziehen lassen, die in einem bösen Verlangen stecken sollten.

Im Grunde haben die Chinesen an der Moral das zutagetreten lassen, was wir immer wieder im Bereich der Lebensvorgänge beobachten, so wie die Biologen, die für die Phänomene des Zelltods und der Apoptose ebenfalls Begriffe wie »Isolierung, »Abtrennung«, »Nichtkommunizieren« mit dem übrigen Organismus und »Regulierung« benutzen; oder wie die Psychoanalytiker, wenn sie von den großen Entwürfen, die logisch von unserem theoretischen Imaginären abhängig bleiben, wieder zur reinen Beschreibung der psychischen Funktionen hinabsteigen und die die *Psyche* bedrohenden Gefahren als Behinderung, Sperrung und Fixierung beschreiben. Da es hier zwischen den Kulturen keine Unterschiede der Erfahrung, sondern nur der Erfaßbarkeit, je nach den vorhandenen Weichenstellungen, anzuführen gibt, ist es logisch, daß, wenn das Denken von der Kategorie der Tathandlung, die im Abendland zur Gestaltung der Moral gedient hat, zu der des Prozesses übergeht, es so mit den Begriffen übereinkommt, die das chinesische Denken auf seiner Seite entwickelt hat (die auf das Ich-Subjekt verweisenden Begriffe »Entscheidung«, »Intention« und »Freiheit« sind hingegen in China kaum ausgearbeitet worden). Wenn die Psychoanalyse uns lehrt, daß der Neurotiker in mehr oder weniger verborgener Weise an Befriedigungsformen oder Objekt- und Beziehungstypen hängt, die ihm schädlich werden, weil er nicht mehr von ihnen loskommen kann, findet man darin die Anerkennung einer möglichen Weiterentwicklung wieder, aus der sich die Befähigung ergibt. Noch bis in jenes Merk-

China –
Psychoanalyse

mal der *Libido* hinein, das Freud unter verschiedenen Bezeichnungen (»Klebrigkeit«, »Anhaftung«, »Trägheit«…) als ihre mehr oder weniger starke Neigung beschreibt, auf ein Objekt oder ein Stadium fixiert zu bleiben, was von da an jede Neubesetzung erschwert, scheint mir hier überall die chinesische Vorstellung vom Bösen als Erlahmen und Einsinken anzuklingen; wie auch der absolute Wert, den die chinesische Moral in letzter Instanz und ohne sich von einer Finalität in Beschlag nehmen zu lassen, dem »flüssig« und folglich »lebensfähig« bleibenden Im-Gang-Sein der ablaufenden »Umgestaltung« zuschreibt.

Wie soll man über das Böse in den KZs sprechen? Nachdem man sich darauf verständigt hat, in den Konzentrationslagern der Nazis eine extreme Form des Bösen zu sehen, das »extreme« (aber nicht radikale) Böse, weil es uns in den »Abgrund« des Bösen hinabstößt, ja dessen Grenzen ins Maßlose ausdehnt, stellt man bald erstaunt fest, daß bei all denjenigen, die als Historiker oder Augenzeugen versucht haben, über das Leben im KZ zu sprechen, die Theorie versagt. Zumindest dann, wenn diese, was der bei weitem häufigste Fall ist, sich eine billige, in den Manichäismus zurückfallende Verteufelung versagten. Denn einerseits ist bekannt, daß die spezifisch klinischen Begriffe, die sich auf eine Abnormität (vom Typ Sadismus) berufen, nur auf eine sehr begrenzte Zahl von Fällen zuzutreffen scheinen; und andererseits wird die klassische Berufung auf einen bösen Willen, oder auf Boshaftigkeit, aufgefaßt im Sinne Augustinus' als Versuchung und Überschreitung, widerlegt durch folgendes oft unterstrichene Hauptmerkmal des Bösen in den Lagern: Das Böse tritt dort nicht mehr als Ereignis hervor, sondern wird gewöhnlich und allgegenwärtig, so abscheulich es auch sein mag; es löst sich hier also die Form des »Aktes« auf, sowie sein zwischen einem Anfangs- und einem Endpunkt begriffener Maßstab; und es wird von Leuten verübt, von denen die Opfer selbst, wie Primo Levi, anerkennen, daß sie

186

auch nur »Durchschnittsmenschen« sind, ja um so gefährlicher, als sie durchschnittlich sind. Außerdem kann der Umstand, daß das totalitäre Ideologiegebäude mit seinem Einfluß auf die Köpfe (Unterordnung unter den Staat, Indoktrinierung usw.) insgesamt für diesen abgrundtiefen Niedergang verantwortlich sind, auch nicht direkt den unmoralischen, doch teils auch moralischen Charakter der einzelnen Verhaltensweisen erklären (es werden humane Gesten – Gesten eher als Taten – der diensthabenden Schergen angeführt). Wenn also weder die pathologische Kategorie des Ungeheuerlichen noch die metaphysische Hypothese einer Lust am Bösen in der Lage sind, das Böse in den KZs, das bis zur völligen Entmenschlichung der Subjekte führte, zu erklären, wäre ich versucht, zumindest probeweise auf folgende andere Moralbegriffe zurückzugreifen: Ich würde hierbei von einer Abstumpfung und Lähmung des als Sitz der Moralität verstandenen Bewußtseins sprechen, denn die Apathie des moralischen Empfindens, durch das sich jeder mit den anderen zusammendenkt, führt zur Fixierung auf verhärtete und völlig banalisierte Handlungsweisen. Hier wird die Reaktionsfähigkeit gegen das meinen Mitmenschen gefährdende Unerträgliche behindert, die sich aus einem unbedingten Zusammengehörigkeitsgefühl der Existenzen untereinander herleitet (das *Ren* 仁 nach Menzius: der Mensch gefolgt von der Zahl zwei). Insbesondere der Begriff »Undurchlässigkeit«, den zahlreiche Analytiker benutzen, um die Abkapselung zu beschreiben, in die sich der »Durchschnittsverbrecher« begibt, wenn das Verbrechen für ihn zur Normalität wird, scheint mir mit dem allgemeineren Begriff des *Nichtkommunizierens*, sowohl im Innern als auch durch Abschirmung gegenüber jeglicher Gefühlserregung von außen, übereinzustimmen, in dem die Chinesen die Quelle des »Bösen« ausgemacht haben.

Hat man nun somit auch im Vergleich festgestellt, daß die Moral in China unentwegt als laufender Vorgang (der in steter Anpassung befindliche Lauf der Lebensführung nach dem Vorbild des Laufs der Gestirne) anstatt als individualisierte, willentliche, einheitliche und motivierte Tathandlungen begriffen wurde, und daß auf der Seite des europäischen Denkens eine Philosophie des Subjekts entwickelt wurde, das in seiner internen Konfrontation seine Freiheit verspürt, so werden wir, wie ich glaube, immer noch zu dem Ergebnis gelangen, daß diese Art von Gegenüberstellung allein *zu kurz greift*. Denn damit würde, so kann man zu Recht sagen, das *Allgemeine* der Erfahrung und der Moral zu wenig berücksichtigt. Könnte man nicht unter anderem mit dieser Kategorie des Subjekts, die eine theoretische (heroische) Errungenschaft des europäischen Denkens ist, – das aber stets deren

solipsistisches Gefängnis gefürchtet, wie es auch schon immer über den unvermittelten Bruch geklagt hat, den alles Seinsollen abrupt gegenüber der Naturhaftigkeit des In-der-Welt-Seins aufkommen läßt (und das trotz der Rückbindung an den Ursprung, den die Phänomenologie versucht hat) –, die zwei zusammengehörigen Forderungen nach *Umwandlung* und *Kommunizieren, hua* 化 und *tong* 通, in Beziehung setzen, deren Bedeutung man uns in China durch die Analyse des als Festlegung begriffenen moralischen Bösen aufzeigt?

— Wir sollten uns in acht nehmen vor solchen beliebigen Übertragungen, wird man dann einwenden, oder schlimmer noch, vor dem, was wie eine Art »Zusammenfassung« der Kulturen aussieht, zugleich oberflächlich und gezwungen...

— Aber besteht denn hier nicht wenigstens, könnte man erwidern, eine Gelegenheit, die Subjektkategorie zu überarbeiten, unter Verzicht auf ihren Stellenwert als Selbstheit und Identität, hinter der sich noch immer die »Seele« versteckt, nicht mehr entgegen, sondern gemäß der Prozeßkategorie, die sich durch Trennung von ihr, ja im Wettstreit mit ihr entwickelt hat? Oder anders, und aus der Binnenperspektive des europäischen Denkens heraus gesagt, wäre es nicht an der

Zeit, der Psychoanalyse den für sie zentralen Begriff des Vorgangs zu entnehmen und ihn für die Moral zu verwerten?

— »Kommunizieren« klingt ja nun wirklich abgedroschen, will man nun die Diskussion beenden.

— »Kommunizieren« darf hier nicht im abgewerteten, ja parodistischen, von der Technik (die Handys, die ganze Internetgeschichte usw.) geprägten Sinn verstanden werden, sondern im anspruchsvollen Sinn, laut dem man verkoppelt – »auf gleicher Wellenlänge« – mit den Gefühlsregungen der Welt bleibt, indem man die Lebenskraft in sich am Strömen erhält, wie es die Chinesen vorschreiben, anstatt seine Fähigkeit der »Bewußtwerdung« (des Unannehmbaren: *si* 思, bei Menzius) abstumpfen und verkümmern zu lassen. Die allerbekanntesten Volksweisheiten sagen es selbst, als ob sich darin die Wirkung des Infraphilosophischen besser bewahrt hätte: Zwischen uns und unseren Lieben (Kindern usw.) darf niemals eine Wand aus *Unausgesprochenem* entstehen, wir sollen – trotz allem... – weiter »kommunizieren«, usw.

*(Randglosse: Kommunizieren – Gefühl)*

— »Umgestaltung«, ist das wiederum nicht zu phänomenal und daher untauglich, um die Idealität der Moral auszudrükken?

— Es darf in dieser Hinsicht nicht zwischen Umgestaltung der Welt und Umgestaltung seiner selbst unterschieden werden: »dies umgestalten«, in den Worten von Menzius, bedeutet untrennbar beides. Und wenn man diesen Ausdruck zur Übersetzung von *hua* 化 beibehält, darf man hier nicht einen Definitionsversuch der »Gestalt« vernehmen, sondern vielmehr das *um- (trans)* des steten Wandels und Nichtstockens durch fortdauernde Öffnung gegenüber anderem. Indem man folglich davon absieht, das andere in einer gewissen Zweckbestimmtheit erscheinen zu lassen. Denn gerade dieser Zugang zu anderem bedeutet *Befördern*. Besser als Erhebung, was zu sehr mit dem religiösen Streben himmelwärts verbunden ist, scheint mir dieses Befördern, *pro-motio*, der treffende Ausdruck zu sein, weil es eine Befähigung

*(Randglosse: Umgestaltung – Beförderung)*

meint, die nicht aus einer gewissen hierarchischen Unterordnung oder Linientreue entstanden ist, sondern aus der eigenen Vorwärtsbewegung: *Ich* ist wandelbar-erfinderisch *(prozeßhaft)*, es schwingt keine großen Reden mehr über die Vergänglichkeit und hütet sich vor Erreichung und Festlegung. Es ist das, wodurch *Leben* (Begehren, Verstand, Unruhe...) sich immer wieder befördert und wandelt, sich sammelt, ohne zu erlahmen, das heißt sich aus seinem Niedergang herausreißt, dadurch daß es verschieden wird: nicht »zu« etwas hinstürzen, sondern *beleben*, indem man (sich) verläßt.

# XIII.

## Das Negative überragend:
## das Häßliche, Verwerfliche und Schmerzhafte

Stellt sich das »Böse« letztlich nicht als ein allzu bequemer Begriff heraus? Auf jedem Fall als ein zu wenig reflektierter: ein überstürzter Urgestus, der noch etwas Panisches an sich behält, einer, der in den verschiedensten Sprachen überall sein Gepräge verewigt hat, um dazu zu dienen, seine Angst, seinen Schmerz und seine Abneigung verworren daran festzumachen. Oder ihr Gegenteil: die »Versuchung«. Denken besteht zuerst darin, diese Verworrenheit ans Licht zu bringen (und besteht das Hauptverdienst der Weisheit hier und da nicht in der Tat darin, zunächst vom »Bösen« all diese Affekte abzulösen, so daß man sie als solche erfassen und sich davon befreien kann?). Ein allzu bequemer Begriff, auf jeden Fall ein zu primitiver, aber nicht eben deswegen, weil sich in ihm, trotz der Anstrengungen, die zu seiner Ausarbeitung unternommen wurde, noch viel Heterogenes und Zusammengewürfeltes erhalten hat, da er bis ans Ende der Theodizeen zwischen seiner moralischen, physischen und metaphysischen Bedeutung hin- und hergerissen wurde, und vor allem, weil er stark zwischen dem Plural und dem Singular schwankte: der Riß zwischen »die Güter« und »das Gute«, zwischen »die Übel« und »das Böse« ist asymmetrisch – das Böse ist nicht bloß die Hypostase oder die Verabsolutierung der Übel, es hebt phantasmatisch einen Abgrund aus. Auch nicht eben, weil sich in einem solchen Begriff noch viel metaphysische Unterwerfung unter etwas Gutes erhalten hat, das ihn zum Rivalen, ja zum triumphierenden Rivalen ernennt oder es im Gegenteil auf seinen Schatten reduziert und aus ihm ein Nichts macht; oder weil in ihm eine starke Abhängigkeit vom Mythos fortbesteht, da er noch immer an der

Das Böse, ein
überholter Begriff

191

Struktur einer Erzählung (des Sündenfalls) hängt, die nicht nur dazu dient, ihn zu formulieren, sondern auch dazu, ihn zu denken; oder weil sich in ihm, trotz der Entschiedenheit und dem Nachdruck in der Urteilsfällung, noch etwas zutiefst Ideologisches bewahrt hat, denn der Gehalt des Bösen wechselt ständig, wie es die Moralisten seit jeher beobachtet haben, und es stellt sich sogar heraus, daß es zu einer anderen Zeit oder an einem anderen Ort – mit anderen Sitten – für etwas Gutes gehalten werden kann (den entsprechenden Katalog bei Montaigne nachlesen). Denn jene Relativierung des Bösen, mit der man gemeinhin seine Verwendbarkeit auf bescheidenere und funktionellere Weise zu erhalten versucht, kann den Ausdruck trotzdem nicht davor retten, daß sich in ihm, nachdem er das Menschliche durch die Entfaltung seiner Innerlichkeit und die Überwindung der stillen, das Natürliche ausmachenden Ordnung der organischen und zyklischen Unterwerfungen hat voranschreiten lassen, etwas in ein *Rückschrittliches* verkehrt, so daß er infantil macht: Ein Rest an archaischer Furcht wie auch an blutrünstigem Gebrüll kommt ständig und endlos dahinter hervor, und die Anstrengungen der Theodizeen, seinen Begriff zu ordnen und ihm Kohärenz zu verleihen, können das nicht völlig wettmachen. Es bleibt in ihm stets ein Überrest an Zittern oder eine hysterische Verkrampfung zurück. Kurz gesagt, mit dem »Bösen« geht immer eine anschwellende Wirkung einher, die all die versuchten Logifizierungen nur schwer lindern können.

Im Gegensatz dazu bringt das Negative, in das diese lange, zu Hegel führende Geschichte der Theodizeen, letztere ersetzend, mündet, eben eine logische Wirkung hervor und kann begrifflich, jedoch nicht moralisch verwendet werden: Es kann zwar jedes Schicksal, auf welcher Ebene auch immer (Volk, Individuum, Trieb) in einen Gesamtzusammenhang einfügen, der es artikuliert und zusammenwirken läßt, aber es zeigt mir nicht, wie ich mich persönlich zu verhalten

Nachdem es die Menschheit losgelöst und vorangebracht hat, führt es zu deren Rückentwicklung

Das Negative dient logisch, nicht moralisch

habe. Es besitzt zwar die Klarheit einer Prozedur und entledigt sich sogar ostentativ aller religiösen oder auch bloß affektiven Überreste – dadurch zeichnet es sich aus, doch stellt es trotzdem keinen *praktischen* Begriff dar (wohingegen das Böse zugleich praktisch und dramatisch ist). Man muß also letztlich kehrtmachen und diesmal den Weg von Hegel zu Kant zurückgehen. Aufgrund der Beförderung des Negativen wird die Frage »Was darf ich hoffen?« einer radikalen Veränderung unterzogen, oder, besser gesagt, sie wird dabei schließlich aufgesaugt, da es eben nichts mehr zu »hoffen« gibt in der Annahme (und Erwartung) einer zukünftigen Rechtfertigung oder Belohnung, sondern etwas im Zusammenhang zu *be*-greifen *[com-prendre]*, wobei ich diesem *be-*, das heißt eigentlich dem lateinischen *cum*, die starke Bedeutung des Miteinbeziehens gebe. Auf der Seite des »Was soll ich tun?« hingegen bleibt, insofern das Ethische sich nicht in einer totalen Historisierung auflösen läßt, dieses Negative stumm. Es muß also auf andere Ausdrücke zurückgegriffen werden, um aufzufangen, was jener fallengelassen hat. Ich möchte mindestens drei Begriffe vorschlagen, die dadurch, daß sie über das Negative hinausragen, dasjenige auseinandernehmen, was vom Bösen allzu ungeduldig überdeckt wurde, und die es von drei Blickwinkeln aus zerlegen, die mir voneinander unabhängig scheinen (weshalb das Böse sie nicht subsumieren kann), und dies, ohne einen Rest an Finsternis daran zu belassen, durch den die »Reinheit« der Moral bedroht wird. Diese Begriffe sind: das Häßliche, das Verwerfliche und das Schmerzhafte. Folgende Züge bilden den Ansatz zum Entwurf eines *prozeßhaften Subjekts*, aufgrund dieser drei unabhängigen Ebenen, die in der Moral nebeneinanderstehen: 1. Die Moral verlangt nach einer Bewertungs- und Beurteilungsprozedur, ohne die sie das Bewußtsein ihrer selbst verliert und sich nicht mehr als Ideal darbieten kann (nur entwickelt gerade das ästhetische Geschmacksurteil am direktesten diese Forderung). 2. Sie gründet sich selbst auf

Das Negative befreit von sämtlichen Entlohnungen der Zukunft durch die logische Einbindung in die Gegenwart

Welche Ausdrücke soll man zum Denken der Lebensführung an die Stelle des Bösen setzen?

Modernes Auseinanderfallen der Ebenen

eine unmittelbare und unwillkürliche Ur-Reaktion der Zurückweisung gegenüber dem nicht zu Duldenden, welches die Menschlichkeit in uns gefährdet (was ich hier als »Verwerfliches« bezeichne). 3. Sie kann sich schließlich nicht von der Ordnung der Affekte losreißen, trotz aller Empfindungslosigkeit, zu der die Weisheit rät (deshalb werde ich hier vom Schmerzhaften sprechen). Letzten Endes, wenn man so weit geht, die Idee des Bösen beiseite lassen zu wollen, sie in gewisser Weise wegen ihrer Schwerfälligkeit und Unbeholfenheit loswerden zu wollen, anstatt sie eigentlich zu überwinden, heißt das nicht, was geduldiges Denken hier und da aufgezeigt hat (Spinoza bei uns oder die neokonfuzianischen Schriftgelehrten in China), auf die Moral zu verzichten.

1. Es wäre sicherlich vergeblich, zu meinen, man könne das Urteil des Bösen durch das Urteil des *Häßlichen* ersetzen,

Die Moral gehört
zum Urteils-
vermögen

wenn es nur darum ginge, mit etwas Ästhetisierung den Verdächtigungen zu entkommen, denen heute jeglicher Moralismus ausgesetzt ist; oder wenn man sich damit begnügte, vor die Kultur des Ressentiments, dessen Verdacht heute auf dem Christentum lastet, zurückzugehen zu einem gewissen vorchristlichen, ja vorplatonischen (heraklitischen) Vorrang des Schönen über das Gute (das griechische Ideal aus der Zeit vor der Sünde: das »Schöne und Gute«, *kalos kagathos*). Der Unterschied zwischen beiden ist radikal und liegt zunächst an folgendem: Wenn ich entscheide, daß eine Tat schlecht ist, setze ich einen transzendenten Wertmaßstab voraus, in dessen Namen ich urteile (in diesem »in dessen Namen« klingt die davon implizierte Äußerlichkeit an); wo-

Das der Situation
immanente *Häß-
liche* verweist auf
keine äußere
Ordnung

hingegen, wenn ich entscheide, daß jene Tat häßlich ist, ich nur in bezug auf die Einzelsituation – diese setzt den Horizont und entwirft ein Bild – urteile, in der sie begonnen wurde, und die durch sie erfolgte (erlittene) plötzliche Trübung anklage: Ein solches Benehmen »paßt nicht hinein« und die menschliche Natur wird dadurch nicht gefördert, sondern gemindert. In dieser Übertragung vom Bösen auf das Häßliche ist also keine Relativierung oder Subjektivierung im Spiel, sondern eher eine Bewertung in Immanenz und eine Selbstreflektierung der begangenen Tat. Denn wozu sollte man zum Beispiel verkünden, daß Lügen schlecht ist, wenn man doch trotz des ganzen Kantianismus weiß (»gut weiß« oder eher »gut fühlt«: das Fühlen der *sententia*), daß ein solches Urteil nicht absolut gefällt werden (Lügen kann eindeutig einem höheren Zweck dienen) und die Lüge nur in bezug auf die andere Person, die man anlügt, moralisch bewertet werden kann, da zum Lügen wie auch zur Liebe immer zwei (oder ein einziger, wenn er sich spaltet) gehören und die Lüge im wesentlichen eine Antwort darstellt. Folglich darf man sich diesbezüglich nicht auf eine stets mehr oder weniger zweifelhafte Kasuistik einlassen oder nach einer Ausnahme für die Lüge verlangen: Wenn ich meinen Mitmenschen als Gegner, oder schlimmer noch als Feind behandeln muß, ist es strategisch notwendig, und logisch, daß ich ihm nicht die Wahrheit sage (oder ihn sogar in die Irre zu führen versuche). Doch wenn man entscheidet, daß Lügen häßlich ist, urteilt man damit, daß die Lüge hier, verglichen mit der bestehenden oder sonst möglichen Beziehung, Schaden zufügt, und das unter dem Blickwinkel eines jeden, der darüber zu befinden hätte (gemäß derselben Allgemeinheit, die Kant vom reflektierten Geschmacksurteil fordert). Dieses Häßliche ist relational oder *gefügt* (situationsbezogen), aber nicht relativistisch; das von ihm mißachtete Ideal ist nicht (bequem) normativ, sondern verlangt danach, sich jedesmal neu durch sich selbst herauszubilden. Die Moral ist nicht von vornherein gegeben, ein für alle Mal verkündet, sondern muß in jedem Augenblick genauer erkundet werden.

In der Ersetzung des Urteils des Bösen durch das Urteil des Häßlichen sehe ich folgenden, wenigstens doppelten Gewinn für die Theorie: a) Indem ich die Verhaltensweise aufgrund der Situation bewerte, in die sie sich einfügt, und aufgrund

*[Randnotizen:]*

Kann man sagen: Lügen ist schlecht?

Es kann aber häßlich sein

Vom Seinsollen zum Seinkönnen

195

der Erfordernisse, die eine solche Situation enthüllt, vermeide ich es, sie auf Werte zu beziehen, die ich nicht begründen kann; b) indem ich entscheide, daß eine solche Verhaltensweise häßlich ist, drücke ich gleichzeitig aus, daß mein Urteil darüber interesselos ist (was bekanntlich das entscheidende Merkmal des Geschmacksurteils ist) und ich sie an sich (»kontemplativ«) beurteile und also unabhängig von der Wirkung, die von ihr ausgehen könnte, wie auch von jeglicher Berechnung oder jeglichem diesbezüglichen Eigennutz. Wenn ich also urteile, daß die Faulheit schlecht ist, tue ich das im Namen unsicherer Prinzipien: die Arbeit ist eine »Pflicht«, »Arbeit – Familie – Vaterland« usw. Wenn ich aber entscheide, daß die Faulheit häßlich ist, urteile ich aufgrund des an ihr selbst als ein Verlust oder Schaden Erscheinenden, gebe einen Anspruch zu erkennen, unabhängig von dem Vorteil, den ich aus der Tatsache ziehen könnte, daß mein Mitmensch sich an die Arbeit macht, oder ich mich selbst; ich urteile folglich nicht im Namen eines Seinsollens (das auferlegt wäre), als vielmehr gemäß eines Seinkönnens (was die Menschheit mittels Förderung *sein könnte*). Nicht weil man es nicht dürfte, sondern weil es nicht *mit* den Konventionen zusammenpaßt, wobei ich diesem *mit (con-, cum-)* erneut eine starke Bedeutung verleihe, und dieses Passende oder dieses *decus* soll hier nicht auf soziale, sondern auf moralische, das heißt ideale Art verstanden werden: Es gibt hier keine postulierte Verpflichtung, sondern eine feinsinnig verspürte Erfordernis. Darum fordern das Böse und das Häßliche auch nach verschiedenen Arten des Geradebiegens. Wenn das Böse seine Entscheidung fällt, verurteilt es sofort, es verlangt die Bekehrung zum Guten oder drängt ins Perverse ab, während das Häßliche, das einen kritischen Blick verrät, dazu anhält, selbst zu analysieren, warum (wie, wodurch) eine Schwäche aufgetreten ist, und folglich, wie man neu anfangen (so wie man einen Satz oder ein Bild neu anfängt) und sie sorgfältig ausbessern kann.

2. Die Moral ist allerdings nicht nur beurteilend; sie schließt, um praktisch zu sein, eine Entscheidung mit ein; und fordert sie denn, um ideal zu bleiben, nicht sogar einen Ausschluß? Das *Verwerfliche* gehört in diesen Bereich, der nicht mehr beschließend ist, sondern von Anfang an den Urteilsspruch verkündet oder vielmehr *bereits* verkündet hat. Denn der Begriff selbst gehört in den Bereich des Performativen: Etwas als verwerflich anzuprangern, heißt nicht nur, es als etwas Schlechtes zu verurteilen, sondern es zu *ver*-werfen, es »weg« zu werfen; der Begriff führt sich selbst aus; er ist insbesondere in der Politik erforderlich. »Verurteilt« man die Bedingungen, denen die Menschen in den KZs ausgesetzt sind, als Extremzustand des Bösen, ja als Bild des Bösen schlechthin, so verbleibt man damit, wie stark auch immer die dabei empfundenen Gefühle sind, in einer unbestimmt bewertenden Einstellung; hält man sie dagegen für verwerflich, oder besser, *verwirft* man sie, führt dies automatisch zu einer Haltung der Revolte dagegen und zur Abweisung. So wie man auch in der Psychoanalyse vom Abreagieren als einer kathartischen Entladung redet, mittels derer das Subjekt sich von dem befreit, was sonst zur Gefahr für seine *Psyche* würde, muß diese Ver-werfung des Verwerflichen aktiv verstanden werden als unmittelbare und zugleich entschiedene Ableitungsreaktion, immer wenn keinerlei Möglichkeit mehr zur Verarbeitung dessen besteht, das sonst die Menschlichkeit in uns bedrohen würde.

Denn verfolgt man diese Parallele zwischen der Psychoanalyse und der Moral genauer, wird man unweigerlich wachsam gegenüber diesen Vorgängen: So wie die Psychoanalyse uns davor warnt, daß ein Ausbleiben des Abreagierens bewirkt, etwas im unbewußten Zustand zu belassen, was dann unvermeidlich zu einem neurotischen Symptom führt, so führt jegliches Nachlassen in einem solchen moralischen Abreagieren zur Verbergung von etwas, das dann später immer stärker und von uns unbemerkt die Gemeinwürde untergra-

Die Moral beinhaltet Zurückweisung

Das *Verwerfliche*

Moralisches »Abreagieren«

197

ben würde. In diesem Stadium ist, ganz gleich, ob nun im ethischen oder psychischen Bereich, jeglicher auf einen Kompromiß abzielende Winkelzug eine angekündigte Katastrophe. Menzius hält sich an eine einzige Diagnose: In jedem Menschen gibt es etwas, das er »nicht erträgt« (nicht zu Duldendes, das den Mitmenschen zustößt); folglich gibt es in jedem Menschen etwas, das er »nicht tut«, d.h. etwas, worin er nicht einwilligen kann, denn sonst »ist (er) kein Mensch« (»Mensch«, so muß bemerkt werden, hat hier keine Subjektstellung mit der damit einhergehenden Wesensbestimmung, sondern dient als Prädikat, das eine Zugehörigkeit definiert und als solches gattungsmäßig das für die Moral charakteristische *Allgemeine* darstellt). Dadurch allein kommt laut Menzius dasjenige zum Vorschein, wie man in der Erfahrungswelt unmittelbar nachprüfen kann, was sich *anschließend* zur Moral weiterentwickeln kann: An dieses Apriorische der *Ablehnung* (angesichts des nicht zu Duldenden, und der Erfahrung vorausgehend) lehnt sich die Moral, wenn sie nicht von einer bestehenden Ordnung oder einem äußerem Prinzip abhängen oder auch nicht bloß empirisch (und relativ) bestimmt sein, sondern in sich selbst die sie begründende Selbstrechtfertigung finden will, sowie die Triebfeder, die sie zu ihrer eigenen Durchsetzung braucht.

Unmittelbare Reaktion angesichts des nicht zu Duldenden

Die Moral gründet sich auf apriorische Ablehnung

3. Man ist erstaunt über die dort wie hier über lange Jahrhunderte hinweg unternommenen Anstrengungen und den überall, doch immer vergeblich, betriebenen rhetorischen Aufwand zur Unterdrückung des *Schmerzhaften*. Die von den Theodizeen bewirkte Verformung ist in dieser Hinsicht tatsächlich doppelt, als könne man durch ein Übermaß an Härte einen Mangel an Analyse ausgleichen. Denn sie weichen aus und trotzen zugleich: Sie *weichen* dem Negativen aus, indem sie nicht einsehen wollen, daß dieses dem Positiven zugrundeliegt, oder daß etwas »Gutes« sich selbst ausstoßen oder negieren muß, damit es sich nicht verliert und

sich ausübt; wie sie auch zugleich *trotzen*, um nicht einsehen zu müssen, daß im Empfinden der (schmerzhaften) Arbeit des Negativen gerade das liegt, was den Menschen auszeichnet. Der Weise muß so tun, als leide er nicht, schirmt sich ab und erhöht sich durch Empfindungslosigkeit. Doch warum sollte man beides miteinander vermischen? Daß man begreifen muß, daß alles Übel, über das die Menschen klagen, eine Kohärenz zum Vorschein bringen kann, sei sie nun bloß »syntaktisch« oder, tieferliegend, dialektisch (historisch), meint durchaus nicht, daß man diese Erregung, mit der man am Leben teilhat, als eine »Schwäche« von sich stoßen muß.

Die Verleugnung des Schmerzhaften

Im *Zusammen*-hang zu begreifen, das heißt, eins gemeinsam »mit« dem andern aufzugreifen, als gehörten sie zusammen, erlaubt zu logifizieren und, dank dieser Einsicht, die vergeblichen Hoffnungen oder absurden Ängste auszuräumen, führt aber deshalb nicht zur »Teilnahmslosigkeit« (»Ataraxie« bei den Griechen, *bu dong xin* 不 動 心 bei Menzius), woran sich die Weisen aller Länder mit der gleichen, ein wenig gestellten und theatralischen, stoischen Geste klammern – mit der sie posieren. Die Stoiker behaupten, einen Zugang zur Immanenz zu schaffen, doch sie tun das nur im Befehlsmodus: unnütze Versteifung. Ich sehe, wie der Tod in der Arbeit des Lebens enthalten und also nicht von ihr zu trennen ist (mache mich also frei von der Nörgelei wie vom Flehen) *und* schaffe gleichzeitig in mir Raum für die Gefühlserregung durch das Vorübergehen und den Verlust. Ich lehne die Klage ab, aber behalte den Schmerz. Wenn es so etwas wie Weisheit gibt, dann liegt sie immer darin, sich zu öffnen, sie läßt entstehen, vorübergehen, umherlaufen (sogar den Schmerz) und besteht nicht in einem solchen Verschließen, und sei es auch heroisch.

Öffnung gegenüber der Gefühlserregung durch das Vorübergehen (eines »prozeßhaften« Subjekts)

Dort wie auch hier. Eine solche Sperrung gegenüber dem Schmerzhaften kann man in der folgenden Stelle aus dem *Liezi* finden:

*Unter den Wei-Leuten gab es einen Mann namens Wu aus Dongmen. Sein Sohn starb, ohne daß er sich darüber grämte. Der Hausverwalter sprach: »Nirgends auf der Welt fände man einen Menschen, der seinen Sohn so geliebt hat wie Sie, und nun, da er tot ist, fühlen Sie keinerlei Trauer. Wie kann das sein?«*

*Wu aus Dongmen antwortete: »Solange ich keinen Sohn hatte, fühlte ich keinerlei Kummer. Jetzt ist mein Sohn tot: das ist genauso wie als ich keinen Sohn hatte. Warum sollte ich mich grämen?«*

Was hier von dem taoistischen Weisen gepriesen wird (und schon hat der *Liezi* mit seiner Kodifizierung und Versteifung etwas von der so gekonnt entwaffnenden Beweglichkeit des *Zhuangzi* eingebüßt), ist nichts anderes als die Weigerung, sich eine traumatisierende Wahrnehmung einzugestehen, oder das, was man eine »Verleugnung« zu nennen pflegt. Denn eine solche Beweisführung kann noch so trotzig sein, sie kann eines nicht verbergen: »Nachher« wird nie mehr so sein wie »vorher« (vor seinem Tod). Ein Sohn wurde geboren, er wuchs, wollte und lebte; in ihm hat sich Menschsein ereignet. Daß dieses anschließend in das Undifferenzierte »zurückgekehrt« ist, kommt nicht der Tatsache gleich, das es nicht gewesen ist. Oder: wenn »existieren« letztlich wiederverwendbar ist, nachdem es von der Dramatisierung des Bösen auf die Seite der ein Ziel erfordernden Gottverlassenheit mitgerissen wurde, dann weil es hier plötzlich wieder, wie gerufen, nachdrücklich, ja notwendigerweise, das unabweisbare Faktuelle des Entstehens zu Gehör kommen läßt: Jener Sohn hat *de facto* ex-istiert (wie man auch über diese oder jene Figur sagt, daß sie nicht frei erfunden ist, sondern wirklich »existiert hat«), und die Trauer um ihn muß nun getragen werden.

Leben / Existieren

Zu sagen, daß er »gelebt hat«, würde bloß euphemistisch meinen, daß es »aus ist«, wie wenn man würdevoll die Zimmertür öffnet, um bekanntzugeben, daß dieses Leben sich für immer in sich zurückgezogen hat, in sein Schweigen zurückgekehrt ist, dem endlosen Kreislauf von Sterben und Geborenwerden übergeben: vorbei. Doch zu sagen, daß dieses Leben existiert hat, nimmt diskret die Gegenposition ein: Dieses Leben wird als etwas Erreichtes vermerkt, in welche dunkle Vergessenheit es auch immer fallen mag, und aus seiner Inkonsistenz herausgeholt – auf die Ebene einer Wesenheit gehoben (»Wie jetzt die Ewigkeit ihn zu sich selber…«). Dieses kaum zu Unterscheidende (Leben / Existieren) leitet alleine, ohne im geringsten den Glauben zu bemühen, eine Umkehrung der Sichtweisen ein. Man darf sich nun nicht mehr endgültig an das eine oder das andere binden, sondern, ausgehend von ihrem Abstand, in ihrem *Zwischen*bereich etwas durchblicken lassen oder vielmehr andeuten. Anstatt auf der Suche nach einem »Jenseits« vorschnell einen Sinn zu postulieren, entschlossen Ziele festzulegen (oder ungeduldig auf Offenbarungen zu warten), wollen wir aus dem schöpfen, was anfangs immer nur jene Insignifikanz ist, die sich zwischen den Wörtern, Sprachen, »Traditionen« und Denkweisen abspielt. Wir wollen *dazwischen* denken: zwischen dem Bösen und dem Negativen (oder zwischen China und Europa). Wir wollen eins vom andern lösen: vom »Leben« das »Existieren«, oder umgekehrt vom Sinn die Kohärenz (oder von der Heiligkeit die Weisheit); und wir wollen aus der entworfenen Trennung heraus neue Verzweigungen *im Inneren* des Denkens schaffen. Indem wir Verständlichkeit nur von der Arbeit seiner Verschiedenheit erwarten. Anstatt das Denken zu den nebligen Gipfeln der Verallgemeinerung stürmen zu lassen, an die sich der Glaube zu rasch klammert, wollen wir vom Naheliegendsten ausgehen, von der Nuance, und uns langsam darin vertiefen.

# Anmerkungen

1    Vgl. *Jenseits von Gut und Böse*, I, §20.

2    Siehe *Procès et Création [Prozeß und Schöpfung]*, Paris 1989, S. 219 f.

3    »Un traité manichéen retrouvé en Chine [Manichäische Abhandlung: ein Fund aus China]«, Übersetzung und Kommentar von Ed. Chavannes und P. Pelliot, in: *Journal asiatique*, Reihe X, n° 18, 1911, S. 499-617, und Reihe XI, n° 1, 1913, S. 99-199 und 261-394.

4    *Enneaden*, II, 9.

5    *Actes ou débat avec le manichéen Fortunat [Abhandlungen oder Debatte mit dem Manichäer Fortunat]*, Einführung, § 1.

6    Ebenda, § 26.

7    Emile Bréhier, *Chrysippe et l'Ancien Stoïcisme [Chrysippos und der alte Stoizismus]*, Paris 1910 und 1951; sowie Gordon und Breach, 1971, S. 168 und 206.

8    Ebenda, S. 206.

9    Das Buch Hiob, Reden des Herrn, § 38-39.

10   *De natura deorum*, II, §38-39.

11   Ebenda, II, 34 (86).

12   *Grundlegung zur Metaphysik der Sitten*, Beginn des 1. Abschnitts.

13   Plotin, *Enneaden* III, 2 (7).

14   *De natura deorum*, II, 53 (131).

15   *Zum ewigen Frieden*, »Erster Zusatz, Von der Garantie des ewigen Friedens«.

16   *Enneaden*, III. Buch.

17   *Abhandlung zur Rechtfertigung Gottes*, Erster Teil, § 12.

18   *Enneaden* III, 2 (4).

19   Augustinus, *Gegen den Grundlagen-Brief*, XXXI.

20   *Die Gesetze*, 371 c, 870 d; *Enneaden*, III, 2 (10).

21   *Abhandlung über die Methode*, Dritter Teil.

22   *Über das radicale Böse in der menschlichen Natur*, III; »Der Mensch ist von Natur aus böse«.

23   *Enneaden* III, 2 (4).

24   Rousseau, *Die Bekenntnisse*, Ende des zweiten Buchs.

25   *Enneaden*, III, 2 (4).

26  Ebenda, III, 2 (5).

27  *Gegen Sekundinus*, XII.

28  Laurent Sentis, *Saint Thomas d'Aquin et le Mal. Foi chrétienne et théo-dicée [Thomas von Aquin und das Böse, Christlicher Glaube und Theodizee]*, Paris 1992, S. 149.

29  *Abhandlung zur Rechtfertigung Gottes*, § 30.

30  *Gegen Sekundinus*, XI.

31  *Von den zwei Seelen*, VI.

32  *Gegen die Grundlagen-Briefe*, XXX.

33  *Enneaden*, III, 3 (4).

34  Ebenda, III, 2 (10).

35  Ebenda, III, 2 (8).

36  *Theaitet*, 152e.

37  *Enneaden*, III, 3 (7).

38  *Abhandlung zur Rechtfertigung Gottes*, § 10 und 11.

39  *Von der Vorsehung*, IV.

40  *Enneaden*, III, 3 (1).

41  Ebenda, III, 2 (11).

42  Ebenda, III, 2 (14).

43  Ebenda, III, 2 (17).

44  *Metaphysische Meditationen*, IV.

45  *Enneaden*, III, 2 (11).

46  *Gegen Sekundinus*, XV; *Gegen den Grundlagen-Brief*, XLI.

47  *Enneaden*, III, 2 (4).

48  Ebenda, III, 2 (16).

49  Siehe Jean-Claude Ameisen, *La Sculpture du vivant. Le suicide cellu-laire ou la mort créatrice [Die Skulptur des Lebendigen, Der Zellselbstmord oder der schöpferische Tod]*, Paris 1999, S. 102 f.

50  Montaigne, *Essais*, III, 13, »Von der Erfahrung«.

51  Siehe Françoise Proust, *De la résistance* [Vom Widerstand], Paris 1997.

52  *Enneaden*, III, 7 (11).

53  Der *logicus classicus* in dieser Hinsicht ist sicherlich das *Brahmasutra*, II, 1 (32-36); siehe die engl. Übersetzung von G. Thibault, *The Vendanta Sutras*, »Sacred Books of the East«, vol. XXXIV, Neuauflage Delhi, 1962, S. 356-361; vgl. in der Studie von Olivier Lacombe, *L'Absolu selon le Ven-danta* [Das Absolute in den Vendanta], Paris, 1937, den Kommentar zu

Shankara (S. 246-269) und zu Ramanuja (S. 300-312). Ich danke Michel Hulin für seine wertvollen Informationen zu diesem Thema.

54   Vgl. die verschiedenen Studien von Louis Gardet, *Dieu et la Destinée de l'homme musulman [Gott und das Schicksal des moslemischen Menschen]* (1967), von Chikh Bouamrane, *Le Problème de la liberté humaine dans la pensée musulmane [Das Problem der menschlichen Freiheit im Denken des Islams]* (1978), und von Danile Gimaret, *Théorie de l'acte humain et Théologie musulmane [Theorie des menschlichen Handelns und islamische Theologie]* (1980), Paris: Edition Vrin, Reihe »Etudes musulmanes«, Band IX, XX und XXIV. Ich danke Youssef Sedik für seine wertvollen Informationen zu diesem Thema.

55   Siehe beispielsweise die *Erörterungen und Gespräche* des Konfuzius, XIV (37), III (13).

56   *Zhuangzi*, Kapitel 2, »Qi wu lun«, hrsg. v. Guo Qingfan, S. 56.

57   Vgl. meinen Essay *Lu Xun, Ecriture et Révolution* [Lu Xun. Schreiben und Revolution], Paris 1979, p. 45.

58   *Menzius*, III, B, 9.

59   Ebenda, VI, A, 8.

60   *Zhuangzi*, Kapitel 2, »Qi wu lun«, hrsg. v. Guo Qingfan, p. 56.

61   *Zhouyi*, »Xi ci«, Anfang; siehe auch meinen Essay *Figures de l'immanence. Pour une lecture philosophique du Yi king [Figuren der Immanenz, Eine philosophische Lektüre des I Ging]*, Paris 1993, 6. Kapitel.

62   Konfuzius, *Erörterungen und Gespräche*, XVII (19).

63   *Laotse*, 5.

64   *Zhong-Yong*, oder *Die Regulierung zum Normalgebrauch*, 26.

65   *Erörterungen und Gespräche* des Konfuzius, VII (2).

66   *Zhuangzi*, Kapitel 2, »Qi wu lun«, hrsg. v. Guo Qinfan, S. 56.

67   *Menzius*, IV, B, 28; vgl. meine Studie *Dialog über die Moral*, Berlin 2003, S. 196.

68   Ebenda, II, B, 16; vgl. *Dialog über die Moral*, a.a.O., S. 209-210.

69   Ebenda, VI, A, 2; vgl. *Jinsilu*, zusamengestellt von Zhu Xi, I, 21.

70   Ebenda, VI, A, 13, 15, 17; vgl. *Jinsilu*, I, 14.

71   Ebenda, VII, A, 4; vgl. *Jinsilu*, I, 20.

72   *Buch der Wandlungen*, Hexagramm 24, *Fu*; vgl. *Jinsilu*, I, 2.

73   *Menzius*, VI, B, 15.

74   *Laotse*, 27.

75   *Zhong-Yong*, 26.

76   *Jinsilu*, 22.

77 *Buch der Wandlungen*, Hexagramm 1, *Qian*, dritter Strich.

78 Ebenda, »Xi ci«, A, 5.

79 *Laotse*, 50.

80 *Jinsilu*, I, 8, 12, 46.

81 Aristoteles, *Physik*, 188a-b.

82 *Phaidon*, 70c-72a.

83 Ebenda, 100b.

84 Ebenda, 102d-e.

85 Ebenda, 106b.

86 *Zhuangzi*, Kap. 6, »Da zong shi«, hrsg. v. Guo Qingfan, S. 242.

87 *Essais*, I, 20.

88 *Jenseits von Gut und Böse*, I, § 2.

89 Heraklit, Fragment 67. *Die Fragmente der Vorsokratiker*, übers. v. H. Diels u. hrsg. von W. Kranz (Zürich/Hildesheim 1990-1992), Bd. I, S. 165. Vgl. die Edition von J. Bollack und H. Wissmann (Paris 1972, S. 220) oder die von M. Conche (Paris 1986, S. 379).

90 Ebenda, Frag. 102 (Diels/Kranz, Bd. I, S. 173).

91 Ebenda, Frag. 111 (D./K., I, 175).

92 Ebenda, Frag. 23 (D./K., I, 156).

93 Ebenda, Frag. 62 (D./K., I, 164).

94 Ebenda, Frag. 54 (D./K., I, 162).

95 Ebenda, Frag. 51 (D./K., I, 162).

96 Ebenda, Frag. 10 (D./K., I, 153).

97 Ebenda, Frag. 15 (D./K., I, 154-155).

98 *Der Sophist*, 236e.

99 *Metaphysik*, Gamma, 1005b; Kappa, 1061b-1062a.

100 Jean Hyppolite bevorzugt den von Böhme aufgegriffenen Faden (*Genèse et Structure de la Phénoménologie de Hegel [Ursprung und Struktur der Hegelschen Phänomenologie]*, Paris 1946, Bd. 1, S. 143); Gérard Lebrun den von Heraklit aufgegriffenen (*La Patience du concept [Die Geduld des Begriffs]*, Paris 1972, S. 251f.).

101 *Phänomenologie des Geistes*, Kap. 2, »Die Wahrnehmung«, Hamburg 1988, S. 89.

102 Ebenda, Kap. 3, »Kraft und Verstand«, a.a.O., S. 107.

103 Ebenda, S. 114.

104 Ebenda, S. 115.

105 Zitiert bei Jean Hyppolite, *Genèse et Structure de la Phénomenologie de Hegel [Ursprung und Struktur der Hegelschen Phänomenologie]*, a.a.O., Bd. 1, S. 144.

106 *Phänomenologie des Geistes*, Kap. IV, »Die Wahrheit der Gewißheit seiner selbst«, S. 125.

107 *Vorlesungen über die Philosophie der Geschichte*, »Einleitung«, Frankfurt am Main 1970, Bd. 12, S. 28.

108 *Mao Dun Lun* – Vom Widerspruch, 4.

109 Unter den vielen zu diesem Thema erschienenen Studien wollen wir hier Gong Zhebing, *Wan Zhou Bianzhengfa Shi Yanjiu [Untersuchungen zur Geschichte der Dialektik am Ende der Zhou-Dynastie]*, Shanghai 1988, anführen.

110 Zu diesen allgemeinen Redensweisen siehe beispielsweise, Zhu Wi, *Jinsilu*, Kap. 1; oder den *Zhengmeng* von Zhang Zai, Kap. 2 (»Can liang«), Kap. 4 (»Shen lua«).

111 *Han Feizi*, Kap. 36 und 40.

112 *Kanon*, B 71.

113 *Laotse*, 1.

114 Ebenda, 4.

115 Ebenda, 2.

116 Ebenda, 11.

117 Ebenda, 40.

118 Ebenda, 2.

119 Ebenda, 20.

120 Ebenda, 38.

121 *Zhuangzi*, Kap. 2, »Qi wu lu«, hrsg. v. Guo Qingfan, I, S. 96.

122 Ebenda, S. 70.

123 Ebenda, Kap. 6, »Da zong shi«, S. 242; vgl. die Anmerkung von Guo Xiang, S. 243.

124 Ebenda, S. 272.

125 *Laotse*, 63.

126 Ebenda, 22.

127 Ebenda, 36.

128 Ebenda, 7.

129 Ebenda, 40.

130 *Phänomenologie des Geistes*, »Vorrede«, a.a.O., S. 28-29.

131 Ebenda, S. 14-15.

132 Ebenda, Kap. 4.

133 Siehe hierzu meine weitere Ausführungen in *Figures de l'immanence [Figuren der Immanenz]* (Paris 1993, S. 118f.) und *Über die »Zeit«* (Zürich/ Berlin 2004, S. 90f.).

134 *Phänomenologie des Geistes*, »Vorrede«, a.a.O., S. 10.

135 Vgl. André Green, *Le Travail du négatif [Die Arbeit des Negativen]*, Paris 1993, S. 303.

136 Ebenda, S. 41 und 299.

137 *Ethik*, III, 5.

138 Siehe hierzu meine weiteren Ausführungen in *La Valeur allusive [Die Kraft der Anspielung]* (Paris 1985) und *Umweg und Zugang* (Wien 2000), besonders den Kommentar dieses Gedichts, dem ersten der *Neunzehn alten Gedichte*.

139 *Bekenntnisse*, II, 4-10.

140 Mou Zongsan, *Xinti Yu Xingti*, Taipei und Hong Kong 1968, Bd. II, S. 218f.

141 *Menzius*, VI, A, 15.

142 Siehe *Procès et Création [Prozeß und Schöpfung]*, a.a.O., S. 120.

143 *Menzius*, VII, B, 25.

144 Konfuzius, *Erörterungen und Gespräche*, VIII (8).

145 *Laotse*, 25.b